普通高等教育"十二五"部委级规划教材(高职高专)

纺织生产管理与成本核算

李桂华　主编

翁　毅　李　珏　副主编

中国纺织出版社

内 容 提 要

本书以解决纺织生产管理及成本中突出的实务问题为主旨,针对纺织企业面临的挑战,全面阐述了适应纺织企业中、基层管理的生产组织、计划与控制、工艺、设备、质量、物资、成本管理及现场管理的理论和方法,并对生产运作的财务分析和纺织成本核算做了较详细的介绍。

本书可作为纺织类高职高专院校纺织工程、纺织工艺与贸易、纺织管理等专业的教材,也可以作为纺织企业生产和技术管理人员的培训教材。

图书在版编目(CIP)数据

纺织生产管理与成本核算/李桂华主编.—北京:中国纺织出版社,2014.6(2025.8重印)

普通高等教育"十二五"部委级规划教材.高职高专

ISBN 978-7-5064-8532-6

Ⅰ.①纺…　Ⅱ.①李…　Ⅲ.①纺织工业—工业企业管理:生产管理—高等职业教育—教材②纺织工业—工业企业管理:成本管理—高等职业教育—教材　Ⅳ.①F407.81

中国版本图书馆CIP数据核字(2012)第065792号

策划编辑:朱萍萍　　责任编辑:符 芬　　责任校对:余静雯
责任设计:何 建　　责任印制:周平利

中国纺织出版社出版发行

地址:北京市朝阳区百子湾东里A407号楼　邮政编码:100124

销售电话:010—67004422　传真:010—87155801

http://www.c-textilep.com

E-mail:faxing@ c-textilep.com

中国纺织出版社天猫旗舰店

官方微博http://weibo.com/2119887771

北京虎彩文化传播有限公司印刷　各地新华书店经销

2025年8月第7次印刷

开本:787×1092　1/16　印张:14.75

字数:300千字　定价:38.00元

出版者的话

　　《国家中长期教育改革和发展规划纲要》(简称《纲要》)中提出"要大力发展职业教育"。职业教育要"把提高质量作为重点。以服务为宗旨,以就业为导向,推进教育教学改革。实行工学结合、校企合作、顶岗实习的人才培养模式"。为全面贯彻落实《纲要》,中国纺织服装教育学会协同中国纺织出版社,认真组织制订"十二五"部委级教材规划,组织专家对各院校上报的"十二五"规划教材选题进行认真评选,力求使教材出版与教学改革和课程建设发展相适应,并对项目式教学模式的配套教材进行了探索,充分体现职业技能培养的特点。在教材的编写上重视实践和实训环节内容,使教材内容具有以下三个特点:

　　(1)围绕一个核心——育人目标。根据教育规律和课程设置特点,从培养学生学习兴趣和提高职业技能入手,教材内容围绕生产实际和教学需要展开,形式上力求突出重点,强调实践。附有课程设置指导,并于章首介绍本章知识点、重点、难点及专业技能,章后附形式多样的思考题等,提高教材的可读性,增加学生学习兴趣和自学能力。

　　(2)突出一个环节——实践环节。教材出版突出高职教育和应用性学科的特点,注重理论与生产实践的结合,有针对性地设置教材内容,增加实践、实验内容,并通过多媒体等形式,直观反映生产实践的最新成果。

　　(3)实现一个立体——开发立体化教材体系。充分利用现代教育技术手段,构建数字教育资源平台,开发教学课件、音像制品、素材库、试题库等多种立体化的配套教材,以直观的形式和丰富的表达充分展现教学内容。

　　教材出版是教育发展中的重要组成部分,为出版高质量的教材,出版社严格甄选作者,组织专家评审,并对出版全过程进行跟踪,及时了解教材编写进度、编写质量,力求做到作者权威、编辑专业、审读严格、精品出版。我们愿与院校一起,共同探讨、完善教材出版,不断推出精品教材,以适应我国职业教育的发展要求。

中国纺织出版社

教材出版中心

前言

在市场经济环境下,纺织企业面临激烈的竞争,企业要生存、发展、壮大,必须适应企业内外环境的变化,而科学的管理是企业适应内外环境变化、开启成功之门的金钥匙。纺织院校的学生不但需要完备的专业知识,还必须具备一定的纺织企业管理知识,以训练思维能力,拓展视野,树立经营理念,提高素养,这样才能担负起促进现代纺织企业发展的重任。

本教材根据高职高专的培养目标与特点,以突出纺织生产管理实务为宗旨,加强纺织生产管理的新观念,推广新方法的应用。基于国内纺织企业的生产管理现状,收集了大量企业管理实例,系统地讲解了纺织生产管理的理论和方法,体现了实用性,并加强了生产运作财务分析、生产作业计划的制订、成本核算与控制等方面的知识,具有一定的深度、广度和适应性。

本教材根据纺织高职高专现代纺织技术专业、纺织管理专业、纺织工艺与贸易专业教学以及纺织企业生产管理的需要而编写。因此,可作为纺织工程和纺织管理专业的教科书,也可供纺织企业管理人员参考。

本教材由浙江纺织服装职业技术学院李桂华教授级高工编写项目一、项目三、项目五～项目七;浙江纺织服装职业技术学院翁毅副教授编写项目二;李珏副教授编写项目四的环境管理、安全管理、物资管理,其余部分由林晓云讲师编写;湖北银河集团的彭福建高工、郑儒学会计师编写项目八,最后由李桂华负责统稿。此书编写过程中得到了维科集团的大力支持。

由于作者水平有限,书中存在谬误之处在所难免,敬请读者批评指正。

李桂华

2013 年 12 月

课程设置指导

课程设置的意义

纺织生产管理与成本核算是纺织类专业的一门必修课程,主要内容是学习纺织生产管理和纺织成本核算的基本理论与知识,学习本课程有利于学生在了解纺织生产管理和纺织成本知识的基础上,掌握生产管理的技巧和纺织产品成本核算技能。拓展学生视野,培养学生的管理意识、经营理念和能力,为学生个人发展打下坚实的基础。

课程教学建议

作为边缘交叉学科,纺织生产管理与成本核算是纺织技术、纺织管理、纺织贸易等专业方向的实用专业课程。教学中应贯彻案例引导、理论与实际相结合的原则,注重培养学生的思维能力和管理意识,使学生掌握必要的管理技能。纺织技术类专业建议学时为42学时,学时分配如下表所示,每课时讲授字数在6000字左右,教学内容包括本书全部内容,项目四、项目六和项目八内容可根据专业培养需要作适当删减。

参考学时分配表

序号	项目	参考学时
1	认识纺织生产管理	4
2	纺织生产组织	2
3	纺织生产计划与控制	8
4	纺织生产基础管理	6
5	纺织设备管理	4
6	纺织质量管理	4
7	生产运作财务分析	8
8	纺织成本核算	6
总计		42

课程的教学目标

通过本课程的学习,掌握纺织生产管理必要的理论知识,树立经营理念,能根据市场需求进行产品决策、制订计划、组织生产和进行有效的控制,并对设备、工艺、物资、质量进行有效的管理;能根据订单情况进行生产效益分析和成本核算。

目录

项目一　认识纺织生产管理

✽ 本项目知识点

1. 纺织企业的含义、基本职能和特点。
2. 管理的含义,纺织企业管理的职能和体系。
3. 生产的含义,纺织生产管理系统的结构、功能及评价。
4. 纺织生产管理的目标、内容和对生产管理者的要求。
5. 纺织企业的生产类型和管理重点。
6. 纺织生产管理的发展趋势。

✽ 引导案例

2008届高校毕业生纺织服装类专场招聘会、宁波市2008届大中专毕业生纺织服装类专场招聘会在浙江纺织服装职业技术学院举行,浙江省近千家纺织服装企、事业单位前来招聘,有30%招聘纺织服装类企业生产管理人员,如生产计划调度员、班组长等。但很多同学不太明确这些岗位的要求和工作内容。

通过本课程的学习,可以了解纺织生产管理的工作内涵,掌握纺织生产必要的理论知识与实际生产管理的工作技能。

项目1-1　纺织企业

目前,各种社会组织名目众多。公司、学校、商店、医院、饭店等都是社会组织,这些组织有它们的目标和特定功能,拥有人力、装备和资金,是构成现代社会不可缺少的部分。可以说,社会组织是具有特定目标和功能的社会生产要素的集合。各种社会组织的出现,是社会生产力提高的标志,也是社会分工的结果,它们改变了人们的生活方式。

一、纺织企业的含义

(一)企业的概念

企业的概念包含以下三个方面。

(1)企业是以市场为导向、以盈利为主要目的的、从事商品生产和经营活动的经济组织。企业是商品生产和经营的经济组织,它生产产品或提供服务不是要享受这些使用价值,而是为了实现其价值,以获取盈利。

（2）企业实行自负盈亏、独立核算、自主经营。企业生产的商品通过交换实现价值，在补偿了生产经营中的各种耗费，依法上缴各种税收后，剩余部分则构成企业的盈利，由企业自主支配。若发生亏损，则由企业自己抵补。对生产经营中发生的债务，由企业负责偿还。若资不抵债，企业必须以其全部财产承担清偿责任。

（3）企业是依法设立、依法经营的经济实体。企业必须严格依照法律规定的程序，经由工商行政管理机关核准登记后才能设立，并应在规定的经营范围内进行生产经营活动。经济组织若要成为法人企业，必须同时具备以下三个法律特征：一是依法成立，即经由工商行政管理部门审查登记，有自己独立的组织机构，使用自己的名称，有自己的场所；二是拥有独立支配的财产，这是法人的主要特征，是从事生产经营活动的物质基础；三是以自己的名义进行生产经营活动并承担法律责任，即以自己拥有的财产和名义进行自主经营、在银行开设账户、对外签订经济合同等，其经济活动的后果由自己承担。当发生经济纠纷时，以自己的名义参加诉讼，独立地享有民事权利和承担民事义务。

（二）纺织企业

纺织企业是社会组织的一员，是从事商品（以纱线、面料、服装、服饰、功能用纺织品为主）生产、流通或服务性活动，为满足社会需要和获取赢利，实行自主经营、自负盈亏、独立核算，依法独立享有民事权利并承担民事责任，具有法人资格的经济实体。

纺织企业与行政、事业单位的主要区别在于以下几个方面。

（1）纺织企业是一个经济单位。企业通过从事商品（以纱线、面料、服装、服饰、功能用纺织品为主）生产、流通或服务，为社会提供商品或服务。

（2）纺织企业是市场经济的一员。企业必须进行自主经营、自负盈亏、自我发展和自我约束，实行独立经济核算。

（3）纺织企业是以营利为目标的经济组织。企业的生产经营必须以市场为导向，以经济效益为中心，有自己的经营目标和市场，以收抵支。

（4）纺织企业具有法人的地位。企业依法设立，便为法律所承认，受法律保护，并依法享有自己的权利，履行承担的义务。

二、纺织企业的基本职能

纺织企业的基本职能有生产、理财和营销三项。生产是纺织企业最基本的活动，纺织企业的大部分人力、物力和财力都要投入到生产活动中，通过生产活动创造社会需要的产品和服务。

三、纺织企业的特点

随着我国市场经济的不断完善和工业化进程的加快，当今纺织企业具有如下特点。

（1）多元化、一体化、集团化的生产与经营。当今市场多变，市场和竞争全球化，企业为了更好地生存和发展，实施以纺织为主体，资产为纽带的多元化、一体化、集团化的经营战略，并取得了良好的效果。如雅戈尔集团以纺织服装为主体，实现了房地产、商业（服装、服饰商场）、服务业（酒店）、资本运作（宁波银行股东）等多元化发展；江苏的老三集团在纺织产业的基础上，向纺织物流业延伸的一体化运作模式。

（2）生产组织严密。纺织生产工序流程长，从纤维到服装，要经过纺纱、织造、染整、成衣等二十多道工序；劳动分工精细，协作关系复杂、严密，采用不同的机器设备，由许多不同工种的工人、工程技术人员和管理人员在一起从事生产劳动。任何一种产品都是整个企业成员共同劳动的成果，是人、机器、原材料、工艺方法、检测方法和环境因素的综合体现。

（3）系统地将科学技术应用于纺织生产经营过程。纺织企业采用现代机器体系和高技术含量的劳动手段开展生产经营活动。无论是产品的生产、设计、工艺规程的制订、操作方法的选择、生产过程的组织等，都必须系统地运用科学知识来解决。机、电、气、汽一体，CAD 技术、自动化控制和人工智能技术等广泛应用，机械化、自动化、电脑化程度高，并系统地将科学技术应用于纺织生产经营过程。

（4）生产过程具有高度的比例性、连续性和生产柔性。从生产过程来看，具有空间上的比例性和时间上的连续性。在空间上，前后工序密切衔接，是多机台、多工序的流水线生产，生产过程的联系主要表现为生产设备的联系，在生产能力上它们相互协调，具有严格的比例性。生产过程上的任何缺陷或失控，都会对生产造成很大的影响，甚至导致生产无法进行。由于近几年世界纺织市场格局的变化，使纺织企业的生产呈现品种多、批量小、交货期短的快节奏等特点。要求纺织企业的生产，必须做到严密组织、柔性制造。

（5）经营活动具有经济性和营利性。纺织企业的经营把经济上的成果放在首位，用自己的经济成果为社会创造财富，增加积累，这是企业生存和发展的基础条件。

（6）质量控制随机性大。从工艺技术上来看，纺、织生产过程的工序虽然较固定，但是工艺参数变化大，而且工艺的相关因素多，质量控制随机性大。

（7）原料种类繁杂，原料占成本比重大。纺织原料从天然纤维的棉、麻、丝、毛纤维，到化学纤维的八大纶，到黏胶、富强纤维、天丝、莫代尔等再生纤维素纤维，再到各种功能性纤维，种类繁杂，原料约占总成本的 60%，所以纺织企业的管理既要考虑到优质、高效和降低成本消耗，又要考虑到产品创新增加产品的附加值。

（8）生产社会化程度高，有广泛密切的外部联系。现代纺织企业同外部环境的关系日益密切，企业的发展离不开一定的环境条件，企业是一个开放的系统，和外部环境存在着相互交换、相互渗透、相互影响的关系。企业必须从外部环境接受人力、资金、材料、技术、信息等因素的投入，然后通过企业内部转换系统的转换，产出产品或服务，完成企业与外部环境的交换。如一个纺纱企业与化纤企业、棉农、牧民、纺机制造商、客户、银行、税务、物流、信息和媒体等有密切的联系。

（9）更加重视员工福利和社会责任。利润、员工福利和社会责任构成企业存续的三要素。纺织企业要求得生存，必须尊重员工，员工是企业活力的源泉，重视员工福利，建立互信，可以调动员工的积极性。纺织企业是社会的一分子，其生产为劳动密集型，特别是面料的染整过程，对环境有一定污染，所以纺织企业更应该重视社会大众利益，防止污染、保护环境。在创造经济成果的同时，还要承担推动社会进步的责任和义务。

项目1-2 纺织企业管理

一、管理的含义

管理是伴随着人类社会进步而产生的。人们的社会实践活动形式表现为集体协作和共同劳动,人们在协作和共同劳动中,为了有效达到一定的目标,需要通过管理来保障活动的秩序和效率。在工作中,每个人都面临着管理和被管理的局面,改进组织的管理方式,关系到每一个人的切身利益。

从广义而言,管理是在特定的环境条件下,以人为中心,对组织所拥有的资源进行有效的决策、计划、组织、指挥和控制,以便达到既定的组织目标的过程。泰勒定义:管理是一门怎样建立目标,然后用最好的方法经过他人的努力来达到的艺术。

美国管理学家罗宾斯博士把管理定义为:"管理是指同别人一起,或通过别人,使活动完成得更有效的过程。"

$$效益=高效率+高效果$$

效率:就是单位时间的成果量。是表示投入与产出的关系,涉及活动方式。如投入一定,产出增加;投入减少,产出维持不变都是高效率的表现。

效果:就是通过努力获得的有用成果,涉及活动结果。效率和效果之间存在着低效率高效果、高效率低效果、高效率高效果、低效率低效果的关系。

效益:就是社会认可和接受的成果。它是效率和效果之和。

管理包括各种各样的管理,如军事管理、教育管理、交通管理、城市管理、纺织企业管理等。虽然这些领域都有自己的具体对象,但在管理的含义上有如下共性。

(1)管理是一种有意识、有组织的群体活动,不是盲目无计划的、本能的活动。

(2)管理是围绕着某一共同目标进行的。

(3)管理是一个动态的协调过程,协调人与人之间的活动和利益关系,它贯穿于整个管理过程的始终。

(4)管理包括一系列相互关联的职能,即决策、计划、组织、指挥、控制等。

(5)管理工作强调有效合理地利用资源,确保组织的效率和效果。

(6)管理是在特定环境下开展工作的,有效的管理必须审时度势,根据环境的特点进行活动。

(7)管理是人类改造世界的实践过程,是一种特殊形态的实践活动。纺织企业管理的目的是尽可能用企业的人力、物力、财力、信息等资源,实现"多、快、好、省"的目标,取得最大的投入产出效率。随着科学技术的发展,市场和竞争的全球化,企业管理越来越重要,科学化管理成为培养企业核心竞争力、实现企业可持续发展的重要途径。

二、纺织企业管理的职能

纺织企业管理是指对纺织企业所从事的各项活动(生产、技术、劳动、人事、财务、销售、生活、基本建设等)进行决策、计划、组织、指挥和控制。目的是使企业适应外部环境的变化,充分利用各种资源,实现企业经营目标,提高经济效益。

纺织企业管理的职能,也称为管理功能,是指纺织企业管理工作应承担和完成的基本任务。对具体管理工作进行归纳和概括,可以划分为以下的若干具体职能。

(一)决策

决策是指为了达到某个特定的目标,借助于一定的科学手段和方法,从多个(至少两个)可行性方案中,选择最优方案,并付诸实施的过程。决策就是一个优选过程。在纺织企业的经营管理活动中,决策是管理的核心。正确决策,能使企业正确地把握市场机会,充分利用资源,制订正确的经营方针,确定良好的投资方向,生产适销对路的产品,从而制订良好的降低消耗、培训职工的方案等,使企业在激烈的市场竞争中立于不败之地。而一个错误的决策,小则让企业人力、物力、财力损失,大则让企业经营失败,甚至破产。

(二)计划

计划职能是决策目标的进一步展开和落实。计划是预先拟定企业目标和对实现目标的途径、方法、资源配置等进行管理的工作,它是企业管理的首要职能。计划的本质是"未来",核心是目标,以及达到目标的手段。在企业的经营中,必须有统一的目标和统一的安排,才能彼此配合,最终达到预期目标,所以计划是企业的行动纲领,有"导向"和"定量"作用。企业在制订计划时,要根据市场需要、企业内部条件及企业自身的利益,制订企业中长期和近期的目标,使企业既立足于当前,又着眼于长远。如果一个企业没有计划,那么企业各项工作和每位员工的行动就失去了依据,就会出现各行其是、脚踩西瓜皮滑到哪里是哪里的混乱局面,以至于企业无法生存和发展。

随着企业市场全球化和竞争全球化,经营环境瞬息万变,计划要以市场为中心,根据经营环境的变化做适当的调整,在最大限度地适应经营环境的变化条件下,追求高效率、高效益。

(三)组织

组织是指为实现企业的目标、战略和内外环境,合理设计组织结构,确定企业成员的分工与协作关系,使企业内部各单位、各岗位的职责权利协调一致。使组织有序的办法是建立"结构"和规定"行为"。在企业管理中,组织职能就是围绕着实现企业决策和计划目标建立组织结构,确定各项具体管理职能,并将其分解为各项具体管理业务和工作;确定承担这些管理业务和工作的管理层次、部门、岗位及其责任与权利,搞好企业内部纵向与横向的分工;确定各管理层次和管理部门之间的协调方式和控制手段,制订各项规章制度,包括管理部门和管理人员的绩效评价与考核制度等。总而言之,是有效地组织企业经营活动,形成一个有机的整体。

(四)指挥

指挥是通过组织结构,有效地传达指令、信息,使计划能变成一种实际行动的职能。指挥职能是由企业各级领导人员行使的一种职能。它是指企业各级领导人员为了贯彻实施企业的计划,在自己的职权范围内,通过下达指示、命令和任务,使职工在统一的目标下,各尽其责,相互配合,完成各项任务。

指挥职能对下级人员来说,意味着服从,带有强制性,但在企业统一目标下,必须履行指令内容,按照领导者的指令行动,实现有效的响应。现代纺织企业,分工复杂,技术要求高,指挥者指挥必须准确、及时、有方、科学。企业必须建立以总经理为首的、集中统一的、高效率的生产经营指挥系统,明确上下级之间的责权关系,形成有层次的、连续的指挥链;各级领导人员要掌握自己职责范围内的生产技术,熟悉管理业务工作,做合格的指挥员,避免瞎指挥。

(五)控制

控制职能就是指按照计划目标、相关标准和组织系统对企业的生产经营活动进行监督和检查,发现偏差及时纠正,以保证事态发展符合计划要求的过程。它是一个延续不断、反复发生的动态过程。其任务是:计划执行情况与计划预定目标比较,分析结果,排除和预防产生差异的原因,及时采取措施,包括调整计划。

企业生产经营活动的控制包括生产作业控制、质量控制、安全生产控制、库存控制、成本控制和财务控制等方面。它是企业高层、中层和基层的每个管理人员的职责。为了有效地进行控制,企业必须健全规章制度,明确责任制度,制订完备的标准,实行严格的考核,使职工能认真履行职责,使企业人、财、物得到充分利用,取得尽可能好的经济效益。

三、纺织企业管理要素与管理体系

(一)纺织企业的管理要素

构成纺织企业的要素为所谓的7M,即人员(men)、资金(money)、方法(methods)、机器(machine)、物料(material)、市场(market)及工作精神(morale)。企业所要管理的对象就是这七个要素。因其性质的不同,可将纺织企业的管理分为六类,名为专业或功能性管理,即人力资源管理、财务管理、生产管理、营销管理、技术管理、物资管理。

(1)人力资源管理。包括工作分析及职位分类、工作评价及员工待遇福利、员工招募及甄选、员工教育培训、员工考核及奖惩与任免、劳工关系、公共关系及相关法令等。

(2)财务管理。包括资金的取得、资金的运用(投资决策)、成本控制与财务分析等。

(3)生产管理。包括产品决策、生产组织、生产计划、生产调度与控制、生产成本控制、生产现场管理、生产安全管理、物料需求分析等。

(4)营销管理。包括市场需求分析、产品策略、定价策略、分销策略等。

(5)技术管理。包括产品调研、产品设计与开发、产品试制、产品品质管理、设备维护管理、设备维护人员的督导与管理、设备维护成本分析、意外危险预防等。

(6)物资管理。包括物料的采购、验收、储存、搬运、预算、存量控制和分析、成品的管理与分析等。

(二)纺织企业管理体系

纺织企业管理是一个金字塔形的完整体系,这个体系可以从纵向和横向两个方面分解为相互联系、相互制约的若干组成部分,每个部分构成了企业管理的一项内容。图1-1是这一体系的直观分解示意图。从纵向看,有经营战略、决策与计划管理(高层管理)、专业管理(中层管理)和作业管理(基层管理)3个层次的管理;从横向看,有技术开发管理、生产作业管理、物资供应管理、市场营销管理、财务管理和人力资源管理6个专业管理,构成了企业的管理内容。

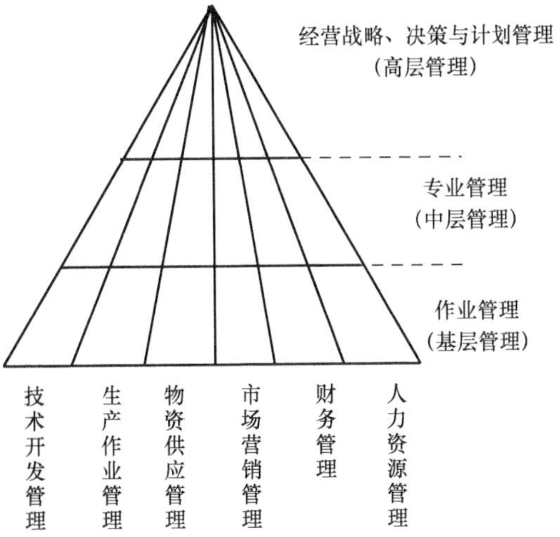

图 1-1　企业管理体系图

1. 3个层次的管理　三个层次的管理各有自己的职责。构成了企业管理的有机整体,它们相互联系,相互支撑,不可分割,缺一不可。一个好的企业,肯定有一个好的决策层,适时做出正确的决策,准确地捕捉市场机会;有一支懂专业、善管理的专业管理人员(中层管理),能帮助决策层进行正确的决策,并把企业的决策转变为专业的具体目标,正确、到位、高效地进行企业各项专业管理,对基层管理进行有效的指导、服务与督促,使企业的正确决策尽最大可能地转化为实际成果;同时也必须有一支强有力的基础管理队伍,能把企业的各项目标和指令正确地分解成各岗位的具体工作,并高效率、低成本地完成工作,以支撑企业决策和目标的实现。否则,再好的决策和目标都是一纸空文。

(1)高层管理。也称决策层管理,是企业管理体系的核心。其主要内容是制订和组织实施企业经营战略、决策与计划及资源的猎取等这些关系企业前途与命运的头等大事;此外,还包括企业组织结构的设置、企业文化的培育、干部的任用与培养、外部关系的处理等。高层管理决定着企业管理工作的全局。

(2)中层管理。一般是以企业生产经营全过程的不同阶段(开发、供应、生产、销售等)和构成要素(人、财、物、信息等)为对象,形成一系列的专业管理。中层管理是高层管理和基层管理连接的纽带和沟通的桥梁,对高层管理起参谋与辅助作用,对基层管理起指导、服务与监督作用。

(3)基层管理。基层管理的对象是作业层,是生产车间、工段、轮班、工序等。由于基层管理是对生产、销售、服务等现场作业的管理,所以也称为作业管理或现场管理。基层管理的内容一般包括工序管理、物流管理、环境管理、操作管理、班组管理等。

2. 各项专业管理　企业生产经营的专业管理有人力资源管理、生产管理、财务管理、营销管理、技术管理、物资管理,即人们简称的人、财、物、供、产、销,管理者必须按照这些专业管理各自的客观规律办事,才能搞好管理工作,不断提高企业的经济效益。

项目 1-3 纺织生产管理

一、纺织生产与生产管理

(一)生产

1. 生产的含义 生产是企业一项最基本的实践活动,是企业一切活动的基础。按照马克思的观点,生产是以一定的生产关系联系起来的人们利用劳动资料,改变劳动对象,以适应人们需要的过程,即生产是一种加工转换过程。这里所说的生产,主要是指物质资料的生产。通常人们把有形产品的形成过程称为"生产"或"制造",把提供服务的过程称为"运作"。随着社会的发展,"有形产品"和"无形产品"日益交融,密不可分,人们把有形产品的"生产"和无形产品的"运作"统称为"生产运作"。本书讲的生产是指纺织产品的加工转换过程,故称为"生产"。

纺织生产活动是一个"投入—转换—产出—反馈"的过程。即投入一定的生产要素,经过一系列、多形式的转换,使其价值增值,最后以某种形式的产出提供给社会的过程,如图 1-2 所示。

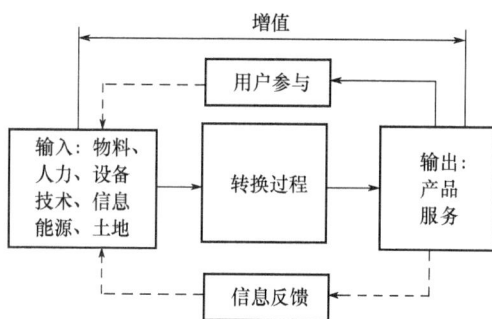

图 1-2 生产系统加工转换示意图

生产的输入包括资金、厂房、设备、人力、设备、能源、工艺方法、技术要求和标准、产品、数量、质量、进度等多种资源要素。生产的转换过程(劳动过程、增值过程)既包括一个物质转化过程(使投入的各种物质资源转变成适应人们需要的产品或服务),也包括一个管理过程(通过计划、组织、实施、控制等一系列活动),使上述物质的转化过程得以实现。这个转换过程也是企业的物流过程。生产的输出是产品和服务。信息反馈就是将生产过程输出的信息,如产品产量、质量、进度、消耗、成本等,返回到输入的一端或生产过程中,与输入的信息(如计划、标准等)进行比较,发现差异,查明原因,采取措施,及时解决,以保证生产系统的正常运行。可见,信息反馈在生产系统中起着控制作用。纺织生产的具体作业转换见表 1-1。

2. 纺织生产与服务业的区别 从管理的角度看,纺织生产与服务有较大的区别,见表 1-2。

表1-1 纺织生产的具体作业转换

生产系统	投入	转换	产出	反馈
纺纱	厂房、机器、资金、人员、纤维原料、能源、纺纱器材与配件、工艺方法、质量要求与标准、生产指令	开清棉、梳棉、条卷、精梳、并条、粗纱、细纱、络筒、打包	纱线	成本、质量、产量
织造	厂房、机器、资金、人员、纱线原料、能源、织造器材与配件、工艺方法、质量要求与标准、生产指令	倍捻、整经、浆纱、穿结经、织造、检验、整理、打包	织物	成本、质量、产量

表1-2 纺织生产与服务的区别

项目	纺织生产	服务
产出	产品是有形的、耐久的	产品是无形的、不可触摸、不耐久的
产出的储存性	产出可储存	产出不可储存
产出的一致性	高	低
用户(顾客)参与程度	用户与生产系统极少接触	顾客与服务系统接触频繁
产业性质	资本密集型	劳动密集型
设施	设施规模大	设施规模小
规模经济的实现	增加批量	多店作业
用户(顾客)需求响应时间	响应用户需求周期较长	响应顾客需求周期较短
服务区域	可服务于地区、全国乃至世界	主要服务于有限区域范围内
质量可控性	质量易于度量	质量不易于度量

(二)纺织生产管理

纺织生产管理,简单地说,就是对企业生产活动的计划、组织、控制的总称。它包括生产系统设计与运行管理两个方面,是从生产系统人员、设备、物料、生产流程、生产计划与控制、工作方法六个方面对生产要素进行优化配置,使生产系统实现最大增值的工作。

广义的生产管理是指对企业生产活动的全过程进行综合性的、系统的管理,也就是以企业生产系统作为对象的管理,其内容十分广泛,包括产品的决策、产品的设计、产品的生产与控制、产品的分销与售后服务等。狭义的生产管理则是指以产品的基本生产过程为对象的管理,即对原材料投入、生产加工直至产品完成的具体活动过程的管理。狭义的生产管理是广义生产管理内容的一部分。本书的内容涵盖了广义的生产管理,着重介绍了生产管理者应该关心的问题。

1. 纺织生产管理系统 纺织生产管理系统是指与实现规定生产目标有关的生产单位的集合体。这个系统的运作包括提供各种机物料的供应商和产品使用者(客户)。现代意义上的生产系统已经把供应商和用户纳入其中。

纺织生产体系的运行管理主要是对长期、中期、短期生产活动的计划、组织和控制。具体内容主要包括市场预测、需求管理、编制生产计划和能力计划、库存控制、成本控制、人员调配、作业调度、质量保证、人力资源配置等方面。在很大程度上,生产管理人员的主要任务是进行生产系统运行中的日常管理工作。成本控制贯穿于生产过程的各项管理之中,各项工作都通过生产现场的管理与运转操作管理来实现。其管理系统如图1-3所示。

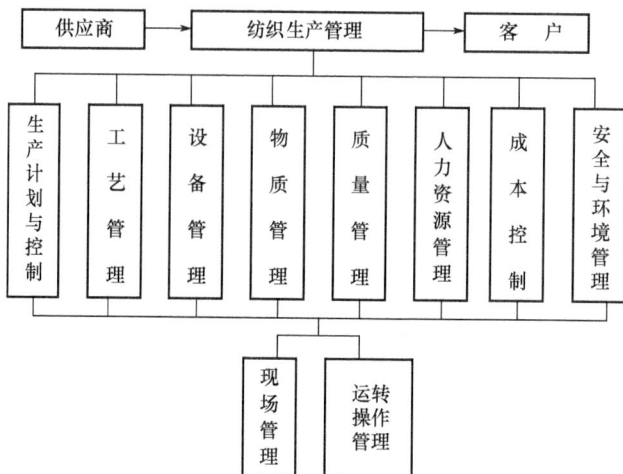

图1-3 纺织生产管理系统

2. 纺织生产管理系统绩效的衡量指标 衡量纺织生产系统绩效的指标主要有产品质量、生产成本、生产率、有效性、适应性等。

(1)产品质量。生产系统必须生产出满足用户需求,达到其质量标准的合格产品与优质产品。这是对生产系统绩效的一项基本要求。衡量质量绩效的指标有织物和纱线的等级品率、优质品率、成品抽查合格率等。但纺织生产系统的质量绩效更体现在不断地改进产品质量,以满足用户现实的和潜在的需要及产品质量的连续改进上,它是所有部门工作的综合性活动。因此,对质量的评价实际上也是对整个生产系统的综合评价。

(2)生产成本。生产成本包括为获取和利用各种生产资源所付出的用货币测量的代价。它是对生产系统资源投入量的一种测定。生产成本的高低是生产系统经济运行绩效的一种标志。

(3)生产率。生产系统产出量与投入量在价值上的比值,称为生产率。

$$生产率 = \frac{产出}{投入}$$

它确切地反映出投入要素的利用程度和生产系统投入转换成产出的效率及生产系统创造经济效益的性能,是衡量纺织生产系统绩效的最重要的指标。生产率又可分为两种:一种是综合生产率,它是生产系统总的产出量与总的投入量的比值;另一种是要素生产率,用来衡量某种生产要素的利用效率,如劳动生产率、资金利用率和资金利润率等。

(4)有效性。有效性是实际产出量与计划产出量的比值。这项指标侧重于考察管理工作的效能。因为生产率主要由生产工艺技术水平决定,有效性衡量的是同一生产系统的产出效率。如果实际产出与计划产出有差距,就反映出管理工作的效能了。如实际产量与计划产量之比,质量、成本、资源消耗等的实际量与计划量之比等。

（5）适应性。适应性是指生产系统对产品品种和产量变化的应变能力。它既能反映企业利用新原料、新设备、新技术不断开发新品种适应市场的能力，同时又能反映企业产品决策和产品生产组织适应市场的能力。因此，适应性也是反映生产系统绩效的一项重要指标。

3. 纺织生产系统绩效评价 纺织生产系统的绩效评价有财务评价体系和运作评价体系两种体系。

（1）财务评价体系。通常使用以下三个指标。

①净利润。是公司盈利的绝对数量。

②投资收益率。是对投资效果的相对评价。

③现金流量。是对企业生存状况的评价。

（2）运作评价体系。通常使用以下三个指标。

①产销率。是企业通过销售获取资金的效率。

②库存。是企业以销售为目的采购各种物资所占用的资金。

③运作费用。是企业将库存产品销售出去实现一定产销率的费用。

4. 纺织生产管理在企业中的地位和作用 纺织生产管理是企业管理的一个子系统，它的地位需要从它与其他子系统之间的关系上来认识。

（1）生产管理与经营战略、决策的关系。企业经营战略和决策是通过大量的市场需求调查和内外部环境分析而产生的，是谋求和筹划企业外部环境、内部条件和经营目标三者之间的动态平衡；企业经营战略和决策一经确定，就基本上确定了企业在一定时期内的经营方针、目标、生产和经营策略、计划等。生产管理作为由输入转换为输出的重要组成部分，通过组织生产活动，来保证经营意图的实现。生产管理为经营战略和决策提供物质条件，他们之间的关系是决策与执行的关系。

（2）生产管理与技术开发的关系。纺织企业的技术开发是指企业在经营决策目标的指导下，进行产品、工艺技术和原材料开发，新技术、新设备、新材料、新器材的推广运用等。它是生产管理的前提条件，是组织生产、优质高效生产、实现经营目标的重要技术保证，生产管理也为技术开发的顺利进行提供实验条件和反馈信息。二者相互依存，相互促进，在企业管理中都处于执行地位，有着密切的关系。

（3）生产管理与销售管理的关系。生产管理是为企业的营销提供产品或服务，是营销管理保证按质、按量、按期向客户交货的前提条件。所以，搞好生产管理，对促进产品销售、提高产品的市场占有率有着十分重要的意义。实质上生产管理是营销管理坚强的后盾。然而，企业的生存和生产管理的正常展开，都依赖于营销管理的绩效和对市场的拓展，营销是企业管理的中心，生产管理围绕这个中心，尽最大可能满足销售管理工作的要求，提高企业生产的柔性，销售部门也必须及时向生产管理部门提供可靠的信息，以改进产品、提高质量，实现企业生产和市场零距离。因此，在企业管理中两者之间有着十分密切的协作关系。

（4）生产管理与财务管理的关系。企业财务管理是以资金流动为对象的综合性管理工作。在纺织企业的管理中，企业的生产活动是伴随着资金流动而进行的，财务管理为生产的组织及时提供所需资金，同时对生产成本和费用进行控制。财务管理是生产管理、柔性生产的后盾和保证,而生产管理中按质、按量、按期向客户交货,加快资金的流转,是财务管理目标实现的必要前提条件。

在市场经济的今天,市场需求多变,不仅要产品新、品种多、质量高,还要价格便宜、交货迅速、及时,对生产管理提出了更高的要求。企业必须加强生产管理,建立稳定的生产秩序,强化生产管理系统的应变能力,以实现企业的经营目标。

二、纺织生产的分类

生产类型是生产系统结构类型的简称,是产品的品种、产量和生产的专业化程度在企业生产系统的技术、组织、经济效果等方面的综合表现。不同的生产类型所对应的生产系统结构及其运行机制是不同的,相应的生产系统运行管理方法也不相同。作为一个管理者,首先应了解自己所经营的企业属于哪种类型,抓住企业生产管理的内在规律,实施分类管理,并研究相应的管理方法,做到有的放矢。纺织生产过程是纺织原料均匀、连续地按一定工艺顺序通过各个工序进行生产,其生产特点是工艺过程的连续性、生产节奏的比例性和生产组织的均匀性。

(一)按产品销售特点分类

按照产品销售特点,把生产类型分为备货型生产和订货型生产。

1. 备货型生产　备货型生产是指企业在没有接到用户订单时,在市场需求(现实需求和潜在需求)预测的基础上,按已有的产品标准进行常规的纺织品生产。生产的目的一是为了补充成品库存,通过成品库存来满足随时发生的用户需要;二是用来进行生产安排的平衡调节。如常规产品 J14.8tex 纱和(J18.4tex×2)×(18.4tex×2)504×236 根/10cm、160cm 线卡布的生产;企业在已安排大量的精纺纱线生产时,适量安排机台纺副牌纱,以利于精梳落棉生产成产品,实现最大的产出效益。备货型生产的产品,几乎每个纺织企业都生产,市场竞争激烈,市场的竞争由价格和质量决定,价格由市场需求确定。备货型生产在管理上的重点是做好市场需求分析与预测、平衡生产能力与库存、控制好产品成本与质量、做好原材料的供应工作、向用户提供快速服务并保证现货供应。

2. 订货型生产　订货型生产也称订单生产,是企业根据用户订单进行生产,通过签订合同,按订单规定的品种规格、质量要求、需求量、交货期、售价等要求进行原料选择、产品设计和组织生产。订货型生产具有随机性和不匀性,属于无存货生产,产品价格在订货时由双方商定,交货期是组织生产的重要依据。市场的竞争由生产技术水平和生产管理水平确定。所以,订货型生产在管理上的重点是做好接受订货决策,生产技术满足订货要求,处理好交货期与生产能力之间的关系,生产系统要有较高的应变能力,随时满足不同用户的订货要求。

纺织企业的生产以经济效益为中心,力求规模效益,做到生产的均衡性、连续性和比例性,所以大、中型纺织企业的生产既有备货型生产,也有订货型生产。

(二)按品种和产量分类

按纺织企业在一定时期内生产品种的多少和同种产品数量的多少及产品生产的重复程度进行划分,可以把纺织生产过程分为大批大量生产、成批生产、样品小批量生产三种类型。所谓产品生产的重复程度,是指一个企业在一定时期内(如一年或一个季度)重复生产同一种产品的频率。一个企业若常年生产同一种产品,则说明该企业的产品生产重复程度高,反之则生产重复程度低。

1. 大量大批生产 大量大批生产又称重复性生产。生产的产品品种单一,产量大,产品生产重复程度高。主要针对一些市场需求较稳定、生产技术条件成熟、产品质量满足用户要求、市场知名度较高的拳头纺织产品生产。

大批大量生产的纺织品,技术成熟稳定,管理完善,机器设备到人工操作都实现了标准化,能均衡连续生产,生产高效且成本低,是一种生产经济性好的生产方式。其生产管理的重点集中在以下几方面。

(1)制订周密的生产计划,保证流水线生产的连续性。

(2)保证原材料供应及时。

(3)实行设备的计划修理,严格操作规程,确保产品质量。

(4)加强生产过程和成品质量控制,确保质量稳定。

2. 成批生产 成批生产的特点是产品品种较多,每一种产品都有一定的产量,各种产品在计划期内成批轮番生产。每种产品都是按一定批量分期分批生产,以满足用户对不同产品的需求,当由生产一种产品转为生产另一种产品时,就必须对设备进行调整。生产批数越多,调整设备所消耗的时间就越多,调整一次设备所生产的批量越小,调整的次数就越多。所以,合理地确定批量、组织好轮番生产是成批生产的管理重点。纺织企业对用户订单的生产,属于成批生产的类型。

成批生产的管理重点有以下几点。

(1)车间布置以工艺原则为主,组成成组流水线。

(2)制定经济合理的加工批量,力求生产总的费用(设备调整费与在制品库存费)最低,停顿等待时间最短。

(3)合理分配生产能力,并留有余力。减少人与设备的等待工作时间,促使在制品流动顺利。

(4)减少产品更换时的生产准备时间。包括设备调整时间、原材料供应时间等。

(5)加强对在制品的控制。确保生产的均衡性、连续性和比例性,提高生产效率。

3. 样品小批量生产 样品小批量生产的特点是生产的产品品种繁多,每种产品生产数量很少,有时就只是样品,生产重复程度很低。在样品生产中,纺织材料和纺织器材及配件的准备时间短、工艺技术不成熟、工人操作不熟练,使得产品生产周期长,设备调整时间长,生产效率低,生产成本高,产品质量不易保证。

样品小批量生产,产品品种千差万别,产量与交货期也不一样,生产组织十分复杂。这种类型的生产系统通常按工艺原则布置生产设施,合理进行工艺设计,要求生产工人适应多品种操作,其生产管理的重点包括以下几方面。

(1)确定合理的交货期,保证如期交货。采用"倒推法"安排生产作业计划,确保交期,赢得用户的信任。

(2)建立适应订货变动的生产体制,增加生产能力的柔性。保证生产能力留有余地,少量储备各种纺织原料,加强生产调度等。

（3）提高产品工艺设计水平。在产品工艺设计中,依据纺织原料性能和生产设备性能,合理设计生产工艺,尽量使用现有纺织器材、配件和原料,简化工人操作方法。制订工艺方法执行的措施。

（4）制订切实可行的质量保证措施,严格落实,保证产品质量满足用户要求。

大批大量生产、成批生产、样品小批量生产特点比较见表1-3。

表1-3　大批大量生产、成批生产、样品小批量生产特点比较

项目	生产类型		
	大批大量生产	成批生产	样品小批量生产
产品种类	单一或很少	较多	很多
产品产量	很大	较大	很少或样品
设备布置	设备按产品工艺过程布置	既按对象原则,又按工艺原则	工艺原则
设备利用率	高	较高	低
应变能力	差	较好	很好
要求工人技术水平	低	较高	很高
劳动生产率	高	较高	低
计划管理工作	较简单	较复杂	复杂多变
生产控制	容易	难	很难
生产成本	低	较高	高

三、纺织生产管理的内容与目标

1. 纺织生产管理的内容　在纺织市场和竞争全球化、市场需求日益多变、技术进步尤其信息技术飞速发展的今天,为了生存和发展的需要,有很多纺织企业实现了以纺织为主体,以资产为纽带的多元化、一体化、集团化的经营。故生产管理也必然向前和向后延伸。从上述角度看,纺织生产管理的内容可分为以下四个层次。

（1）生产战略的制订。生产战略的制订包括决定生产什么,如何组合各种不同产品的品种,需要投入什么,如何优化配置投入的资源要素,如何设计生产组织方式,如何培养、发展核心竞争力等内容。

（2）生产系统的设计。生产系统的设计是指为实施生产战略,选择生产技术,进行设施规划和设施布置等。

（3）生产管理。即日常生产的决策与管理。包括各种生产计划、生产控制、生产系统的分析与改进等内容。

（4）生产模式的优化。生产模式的优化是指在长期的生产管理实践中,形成了许多具体有效的生产模式,如准时制、生产流程再造等。

2. 纺织生产管理的目标　纺织生产管理的目标就是要使输出要素在交货期、质量、成本、

提高生产效率和减少在制品占用量等几个方面取得最优效果。

(1)确保交货期。按订单要求如期交货是企业应履行的义务。交货期与企业产品的质量、价格具有同等重要的意义。信守交货期可以赢得用户的信任,进一步扩大销售量,同时也可使企业严格按生产计划进行生产活动,保持生产活动的稳定状态,从而减少生产作业中的浪费,提高工作效率。

(2)满足顾客所需质量。质量是一切企业的生存之本。满足顾客所需质量的产品和服务是赢得用户信赖的基本条件,是提高企业竞争力的基础。通过强有力的生产管理,将高质量的目标落实到生产过程中每一个环节,保证质量满足顾客需要。

(3)降低生产成本。降低生产成本是生产运作管理的重要目标,只有产品的生产成本低于社会平均成本水平,企业才有可能赢利。成本是在生产过程中形成的,只有提高生产管理中对成本的控制水平,才能确保成本降低。

(4)提高生产效率。提高生产效率主要是提高人与设备的工作效率。纺织企业的主要措施是合理进行生产时间组织,合理配置生产设备,加强生产管理,提高在制品质量,加强设备维修与保养等。

(5)减少在制品占用量。在制品是指从原材料投入到产品产出的过程中,处于正在加工、运输、检验或停放状态的制品。减少在制品占用量,可以减少流动资金的占用量,加速资金的周转,提高资金利润率。减少在制品占用量的主要措施是合理储备,合理安排在制品生产过程中的移动方式。

总之,生产管理目标可以概括为"四适""三提高"。即"在适应需要的时候,以适宜的品种、适合的价格,向顾客提供适当质量的产品或服务,达到提高顾客和社会满意度、提高企业竞争力、提高企业经济效益的目的。"

3. 纺织生产管理的原则

(1)讲求经济效益原则。就是要用最少的劳动消耗和资金占用,生产出尽可能多的适销对路的产品。努力做到产量高、质量好、交货准时、成本低,达到综合经济效益的最优化。既不能追求某一方面的高水平,也应该在不同时期内,根据市场要求、产品特点、企业生产技术条件,制订正确的生产政策和管理重点。突出重点、兼顾一般也是提高经济效益、加强生产管理的有效方法。

(2)适应市场需求,柔性生产原则。柔性生产是指生产系统具有快速提高或降低生产水平,或者能快速从生产一种产品转为生产另一种产品的生产模式。生产柔性通过柔性工厂、柔性过程、柔性工人来实现。换言之,企业生产要始终满足市场需求。在市场经济的今天,坚持做到柔性生产尤为重要,否则就不能把握市场机会,企业就有被淘汰的危险。

(3)实行科学管理。科学管理是指用科学的理念、管理手段和管理方法及工具用于生产管理。如提高产品质量(增加生产成本)的管理决策、加强设备维修保养程度(增加生产成本)的管理决策,都要用"投入最少、输出最大"的科学理念来进行决策,从而提高生产管理效率和效益,实现管理目标。

(4)组织均衡生产。均衡生产是指在相等时间内,出产产品或完成某些工作,在数量上基本相等或稳定递增。均衡生产是有节奏、按比例的生产。均衡生产有利于保证设备和人力的均衡负荷,提高设备利用率和工时利用率;有利于建立正常的生产秩序和管理秩序;有利于节约物资消耗,减少在制品占用量,加速资金周转,降低产品成本,取得比较好的经济效益。

四、纺织生产管理者及其技能要求

(一)纺织生产管理者的定义

纺织生产管理者是指确定企业生产战略,对生产系统进行规划、控制、改进的工作者。包括主管理企业生产的副总经理、生产工厂的厂长、车间主任、生产部门主管、生产计划分析员、生产调度员、生产跟单员、仓库管理者、设备管理者、物料管理者、品质管理者、生产班组长等。

(二)技能要求

一个优秀的纺织生产管理者,需具备多方面的知识和素养。主要有以下三个方面。

1. 专业技能　纺织生产管理人员从事的是转化物料或提供各种特定服务的活动,必须了解纺织生产过程,必须具备纺织专业技术知识,特别是工艺和设备相关知识。

2. 管理技能　管理技能主要是纺织生产过程的计划、组织和控制技能。如产品的决策、生产计划的制订、生产的组织、生产的控制、质量的分析与控制、设备管理、物资与库存的分析与控制、成本的计算分析与控制等技能。此部分为本书着重介绍的内容。

3. 行为技能　纺织生产管理者要组织工人和技术人员进行生产活动,必须具备与人沟通,处理人际关系、调动他们工作积极性的能力,具备良好的合作精神,具备一定的组织、协调、决策能力。

项目 1-4　纺织生产管理的发展趋势

改革开放30多年来,随着科学技术的飞速发展,纺织新材料不断得到研发应用、纺织新技术得到快速发展,产品呈现多样化,产品生命周期不断缩短;纺织生产和贸易日益国际化、全球化,企业竞争方式与种类越来越多;特别是近年来,金融危机刚过,欧债危机接踵而至,国内用工成本显著上升。这些均给纺织生产管理提出了新的、更高的要求,即纺织企业需结合自己的目标顾客,形成自己的竞争优势,使纺织生产管理模式得到不断的创新和发展。能帮助企业获得竞争优势的竞争重点包括成本、产品质量、交货速度、新产品开发速度、对需求变化的应变能力和灵活性以及绿色制造。

一、基于改进工作业绩的竞争——流程再造

流程再造,也称业务流程重组。业务流程再造(BPR)理论是于1990年最先由美国著名企业管理大师迈克尔·汉默先生提出。之后,美国的一些大公司纷纷推行BPR,如IBM、科达、通用汽车、福特汽车等,试图利用它发展壮大自己,而实践也证明,这些大企业实施BPR以后,取得了巨大成功。BPR是近年国外管理界在全面质量管理(TQM)、准时生产(JIT)、工作流程管

理(WORKFLOW)、团队管理(WORKTEAM)、标杆管理等一系列管理理论与实践全面展开并获得成功的基础上产生的。业务流程重组是一种改进,它的目标是通过重新设计组织经营的流程,使流程的增值内容最大化,非增值内容最小化(包括降低运营成本、控制营运风险、提高营运效率三方面),从而获得绩效改进。重新思考、重新设计流程的基本原则是在成本、服务、质量、速度等方面改善公司业绩。

二、基于时间的竞争

自20世纪90年代开始,企业将时间竞争放在了重要的位置,世界性的竞争加剧,仅靠传统的成本、质量方面的竞争不足以使企业与企业之间拉开距离,于是很多企业开始在时间上争取优势。纺织企业也是如此,时间上的竞争包括四个方面。

(一)时间竞争的领域

1. 基于时间创新　纺织创新表现在纺织新材料的应用,新产品的开发,新工艺技术的研究与开发,新设备的运用,计算机、网络和信息技术的运用等,都加快了产品的研发速度。在竞争优势上时间或速度至关重要,不仅能将现有产品快速送到顾客手中,还要有快速研制和设计新产品的能力,一个企业能以快于其他企业三倍的速度推出新产品,必将获取竞争优势。基于时间创新,一是求速度,二是求新。

2. 基于时间制造　基于时间制造与传统生产方式有三点区别,其生产运行周期、生产部门设置与生产调度更加复杂。减少生产运行时间,意味着顾客需求的快速反应和产品品种的快速更新;灵活调度,巧安排,减少或消除生产调度的延迟和浪费,缩短产品的制造时间,以速度适应不断变化的市场需求,消除不必要的浪费,降低生产成本。

3. 基于时间销售　基于时间销售,就是当用户需要产品的时候,能把所需的产品及时送到客户的手中。如果做不到,快速生产也就失去了意义,新产品开发的首要目标就是抢先占领市场,成为市场的领先者,这也要基于时间销售。

4. 基于时间服务　基于时间服务是指有形产品售前、售中和售后的知识传递与支持。快速及时的技术支持服务是产品占领市场的关键。

(二)基于时间竞争的方法

1. 准时生产　准时生产(Just In Time,JIT)又称为零库存生产。它起源于20世纪后半叶的日本丰田汽车公司。它的成功被日本的其他汽车制造商纷纷效仿,逐渐成为日本企业所共有的"日本式"汽车生产经营方式,而这种生产方式的高效性是日本汽车工业迅速崛起的主要原因之一。准时生产的基本思想可概括为"只在需要的时候,按需要的量,生产所需的产品"。准时生产强调的是"准时""准量"。在准时生产方式下,生产过程中的商品运动时间与供应商的交货时间都经过仔细的安排,每一项作业运作过程的每一步都会恰好在前一批作业刚刚完成时到达,作业时间既不延迟,也不提前;作业数量既不少,也不多;在生产加工过程中既不存在等候加工的空闲项,也不存在加工空闲的人员和设备,所以才称为"准时生产",其核心是追求一种无库存的生产系统。通过适时、适量的生产,弹性配置生产人员和保证质量为实现"准时生产"。以实现消除生产等待,柔性生产,减少翻改品种的时间和生产提前期,"零库存"

和消除浪费的目标。

2. 精益生产 精益生产（Lean Production）是美国在全面研究 JIT 生产方式的基础上提出的一种生产经营模式。精益生产是对 JIT 生产方式的进一步提炼和理论总结，其内容范围不仅只是生产系统内部的运营、管理方法，而且包括从市场预测、产品开发、生产制造管理（其中包括生产计划与控制、生产组织、质量管理、设备保全、库存管理、成本控制等多项内容）、零部件供应系统直至营销与售后服务等一系列活动。其基本原理是：不断改进，消除对资源的浪费，协力工作、沟通。不断改进是精益生产的指导思想；消除浪费是精益生产的目标，即零缺陷和零库存；协力工作和沟通是实现精益生产的保证。

3. 敏捷生产 20 世纪 80 年代，美国为了保持其制造业在国际上的领先地位提出了"敏捷制造"的概念。敏捷生产（Agile Manufacturing，AM）是一种将柔性生产技术、有技术有知识的劳动力与能够促进企业内部和企业之间合作的灵活管理集中在一起，通过所建立的共同基础结构，用全新的产品设计和产品生产的组织管理方法，对迅速改变的市场需求和市场进度作出快速响应，从而满足市场需求的生产组织和生产方式。它着眼于企业长期经济效益，具有下列特点。

（1）从产品开发到产品生产周期的全过程满足用户要求。

（2）采用多变的动态组织结构。

（3）着眼于获取长期经济效益。

（4）建立新型的标准结构，实现技术、管理和人员的集成。

（5）最大限度地调动、发挥人的作用。

4. 全面质量管理 全面质量管理（Total Quality Management，TQM）是以保证和提高质量为中心，以全员参与为基础，目的在于通过顾客满意和本组织所有成员及社会受益而达到长期成功的管理途径。这就要求全体职工及各个部门同心协力，综合运用一套完整的科学管理体系，采用专业技术和科学方法对影响产品质量的全过程和各种因素实施控制，力求经济地开发、生产和销售用户满意的产品。全面质量管理有两点核心：一是永无止境地进行质量改进；二是用户满意，不断地满足或超出用户期望。全面质量管理的基本观点是：用户第一、持续改进、全过程的管理、全企业和全员的管理、全面的管理方法和工具、预防为主、数据说话等（详见项目六质量管理）。

5. 并行工程 并行工程（Concurrent Engineering，CE）是对产品及其相关过程（包括制造过程和支持过程）进行并行、集成化处理的系统方法和综合技术。它要求产品开发人员从一开始就考虑到产品全生命周期（从概念形成到产品报废）内各阶段的因素（如功能、制造、作业调度、质量、成本、用户需求等），其目标为提高质量、降低成本、缩短产品开发周期和产品上市时间；其具体做法是加强各部门的协同，通过建立各决策者之间有效的信息交流，综合考虑各相关因素的影响，使后续环节中可能出现的问题在设计的早期阶段就被发现，并得到解决，从而使产品在设计阶段便具有良好的可制造性、使用性及回收再生性，最大限度地减少设计、生产准备和制造时间。

6. 快速成型 快速成型技术（Rapid Prototyping Manufacturing，RPM）又称快速原型制造，诞

生于20世纪80年代后期,是基于材料堆积法的一种高新制造技术,被认为是近20年来制造领域的一个重大成果。纺织生产的快速成型技术的发展方兴未艾,它集纺织机械工程、计算机辅助设计(CAD)、数码技术与材料科学于一身,可以自动、直接、快速地将设计思想转变为具有一定功能的纺织面料和服装,从而为新设计思想的校验等方面提供一种高效低成本的实现手段,如全自动测配色系统、CAM辅助制造、数码织造、数码印花、织物CAD、服装CAD等。

7. 信息技术 现代纺织企业信息技术的广泛应用给企业带来了明显的优势。一方面利用单机桌面系统提高工作效率,降低劳动强度,加速设计、制造过程,提高设计加工质量,如将计算机用于生产效率和质量监测、纱织疵分析、大型设备诊断、自动配棉、仓库管理、CAD(织物、印染、服装)辅助设计;另一方面利用网络系统实现内、外信息的快速收集、储存、交流、加工和传递,方便学习和创新,提高企业决策分析能力。为纺织战略的全球化搭建了全球纺织生产的网络化管理平台,提高企业竞争力。

三、基于富有弹性生产系统的竞争

(一)柔性制造系统

柔性制造系统(Flexible Manufacturing System)如前所述是指生产系统具有快速提高或降低生产水平,或者快速从生产一种产品转为生产另一种产品的能力。柔性制造要通过柔性工厂、柔性过程、柔性工人来实现。柔性工厂是指工厂所具有的柔性,其极限是实现零转换时间;柔性过程是指生产(服务)过程所具有的柔性;柔性工人是指操作者所具有的可以很快地从一种任务转向另一种任务的多技能水平。

(二)供应链管理

供应链(Supply Chain)是指"生产及流通过程中,涉及将产品更新换代或服务提供给最终客户的上游或下游企业,所形成的网络结构"。它具有复杂性、动态性、交叉性和面向用户的特征。其结构如图1-4所示。

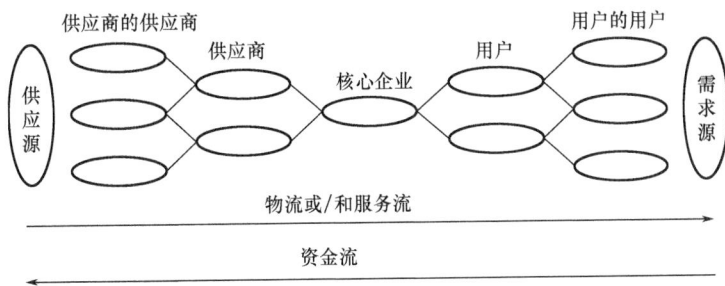

图1-4 供应链结构图

供应链管理(Supply Chain Management)就是利用计算机网络技术全面规划供应链中的商流、物流、信息流、资金流等,并进行计划、组织、协调与控制等。供应链管理的目标是通过调和总成本最低化、客户服务最优化、总库存最少化、总周期时间最短化以及物流质量最优化等目标之间的冲突,实现供应链绩效最大化。与传统管理方法相比,供应链管理有如下特点。

（1）顾客服务目标优先于其他目标，以顾客满意为最高目标。

（2）企业不能仅仅依靠自己的资源来参与市场竞争，还要通过供应链参与各方进行跨部门、跨职能和跨企业的合作，建立共同利益的合作伙伴关系，实现多赢。

（3）应用网络技术和信息技术，重新组织和安排业务流程，实现集成化管理。

（4）把从供应商开始到最终消费者的物流活动作为一个整体进行统一管理，始终从整体和全局上把握物流的各项活动，使整个供应链的库存水平最低，实现供应链整体物流最优化。

四、基于适应环境限制、道德标准及政府管理的竞争——绿色制造

绿色制造（Green Manufacturing）就是指在保证产品功能、质量、成本的前提下，综合考虑环境影响和资源消耗的现代制造模式，其目标是使得产品从设计、制造、包装、运输、使用到报废处理的整个生命周期中，对环境负面影响最小，资源利用率最高，并使企业经济效益和社会效益协调优化。

（一）绿色设计

绿色设计（Green Design）也称"生态设计"或"生命周期设计"，指产品在原材料获取、生产、运销、使用和处置整个生产周期中充分考虑生态、人类健康和安全、减少环境污染、减小能源消耗、再生循环或者重新利用的产品设计原则和方法。

（二）绿色生产

绿色生产（Green Production）也称"绿色制造、清洁生产"。在不同的发展阶段或不同的国家有不同的叫法，如"废物最小化""无废工艺""污染预防""源削减"等。但其基本内涵是一致的，即对产品和产品的生产过程及服务采取预防污染的策略来减少污染物的产生。强调了三个重点，即清洁能源、清洁生产过程、清洁产品。绿色生产实现的途径包括以下三个方面。

（1）资源综合利用。指对生产过程中有用副产品、回收产品的再利用，原材料的就地利用，特别是工艺过程中的循环利用。

（2）改变生产工艺，改善工艺控制，改造原有设备。将原料消耗量、废物产生量、能源消耗量、健康与安全风险以及对生态的损害降到最低限度。

（3）加强生产管理。经济有效地减少环境污染，节省资源和能源。

（三）绿色消费

绿色消费（Green Consumption）是消费者尽量使用环保产品、服务，对使用的产品延长使用周期和减少使用中的能源浪费和污染，对使用后易造成环境危害的产品进行妥善处置。

☞ 项目知识检测

1. 何谓企业？纺织企业有什么特点？

2. 什么是管理？纺织企业管理包括哪些职能？

3. 简述纺织生产系统的转换过程。

4. 纺织生产管理系统的绩效如何评价？

5. 生产管理的内容与目标是什么？

6. 纺织生产有哪些类型? 它们的管理重点是什么?

7. 如何提高生产过程的柔性?

8. 谈谈你对基于时间竞争的看法。

项目活动训练

案例分析:某织造厂的生产运作方式分析

某织造厂是一个有200台喷气和剑杆织机的织布厂,和其他纺织厂一样,其生产系统由厂房、机器、资金、技术、信息、原料、管理等组成。

以下是该企业采取的生产管理措施。

(1)进行市场调研,分析市场需求。

(2)做出生产能力计划是企业保持现金流量和获得合理赢利所必需的。

(3)对企业管理人员、设备操作人员、设备维修人员分别做出安排。

(4)对纺织原料(纱线)、纺织配件、纺织器材管理。

(5)对日常生产进度进行控制。

(6)质量保证体现在:始终满足用户需求、建立质量保证体系、不断改进和提高产品质量。

(7)始终用新的纺织材料、新工艺、新方法开发新产品,适应和引导市场需求。

(8)员工的激励和培训贯穿于生产运作的各个阶段。

(9)生产成本控制贯穿于生产运作的各个阶段。

试分析:

(1)该企业进行了哪些管理?

(2)你认为该企业的生产管理还应该从哪几个方面改进?

项目二 纺织生产组织

❋ 本项目知识点

1. 纺织生产过程的构成及要求。
2. 工厂选址、工厂布置、车间布置、设备布置的要求和方法。
3. 生产移动的方式及时间的计算。
4. 劳动分工的要求及形式。
5. 劳动定额和定员的概念与制订的方法。

纺织生产组织就是对各种纺织生产要素和生产过程的不同阶段、环节、工序的合理安排,使其在空间上、时间上和劳动的组织上结成一个协调的系统,在产品生产运行路线最短、用时最省、成本最低的情况下,适时提供满足市场需求的产品,确保企业经济效益。本项目重点介绍纺织生产过程的构成、空间组织、时间组织和劳动组织。

项目 2-1 纺织生产过程

生产过程是每个工业企业最基本的活动过程。任何产品都必须经过一定的生产过程才能制造出来。纺织生产过程是指从纺织原料投入生产开始,直到纱线或织物成品检验入库为止所经历的全部过程。这个过程一方面是纺织原料、燃料、动力、劳动、技术的不断投入,另一方面是纺织产品的不断产出。

一、生产过程的构成

生产过程一般由许多部分组成,根据各部分在生产过程中作用不同,可将纺织生产过程划分为生产技术准备过程、基本生产过程、辅助生产过程和生产服务过程四个部分。

(一)生产技术准备过程

生产技术准备过程是指在产品投入生产之前所进行的各项生产技术准备工作的总和。如产品设计、新产品试制及论证、工艺设计、工艺准备、纺织产品质量要求和标准、原材料及劳动定额的制订、能源消耗定额的制订、劳动组织的协调与人员培训、设备布置等。

(二)基本生产过程

基本生产过程是指直接为完成所要生产的纺织品(纱或布)而进行的各种生产活动。这一活动是企业的主要生产过程。如纺纱过程的开清棉、梳棉、并条、粗纱、细纱、络筒。织造过程的整经、浆纱、穿筘、织造、整理。

(三)辅助生产过程

辅助生产过程是指为保证基本生产过程的正常进行而实施的辅助性生产活动过程。如纺织厂空调、动力供应、设备维修等。

(四)生产服务过程

生产服务过程是指为基本生产过程和辅助生产过程服务的各种生产服务活动。生产服务过程往往并不是一种生产活动,如原棉和机配件的采购供应、纺织产品的质量检测等。纺织企业的生产过程见表2-1。

表 2-1 纺织企业的生产过程

生产、技术准备过程	基本生产过程	辅助生产过程	生产服务过程
产品设计	纺纱	动力供应	原材料、半成品的保管和运输
工艺设计	织布	设备维修	
工艺装备设计与制造	印染	工具制造	原材料的理化检验
材料与工时定额制定	成衣	空气调节	外协件的性能试验
劳动组织			
设备布置			
物资供应			

上述四个过程既有联系,又有区别。其中基本生产过程是主导部分,其他过程都围绕这一过程进行。

二、纺织生产过程组织的要求

合理组织生产过程可以使生产过程始终处于最佳状态,是保证企业获得良好经济效益的重要前提条件之一,合理组织生产过程是把生产过程从空间上、时间上和劳动上很好地结合起来,使产品以最短的生产路线、最快的速度通过生产过程的各个阶段,并使企业的人力、物力和财力得到充分利用,达到优质、高产、低耗。合理组织生产过程必须符合连续性、比例性、节奏性、适应性的要求。

(一)生产过程细分性和专业性

生产过程细分性是将纺织生产过程,根据要素特点,划分为各个工序、工艺、操作过程,使作业时间最短,生产效率提高,所用的工艺装备、生产组织工作最简化,工人的劳动技能易于掌握和提高,产品质量易于保证。纺织企业根据各工序的特点和工艺要求,划分为清花车间、前纺车间、细纱车间、准备车间、织造车间和整理车间。

纺织生产由于其生产原料品种多(棉、毛、丝、麻纤维和各类化学纤维),性能差异大,产品品种多,质量要求千差万别。纺织生产过程的工序虽然较固定,但是工艺参数变化大,而且工艺的相关因素多,质量控制随机性大;而且操作、生产环境要求差别大,所以纺织生产过程的组织要求做到专业化。

(二)生产过程的连续性

生产过程的连续性,是指生产过程各阶段、各工序的进行,在时间上是紧密衔接的,不发生各种非预计的中断现象,加工对象在生产过程中一直处于运动或被加工状态(如加工、检查、运输等)。各生产环节的设备、人力总是处于工作状态。保持和提高生产过程的连续性,可以减少在制品占用量,缩短产品生产周期;可以更有效地利用原材料、设备、工地和人力,减少损失;可以改善产品质量;可以加速资金周转。纺织企业的生产特点是连续性多机台生产,要实现生产过程的连续进行,必须使企业内各车间、仓库之间的布置符合工艺流程的要求;必须做好生产准备工作,加强生产计划与调度;采用先进的技术设备,提高自动化、专业化水平。

(三)生产过程的比例性

生产过程的比例性是指产品生产过程的各阶段、各工序之间,生产能力和产品加工劳动量要保持一定的比例关系。各个生产环节的工人数、生产效率、设备数量等都必须进行整体考虑,综合平衡,防止出现比例失调。为保证生产过程的比例性,在进行纺织厂设计或进行品种安排时,就应当充分考虑和规定生产过程的各个工序、各种设备、各种人工数量和生产能力方面的平衡。另外,在日常生产管理中,则要加强计划管理,做好生产能力的综合平衡,采取有效措施,克服薄弱环节,保持生产环节之间应有的比例。

(四)生产过程的均衡性

生产过程的均衡性也称节奏性,是指在生产过程各个工序的流程中,要求在相同的时间间隔内生产出大致相同的数量或节奏递增数量的产品,换言之,上道工序的产出量是下道工序的需求量,纺织生产是一个连续的生产过程,从原料投入到成品入库,都要均衡地进行,否则就不能保持正常的生产秩序。均衡生产能够充分利用设备和人力,有利于减少在制品占用量,压缩库存,保证产品质量,做到均衡生产。提高生产过程的节奏性,应从投入、制造、出产三个环节入手。其中出产的节奏性是生产过程节奏性的本质要求,而制造的节奏性是实现生产节奏性的保证,投入的节奏性是制造节奏性的前提。因而,实现生产过程的节奏性应当投入、制造、出产统筹安排、合理规划。

(五)生产过程的适应性

生产过程的适应性又称为"柔性",是指生产系统对市场需求变化的迅速反应能力。生产过程的组织形式要灵活,能够适应市场多品种、小批量、快交货的要求,才能不断扩大市场占有率,赢得市场竞争。

(六)生产过程的准时性

生产过程的准时性,是指根据用户(下工序)的需求,准时完成生产任务,既不延时,也不提前,在需要的时间,按需要的数量,提供需要的产品,过多或过少都会影响生产的均衡性和连续性,导致生产效率降低和生产成本上升,影响企业经济效益。

纺织生产过程的比例性和均衡性受企业的规模、产品特点、专业化协作水平和生产技术水平的影响,有一者发生变化,生产过程的比例性和均衡性就会发生变化,企业生产过程组织管理,应采取措施及时调整比例不协调的现象,建立新的比例关系,达到新的生产平衡。

项目 2-2　纺织生产过程的空间组织

　　纺织生产的空间组织包括企业地址的选择、厂区各生产单位的平面布置及车间内部设备的安装排列等内容。这些管理活动都是生产组织职能的前期工作。设施规划与组织工作质量的好坏,对于企业的经营效果有着长远的影响。该项工作总的要求是运用科学方法,使建成的生产系统能够满足企业生产经营战略的需要。

一、厂址选择

　　厂址选择就是为了实现企业战略目标,综合平衡各种因素,确定在何处构建纺织生产工厂。

(一)厂址选择的重要性

　　一个企业的竞争力受到地理位置和环境的影响,所以厂址的选择是一个企业的战略问题。它不仅直接影响到建设速度和投资总额,还决定了投产后产品的生产成本。其与投产后各项经营管理工作都有很密切的关系,如原材料供应和成品销售、动力设施的安装和维护、运输方式的选择、劳动力的配备、城市公用事业的配合以及职工生活的安排等。因而它关系到纺织企业的生产能力和企业的竞争力,甚至关系到纺织企业的成败。

(二)纺织企业厂址选择的影响因素

　　纺织企业具有机器设备数量和职工人数较多、加工流程较长、原材料及成品运输频繁、工艺过程之间配合紧密、车间温湿度要求高、生产厂房比较集中社会协作比较广泛的特点。为了满足这些特点和要求,在选择厂址时,应当充分考虑以下因素。

　　1. 自然条件　自然条件包括地理位置、地形地势、工程地质、水文、气象、地震等。

　　(1)地理位置。对地理位置进行选择时,应考虑交通的便利性、产品和原材料运输成本、劳动力成本及其他辅助设施成本。

　　(2)地形地势和地质工程。纺织企业生产为连续的多机台集中生产,所以在选址时,要考虑地势力求平坦。地质的好坏影响工厂的建设成本。

　　(3)水文、气象和地震。水文、气象和地震这些资料是进行厂房设计的主要依据之一,包括降雨量、洪水水位、地下水情况、气温与湿度、地震等。特别是地下水资源,它是纺织企业空调廉价资源,用它来进行空气调节可降低生产成本。

　　2. 经济技术条件　经济技术条件包括运输条件与费用、劳动力可获性与费用、能源可获性与费用及资本、技术和信息的可获性与费用。

　　(1)运输条件与费用。纺织企业的一切经营活动都离不开交通运输,纺织原料、燃料、纺织机配件与纺织器材进厂,产品和纺织下脚料的出厂都有大量的物料运输,职工上下班也需要交通方便。交通便利与否,影响到企业正常生产经营和生产成本。特别是纺织原料输入与成品输出运量大,在选址时应考虑接近纺织原料产地,还是接近销售市场。

（2）劳动力可获性与费用。纺织企业是劳动密集型企业,人工费用占成本的比例大(近25%),工厂建在劳动力资源丰富、工资偏低的地区,可降低人工成本。

（3）能源可获性与费用。纺织企业的生产依靠动力(电)和燃料(煤、油、气),纺织生产也是一个高能耗的生产。因此,在建厂选址时要考虑当地的电力和燃料(煤、油、气)的供应情况和价格。

（4）资本、技术和信息的可获性与费用。现代纺织企业的运作中,资本、技术和信息是三个非常重要的因素,资本和信息的可获取性与费用,影响到企业的经营决策和市场机会的把握;而技术的可获取性关系到企业员工的技术水平和业务能力,又直接影响到产品和市场的开发,产品的质量和产量。因此,工厂建在经济、信息发达的城市周围,就可解决此问题。

3. 社会因素 社会因素包括国家、地区和社区。

（1）国家。国家的选择主要考虑的是政治因素。如政治局面是否稳定、法制是否健全、税赋是否公平、经济政策是否合理、市场分布和纺织原料供应情况、汇率和关税等。

（2）地区。地区的选择主要考虑土地价格、工厂建设成本、公共设施、金融服务、政府态度、劳动力可获取性费用等。

（3）社区。社区的选择主要考虑的是文化娱乐、医疗、附属设施、生活服务等。

(三)选址的评价

厂址选择很复杂,因此在选址时必须注意用科学的方法选择最佳方案。方案的比较,一般应该进行自然条件与技术经济条件的比较、基本建设投资总额的比较、生产经营管理费用的比较,用定性与定量相结合的方法和合理估计备选方案的优劣性。

1. 量本利分析法 量本利分析法可以用来评价不同的选址方案,任何的选址方案都有一定的固定成本和变动成本。如图2-1所示为两种不同选址方案的成本和收入随产量变化的情况(假定厂址不影响产品的销售量和售价)。销量大于V_{10}时厂址1开始盈利,销量大于V_{20}时厂址2开始盈利,在销售量相同达到V的情况下,厂址1的总成本较低,盈利P_1较多,厂址2的总成本较高,盈利P_2较少。因此,厂址1的方案比厂址2的方案好。量本利分析法可用于多个方案的分析比较。

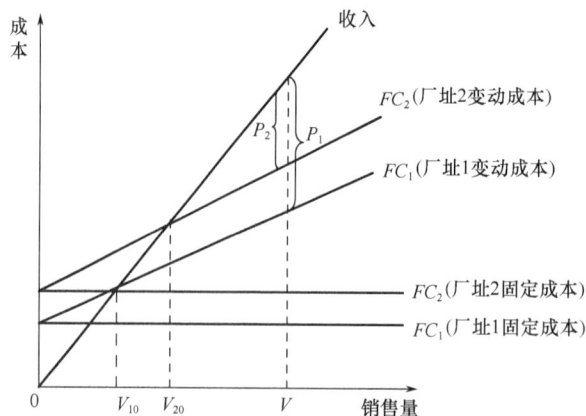

图2-1 两种选择方案的比较

2. 因素评分法　量本利分析法只是从经济上进行分析比较。纺织企业选址涉及的因素很多,有些因素是无形的、难以量化的,因素评分法可以全面比较不同选址方案。如有 A、B、C 三个候选厂址,其经济因素相当,按八个难以量化的因素进行比较,通过一定评估体制的评估,结果显示厂址 A 总分最高 1050 分,故可优选厂址 A,见表 2-2。

表 2-2　因素评分法

选址因素	最高分数	候选厂址		
		A	B	C
未来燃料可获得性	200	150	180	120
水源供应充足情况	100	80	70	70
劳动力供应情况	250	220	180	180
生活条件	150	120	120	120
资本、技术和信息可获得性	200	170	150	130
运输灵活性及前景	200	160	150	160
环境污染法规	100	70	70	60
税收稳定性	100	80	80	70
合计	1300	1050	1000	910

二、总平面布置

据统计,纺织业原料入厂后,从入库存放开始,经过领料、厂内运输、车间内各个工序的运送,直到成品入库,发生搬运费占总成本的 5%~8%;另外有关工作人员因工作需要到其他部门处理事务,走路需要占用很多劳动时间,厂区布置得合理,可以减少搬运成本和劳动时间。

(一)纺织企业设施布置的基本要求

生产工厂的总的平面布置,对各相关部门、工作单位以及各种物资设施(如车间、仓库、设备、工作中心等)进行合理布置与安排,使其形成一个有机整体,确保生产运作高效、安全、流畅,具体要求如下。

1. 经济性　要求工厂的每一组成部分的位置安排能保证生产工艺流程的畅通和便利,有利于缩短生产周期和降低物流费用。如物料的单一流向,最小的物流距离,最少的装卸搬运次数,进出方便,通道、道路畅通等。

2. 保证工艺流程(信息)畅通,物流有序(工艺性)　设施布置服从于生产工艺流程的需要,不要交叉迂回,造成物流和生产秩序混乱。

3. 安全、舒适、美观　一是建筑防火规范,人员可紧急疏散;二是要保证工人在车间工作的舒适;三是要易于纺织生产过程现场的管理和生产中有毒有害物质的处理。

4. 有利于沟通与协作　就是做到相关部门和单位沟通协作方便、快捷。

5. 兼顾生产运作的独立性与相关性　以生产车间和部门为工作单位进行平面布置。

6. 充分利用外部环境条件　在进行工厂平面布置时,不仅要考虑厂内运输路线的合理布置,还要研究厂内运输如何与厂外运输之间的衔接问题。要利用厂区所在地,如城市现有的运输条件,满足厂内物流的需要,避免货运路线和人流路线相交叉,并要远离易产生火警和水患的位置。

7. 留有发展余地 在平面布置时,需为投入生产后设备的调整和生产能力的调整留有扩建余地,以提高投产后的生产柔性。如纺纱厂的平面布置,正确的布置如图2-2所示,原棉分级室靠近原棉仓库,纱经成品打包要靠近成品仓库,各车间相对独立,相关车间相连,物流如箭头所示方向,按纺纱工序流程有秩流动力,实现物流路线最短。错误的布置如图2-3所示。

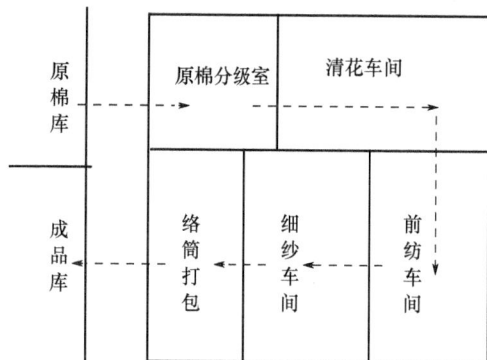

图2-2 正确的纺纱厂平面布置   图2-3 错误的纺纱厂平面布置

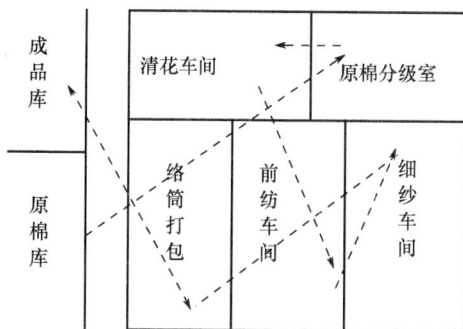

(二)纺织企业总平面布置应考虑的因素

1. 主导风向 锅炉及污水处理设施要放在主导风向的下风口,以免锅炉的粉尘和污水的气味影响生产车间的空气调节,进而影响工人工作的舒适性和产品质量。

2. 主厂房方位 若采用锯齿形厂房形式时,主厂房的方位要根据厂房所在的经纬度进行主厂房方位选择,选择的基本原则是,保证生产车间光照自然柔和,阳光不能直接射进,否则容易造成操作工视觉疲劳。

3. 厂区的地形、地貌、地质、水文、气候等条件 厂区地形地貌要满足厂房布置合理的要求,如厂房外形应尽可能简单,若为矩形场地,长宽比一般控制在1:1.5之内,较经济合理;地形满足条件则有利于车间布置、运输联系及场地排水;一般情况下,以自然地形坡度不大于5‰,丘陵坡地不大于40‰,山区建厂不超过60‰为宜;考虑高温、高湿、云雾、风沙和雷击地区对生产的不良影响;考虑冰冻天气对建筑物基础和地下管线铺设的影响;水文地质要考虑地下水位最好低于地下室和地下构筑物的深度;地下水对建筑基础最好无侵蚀性和蓄水层水量。工程地质,应避开发震断层和基本烈度高于九度地震区、泥石流、滑坡、流沙、溶洞等危害地段,以及较厚的三级自重湿陷性黄土、新近堆积黄土、一级膨胀土等地质恶劣区;应避开具有开采价值的矿藏区、采空区以及古井、古墓、坑穴密集的地区,场地地基承载力一般应不低于0.1MPa;厂址不应选择在不能确保安全的水库下游与防洪堤附近。

4. 交通运输 根据工厂运货量、物料性质、外部运输条件、运输距离等因素合理确定采用的运输方式(铁路、公路、水运、空运);运输路线应最短,方便,工程量小,经济合理。

5. 能源供应、供水、排水等条件 能源供应应靠近热电供应地点,所需电力、蒸汽等应有可靠来源,自备锅炉房和煤气站时,宜靠近燃料供应地,品质应符合要求;靠近水源,保证供水的可靠性,并符合生产对水质、水量、水温的要求,污水便于排入城市地下水系统。

6. 城市规划 配合城市建设,宜靠近现有城市,以便利用城市已有的公共设施。

7. 防火、安全及环保要求 工厂与工厂之间,工厂与居住区之间,必须满足现行防火、安全、卫生、环保各项有关规定,必须满足人对水、电源的要求。

8. 节约用地 尽量使厂房设计和生产机器布局合理,以节约用地面积。

(三)纺织企业总平面布置的基本步骤

1. 确定原则 确定总平面布置的原则和需要达到的目标。

2. 确定构成单位 企业生产经营活动单位构成主要有生产技术准备部门、基本生产部门、辅助生产部门、生产服务部门、附属生产部门、行政管理部门、生活服务部门。

3. 收集资料 明确企业各个生产经营单位对总平面布置的要求和约束条件等。

4. 拟定备选方案 拟定多个备选方案,按比例绘制初步设计规范的草图。

5. 方案决策 对各个备选方案进行全面综合的分析比较,选定最终方案。

6. 方案实施 编制方案实施计划并贯彻落实。

(四)纺织企业总平面布置的方法

1. 物料流量法 在进行总平面布置时,要使生产过程的物流流动畅通无阻,经济合理,物流费用最小。具体的做法包括以下三个步骤。

(1)根据产品生产的工艺流程,确定物料在生产运作过程中总的流动方向,并绘制物料流向图。

(2)分析单位时间内各单位之间的物料运量,绘制物料运量表。

(3)相邻工序靠近布置。

2. 生产活动相关图法 这种方法是借助于图解,根据各单位之间相互关系的密切程度进行工厂总平面布置。在进行总平面布置时,优先考虑生产运作系统内不同部门之间的位置关系,业务关系密切的部门相邻布置。一般来说,生产活动相关图法经常用在行政管理部门的平面布置中。

三、纺织车间平面布置

车间平面布置的任务就是确定各生产车间和有关附属房屋在厂房中的相关位置,以及车间机器设备的布置。

车间布置应当结合生产区总平面布置、厂房形式、工厂规模、产品种类、建筑防火规范和机器排列方案综合考虑,统一解决。车间布置不仅应该有利于生产,而且要为土建、电气、空气调节、给排水等的设计提供便利条件。

(一)纺织车间的组成

一般来说,生产车间由六部分组成,即生产部分、辅助部分、仓库部分、过道部分、管理部分和服务部分。

（二）纺织车间布置的基本原则

（1）原料进车间的入口,应当靠近原料仓库;成品入库的出口,应当靠近成品仓库或印染工厂。

（2）各车间的相互位置,应当使运输路线缩短至最小限度,并要避免迂回交叉,保证安全生产,便于运输设备运输。

（3）车间外形应尽量布置成矩形,以使外观整齐,便于生产管理。

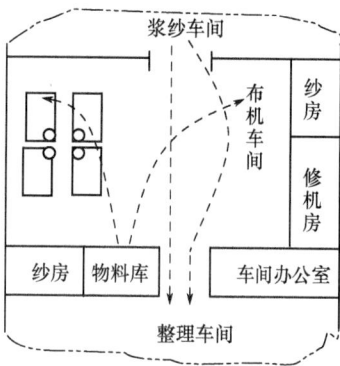

图2-4 织造车间平面布置示意图

（4）锯齿形厂房中的长车如细纱机、捻线机等,应垂直天窗排列,以保证工作面上采光均匀。

（5）车间布置应尽量满足空气调节均匀和有效的送风要求以及天沟外排水要求。

（6）车间的位置和结构,应该符合建筑防火规范。

（7）在多层厂房中,重量大或震动大的机器设备,以及卷状重量大的半成品等,要尽可能避免上楼。

（8）一般生产附属房屋,应尽量布置在厂房四周,并靠近其所服务的生产车间和相应的机台。如织造车间的布置如图2-4所示。

四、纺织机器设备布置

纺织机器排列是否合理,不仅直接影响到生产管理、运转操作、在制品运输和设备维修能否顺利进行,还影响到厂房的建筑面积和基本建设投资额等技术经济指标。

（一）机器排列应遵循的原则

（1）按照生产工艺流向布置设备并尽量避免倒流。

（2）保持生产过程的连续性。

（3）注意运输方便,充分发挥运输工具的作用。

（4）考虑到多机床看管时工人作业的便捷性。

（5）车间内要留出足够的通道面积,通道要直,尽可能少转弯。

（6）充分利用车间生产面积。

（7）合理布置工作地、保证生产安全并尽可能为工人创造良好的工作环境。

（二）纺织设备布置的形式

1. 工艺专业化布置形式 把同类的设备尽可能布置在一起。如在织布车间内采用工艺专业化形式,是指按工艺类别建立生产班组。这种布置形式比较适合于品种多、产量小的生产类型。

2. 产品（对象）专业化布置形式 按产品对象把加工这个产品所需要的设备按工艺先后顺序布置成一条专门的生产加工流水线,组织流水生产。

纺织企业产品变化比较频繁,它的布置是以工艺专业化为主,兼顾产品专业化。

项目 2-3　纺织生产过程的时间组织

　　合理地组织纺织生产不仅要对企业内部各生产单位和部门进行空间组织,而且要使劳动对象在车间之间、工序之间、工作地之间的运动时间上合理衔接,以便最大限度地保证生产过程的连续性和节奏性,以提高劳动生产率和设备利用效率,缩短生产周期,增加产量,确保按时交货。

　　纺织生产虽说基本上是流水线型的连续生产,但是为了适应当前多品种、小批量、交期短的市场需求,及生产量、工艺方法和技术装备有较大的差异的实情,必须进行科学的时间组织,了解时间组织的方法及结果,以便能科学地进行生产的时间组织。时间组织的方法有三种,即顺序移动方式、平行移动方式、平行顺序移动方式。

一、时间组织的方法

(一)顺序移动方式

　　顺序移动方式是指纺织产品在前一道工序全部加工完毕后,再整批转移到下一工序进行生产加工的方式。如图 2-5 所示,在纺织企业生产中,这种时间组织方式用于小批量、样品或新产品试制的生产组织。如纱厂接到一个 1000 米 (J18.4tex×2)×(18.4tex×2) 504×236 根/10cm 160cm 线卡订单,则需要从整经开始,浆纱、穿箱、织造、整理顺序进行,一个工序生产完毕再转移到下一个工序。其特点是整批移动。

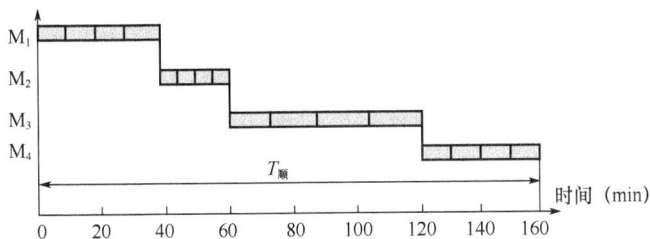

图 2-5　顺序移动方式示意图

　　顺序移动方式整批加工周期可用下式计算:

$$T_{顺} = n \sum_{i=1}^{m} t_i$$

式中:$T_{顺}$——顺序加工周期;

　　　n——批量;

　　　m——工序数;

　　　t_i——工序时间。

　　例:已知某零件加工需经四道工序,其单件加工时间分别为 10 分钟、5 分钟、15 分钟和 5 分钟,批量为 4,求整批零件加工周期。

$$T_{顺} = 4 \times (10+5+15+5) = 140 (min)$$

顺序移动方式的优点是组织简单,缺点是整批产品加工周期长。

(二)平行移动方式

平行移动方式是指一批产品中的每一件在前一道工序加工完毕后,立即转移到后道工序中去加工或等待加工。如图2-6所示,其特点是单件移动。在纺织企业生产中,这种时间组织方式用于翻改品种时的铺车改台工作。只是产品不是单个流动,而是前工序产出品够后工序一台设备生产时,后工序才开始生产。

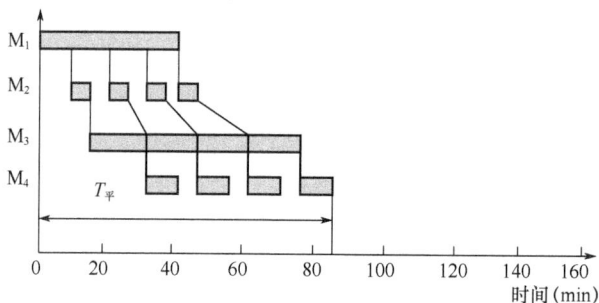

图2-6 平行移动方式示意图

平行移动方式下整批产品加工周期可用下式计算:

$$T_平 = \sum_{i=1}^{m} t_i + (n-1) T_L$$

式中:$T_平$——平行移动方式的加工周期;

T_L——最长的单位加工时间。

上例中,平行移动的生产加工周期为:

$$T_平 = (10+5+15+5) + (4-1) \times 15 = 80 \text{min}$$

平行移动方式的优点是加工周期短,等待和运输时间减少到最低限度;缺点是当前后工序的工艺时间不等时,出现短时段的停工待料或等待加工的现象,不利于劳动生产率和生产效率的提高,且运输次数多,生产组织比较复杂。

(三)平行顺序移动方式

平行顺序移动方式是前两种方式的结合,在平行顺序移动方式下,因长短工序的次序不同,有以下两种安排方法。

当前道工序的单件时间小于后道工序的单件时间时,将加工完的每一个产品立即转入后道工序去加工,即按平行移动方式移动。

当前道工序的单件时间大于后道工序的单件时间,只有当前道工序上完工的产品数足以保证后道工序能连续加工时,才开始将前道工序完工的产品转入后道工序。如图2-7所示,其特点是两者结合,扬长避短。在纺织企业生产中,这种时间组织方式很少用。

平行顺序移动方式下整批产品加工周期可用下式计算:

$$T_{平顺} = n \sum_{i=1}^{m} t_i - (n-1) \sum_{s=1}^{m-1} t_s$$

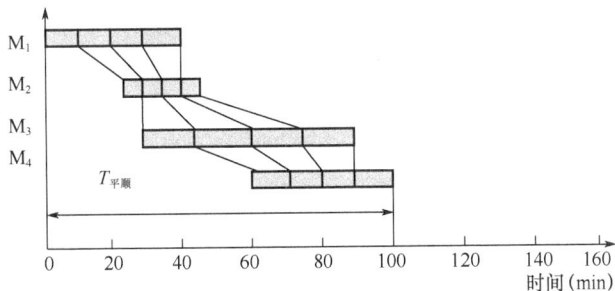

图 2-7　平行顺序移动方式示意图

式中：$T_{平顺}$——平行顺序移动方式的加工周期；

t_s——相邻两个工序中较短单件工序时间。

平行顺序移动方式综合了顺序移动方式与平行移动方式的优点，既保证工作的连续加工，便于工作地组织，又可以保证较短的生产周期。

上例平行顺序移动方式的生产周期为：

$$T_{平顺} = 4 \times (10+5+15+5) - (4-1) \times (5+5+5) = 95 \text{min}$$

二、各种时间组织方法的优缺点

以上三种方式各有优缺点，平行和平行顺序移动方式加工周期较短，生产组织顺序移动方式较简单。企业要根据生产单位的专业化程度、工序劳动量的大小、设备调整所需时间的长短、生产类型、生产任务的紧急程度等具体情况来选用。三种移动方式的优缺点和适应生产方式见表 2-3。

表 2-3　三种移动方式的比较

移动方式	平行移动	顺序移动	平行顺序移动
优缺点	a. 管理简单，设备不停歇，可充分负荷 b. 有等待现象，加工周期长	a. 周期最短 b. 设备有停歇 c. 运输频繁，管理复杂	两者结合，扬长避短
适应的生产方式	单件小批；加工时间短，调整时间长；工艺专业化	大量大批；加工时间长，调整时间短；对象专业化	单件小批；大量大批；加工时间长，调整时间短；对象专业化

项目 2-4　纺织生产过程的劳动组织

纺织生产过程的劳动组织就是指在纺织生产过程中科学地组织劳动者进行劳动，协调劳动者之间的分工与协作，把劳动者与劳动工具、劳动对象有机地结合起来，不断完善劳动分工与协作的组织形式,达到充分发挥每个劳动者的技能和积极性,充分利用劳动资料和劳动时间,所有人员都能围绕企业目标协同工作,不断地提高劳动生产率的目的。

一、劳动分工与协作

(一)劳动分工与配备

实行劳动分工,把企业生产工作经过科学分解,形成各种不同性质的工作任务,表现为工作简化和专业化。劳动分工能使劳动者较快地掌握业务和技术,提高劳动熟练程度,从而提高效率,降低成本。但劳动分工也会造成劳动单调、乏味,影响劳动者的全面发展。

1. 劳动分工的要求 纺织企业工序流程长,分工非常复杂,分工必须科学合理,才能使纺织生产工作有条不紊开展,所以纺织劳动分工必须满足下列三条要求。

(1)明确职责。使每一个人职责明确,做到事事有人管理,人人有职责。

(2)充分利用工时,分工粗细适当。使每个人有足够的工作量的同时,每个工作繁简适当。

(3)充分发挥特长。使每个人所担任的工作尽可能适合本人的专业和技术特长。

2. 劳动分工的形式 纺织企业的劳动分工,按职能进行分工,把企业的全部人员分为工人、管理人员、工程技术人员、服务和其他人员。此外,在生产中一般还以专业技术内容为主进行分工。即根据一定的生产技术条件,把整个生产过程划分为若干个工区或者工序,再把性质相同的工作加以集中合并,组成有一定工作量的工种,使作业人员有适应自己特点的工种。纺织生产劳动分工的形式有以下几种。

(1)按不同的工艺阶段和工种分工。纺织企业往往把生产过程分为若干个工序,每个工序配备不同工种的工人,如梳棉挡车工、梳棉保养工、浆纱挡车工、浆纱保全工等。

(2)按基本工作和辅助工作分工。每道工序除了挡车工的基本工作以外,还配备一定数量的辅助工,如织造车间把完成织造工作,分成基本工作——织造挡车工;配备一定数量的辅助工作——帮机工。

(3)纺织企业在设备维修、动力维护和供给、机配件加工方面按技术等级的高低分工。同一工种,可根据技术复杂程度的高低和责任的大小,划分为不同的等级,使工人的技术等级与工作的技术等级相符合,以利于人尽其用,促进劳动者技能的提高。

纺织企业是一个生产经营系统,在分工的基础上,还需要加强各部门、各小组、各组织成员的通力合作。

3. 人员配备 劳动分工的目的在于合理地配备人员。人员配备是指根据企业生产的特点和劳动的性质、内容和要求,为不同的工作岗位配备相应的工种和等级的职工,使人尽其才,才尽其用,并建立相应的岗位责任制度。

(二)劳动协作与劳动组织

1. 劳动协作 有分工就有协作,分工是协作的前提,协作是分工的必然结果。许多员工同一部门中,或在不同的但是相互联系的部门中,有组织地协同劳动,这种劳动形式称为协作。

2. 劳动组织 企业在实行劳动分工和协作的基础上,必须从空间和时间上有效地组织起工人之间的协作关系,这就是劳动组织。

(1)生产小组的组织。生产小组是纺织企业劳动组织最基层的作业单元,是为了完成生产任务,若干个工人在适当分工的基础上,相互密切配合而组成的劳动集体。由于以下几个方面的原因,通常情况下需要组成生产小组。

①生产工作不能由一个工人独立完成,必须要由几个人共同完成。

②看管大型复杂设备。

③工人的工作地范围较大,工作任务比较单一。

④生产不同的产品品种,操作技能和管理方法不一。

生产小组是纺织生产管理最基本、最小的管理组织,通过小组的管理与协调,相互密切配合,达到充分利用资源、按要求完成任务的目的。

(2)生产轮班的组织。生产轮班是劳动协作在时间上和组织上的表现形式,尤其是早班、中班、夜班生产连续进行的纺织企业,通过轮班的劳动组织形式,把上下轮班之间的协作关系通过轮班组织联系起来,保证生产顺利进行。在配备轮班组织时,应做好以下几项工作。

①合理安排各班工人的倒班。

②各班的生产工人整体技术水平应基本平衡。

③为各班提供相同的生产条件。

④生产轮班必须建立严格的岗位责任制和交接班制度。

轮班管理是纺织企业生产管理最基础、最重要的管理环节。通过轮班对轮班人员的调配、生产现场、工人工作状态和过程、产量和质量控制、交接班等的管理,使轮班所有员工都能围绕企业计划生产目标协同工作,达到生产的有效组织、协调与控制,顺利完成生产目标的目的。

二、劳动定额与定员

(一)劳动定额

劳动定额与定员是纺织生产组织一项重要工作。合理的定额,是合理定员、劳动成本和时间的预测与估计、劳动成本核算、劳动负荷分配与作业平衡、工资和奖励的确定等工作的基础。

1. 劳动定额的概念 劳动定额是指在一定的生产技术组织条件下,采用科学合理的方法,对生产一定量的合格产品或完成一定量的工作所规定的劳动消耗量的数量标准。纺织企业有工时定额、产量定额、机台看管定额和企业劳动用工定额四种。

(1)工时定额。工时定额是指为生产单位合格产品或完成一定工作任务所预先规定的劳动时间标准,如工时/吨纱、工时/万米布等。

(2)产量定额。产量定额是指在规定时间内生产出合格产品的数量或应完成的工作量标准,如米布/(班·台)、打包包数/小时等。

工时定额和产量定额在数值上互为倒数关系,工时定额越低,产量定额就越高,反之亦然。

(3)看管定额。看管定额是指一个工人同时应当看管的设备规定台数标准,如织造挡车工,16 台/(人·班)。

(4)纺织企业劳动用工定额。纺织企业劳动用工定额是指纺织企业单位规模内(如棉纺企业以 1 万锭为单位,或以 1t 棉纱为单位等)用工的多少,反映纺织企业总的劳动生产率。当然,用工水平随着技术和管理水平的不同而异。

2. 工时消耗的分类和构成 工人在整个工作班内的全部时间消耗,按其性质可以划分为定额时间和非定额时间两大类。

(1)定额时间。定额时间是指在正常情况下,工人为完成某项工作所必需消耗的时间。包括的内容见表2-4。

(2)非定额时间。非定额时间是指完成某项工作时不是必需的时间消耗。包括的内容见表2-4。

表2-4 工时消耗构成

	作业时间	基本时间
定额时间		辅助时间
	照管工作地时间	
	休息和生理需要时间	
	准备和结束时间	
非定额时间	非生产工作时间	
	非工人造成的损失时间	
	工人造成的损失时间	

3. 劳动定额的制订方法 如前所述,纺织企业各类劳动定额是企业劳动组织等多项工作的基础,所以必须根据自己的生产特点和管理工作的要求,选择正确的制订方法,确保定额的准确性。主要方法有以下几种。

(1)经验估工法。经验估工法是由定额人员、技术人员和老工人组成估工组,依照产品的技术要求和生产技术组织条件,根据过去完成该项工作或类似于该项工作的实践经验,来估算出劳动定额的方法。其优点是工作量小,简便易行,及时、快速;其缺点是准确性差。该法一般适用于新产品试制、单件生产、临时性生产和小批生产等情况。

(2)统计分析法。统计分析法是指以过去同类或类似工时消耗定额完成情况的统计资料为基础,经过整理分析,结合现实生产条件来制订定额的方法。其优点是以大量统计资料为依据,具有一定的说服力,比经验估工法更能反映实情;其缺点也是准确性差。该法适合于生产条件比较稳定、产品比较固定和原始记录、统计资料齐全的情况。

(3)技术测定法。在合理设计标准方法的基础上,对完成工作的动作及其实际时间消耗进行客观测定、记录、分析和技术计算,然后来制定定额的方法。其优点是"准";其缺点是时间长,费用高,工作量大。在纺织企业,该法普遍用于操作工人定额的制订。

(二)劳动定员的方法

劳动定员是根据企业的产品方向和生产规模,在准确合理劳动定额的基础上,按照工作需要,本着精简机构、节省人员、各类人员比例适当和提高效率的原则,确定企业各类人员的数量。纺织生产组织确定各类定员的方法有如下四种。

1. 劳动效率定员法　劳动效率定员法是根据生产任务和工人的劳动效率计算定员人数。这种方法主要适用于用劳动定额表现生产工作量的单独机台操作的工作岗位。如整经挡车工、浆纱挡车工等。

$$定员人数 = \frac{生产任务}{工人劳动效率 \times 出勤率}$$

2. 设备定员法　设备定员法是根据完成一定的生产任务所必须开动的设备台数和班次以及单机设备定员计算编制定员,主要运用于以机械操作为主、多机台看管的工种。

$$定员人数 = \frac{机器设备台数 \times 每台设备开动班次}{工人看管设备数 \times 出勤率}$$

3. 岗位定员法　岗位定员法就是根据标准工作班次、岗位数和岗位人员配备数额计算编制定员,这种方法适用于纺织辅助设施的某些岗位定员。

$$班定人员 = \frac{共同操作各岗位生产工作时间总和}{工作时间 - 休息与生理需要时间}$$

4. 比例定员法　比例定员法是以纺织企业的职工总数或某一类人员占总数的比例计算某种人员数量。这种方法主要适用于管理岗位和后勤服务人员的定员。

(三)劳动用工制度与劳动考核

1. 劳动用工制度　我国劳动用工制度实行的是全员劳动合同制。劳动合同是劳动者与用人单位确立劳动关系、明确双方权利和义务的协议。它具有法律约束力,合同双方必须履行劳动合同规定的义务。建立劳动关系应当订立劳动合同,劳动合同应当以书面形式订立,一般包括以下内容:劳动合同期限、工作内容、劳动保护和劳动条件、劳动报酬、劳动纪律、劳动合同终止的条件、违反劳动合同的责任。除此之外,双方还可协商约定其他内容。

2. 劳动考核　对职工的劳动绩效进行考核,既是提高劳动生产率的重要手段,也是报酬分配的依据,并起到激励员工的作用。纺织企业职工考核的物化成果一般包括产量、质量和消耗等方面。劳动绩效考核应遵循以下原则。

(1)考核内容应直观、量化,减少定性的考核项目。

(2)考核方法简明、可操作性强。

(3)考核指标适度。

(4)公平、公正考核。

☞ **项目知识检测**

1. 为什么要从系统观点考虑选址决策问题?

2. 影响选址决策的主要因素有哪些?

3. 大量大批生产有哪些优势?

4. 单件小批生产具有哪些缺点?

5. 组织生产过程的原则有哪些? 各有什么优缺点?

6. 平行、顺序、平行顺序三种移动方式各有何优缺点,各适用于什么条件下的生产?

7. 谈谈你对劳动协作与组织、劳动考核的认识?

8. 一家小服装厂欲迁址,并确定了两个地区以供选择。A地的年固定成本为1000000元,可变成本为150元/件;B地的年固定成本为1050000元,可变成本为140元/件。产品最后售价为180元/件。

(1)当产量为多少时,两地的总成本相等?

(2)当产量处于什么范围时,A地优于B地? 当产量处于什么范围时,B地优于A地?

☞ 项目活动训练

案例分析:肯德基的选址

肯德基把快餐店选址作为其经营的首要因素,这也是肯德基的核心竞争力之一。

肯德基进入城市,先通过有关部门或专业调查公司搜集这个地区的相关资料,如该地区有几个大型商场,商场营业额多少,有无公交线路和车站,有无地铁线路和车站,聚客多少等。在充分调研的基础上,确定店址。其选址的成功率几乎是100%。

试分析:

(1)从肯德基的选址中得到什么启示?

(2)纺织企业选址应该考虑哪些问题?

项目三 纺织生产计划与控制

✤本项目知识点

1. 生产计划的体系、内容与指标。
2. 纺织生产能力的计算与平衡。
3. 纺织年度计划及生产作业计划制订的方法。
4. 纺织生产调度的内容、要求、方法。
5. 纺织作业控制的内容和方法。
6. 纺织生产成本控制的内容、程序和方法。

    计划和控制是纺织企业管理的两大重要职能,生产计划是企业经营计划的重要组成部分,是企业对生产任务作出的统筹安排,是企业组织生产运作活动的依据。对生产过程实行有效的控制是做好生产管理工作的保证。计划根据市场的需求和企业的技术、设备、人力、物资、动力等资源能力条件,合理地安排计划期内应当生产的品种、产量和出产进度,充分地满足社会和用户的需要。在计划实施过程中,对生产作业过程和生产成本实施有效的控制,实施均衡生产和提高经济效益,达到计划目标。

项目 3-1 纺织生产计划的体系与指标

一、生产计划的体系

    从系统的观点来看,生产计划是一个系统,不仅可以从时限上把生产计划分成长期计划、中期计划和短期计划三种类型,而且还可从组织结构的对应关系上,将生产计划分成战略层、管理层和作业层三个计划层次,每一层次都有特定的内容。

(一)长期生产计划

    长期生产计划是企业战略计划的重要组成部分,是由企业最高决策层制订的计划,计划期一般为三、五年。它是根据企业经营发展战略的要求,对有关产品发展方向、生产发展规模、技术发展水平、生产能力水平、新设施的建造以及生产组织结构的改革等方面作出的规划与决策。

(二)中期生产计划

    中期生产计划又称为年度生产计划,是企业战术计划,由中层管理部门制订计划。它是根据企业的经营目标、利润计划、销售计划的要求,确定在现有条件下,在计划年度内实现的生产目标,如品种、产量、质量、产值、利润、交货期等。具体表现为生产计划、总体能力计划和产品出产进度计划。

(三)短期生产计划

短期生产计划是年度生产计划的继续和具体化,是由执行部门编制的作业计划,确定日常生产运作活动的具体安排,常以主生产计划、物料需求计划、能力需求计划和生产作业计划等来表示。

三个层次的计划形成企业的计划体系,如图3-1所示。

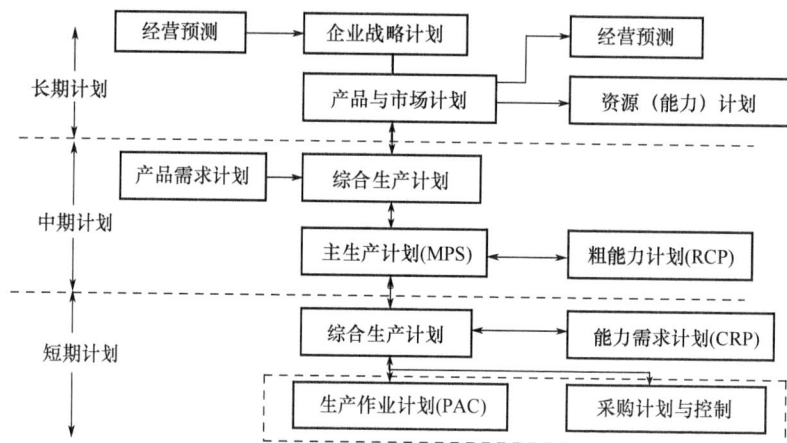

图3-1　企业生产计划体系

三个层次的计划包括不同的内容,并有如表3-1所示的特点。

表3-1　不同层次计划的特点

类别	长期生产计划	中期生产计划	短期生产计划
计划层的任务	战略层,制订总目标及获取所需的资源	战术层,有效利用现有资源,满足市场需求	作业层,最适当地配置生产能力,执行厂级计划
计划期	长(≥5年)	中(年)	短(月、旬、周)
计划的时间单位	粗(年)	中(月、季)	短(月、旬、周)
空间范围	企业、公司	工厂	车间、工段、班组
详细程度	高度综合	综合	详细
不确定性	高	中	低
管理层次	企业高层领导	中层、部门领导	基层、车间领导
决策变量	品种、工厂规模、设备选择、供应渠道、劳工培训、生产库存系统类型的选择	工厂工作时间、劳动力数量、库存水平、外包量、生产速率	生产品种、生产数量、生产顺序、何时何地生产、物料库存控制方法

二、生产计划工作的内容

生产计划工作是指确定和实现生产目标需要的各项业务工作,它包括具体编制计划、贯彻执行计划和检查、调整计划三个主要部分,其主要内容包括以下几个方面。

(1)调查研究,预测市场需要;分析企业的外部环境条件和企业内部的生产条件;对各种资料和信息进行汇总、整理和综合分析。

（2）进行生产决策,确定生产计划指标。

（3）计算和核定生产能力,并进行平衡。

（4）安排产品的生产进度,确定各车间的生产任务。

（5）进行综合平衡,正式编制生产计划。

（6）落实措施,组织实施。

（7）检查、调查计划执行情况。

（8）考核、总结计划完成情况。

三、纺织生产计划的主要指标

制订生产计划是企业生产计划的主要内容之一。企业生产计划的主要指标有产品品种指标、质量指标、产量指标、产值指标,这些指标各有不同的内容和作用,从不同的侧面反映对生产的要求。

(一)产品品种指标

产品品种指标包含两个方面的内容。

（1）企业在计划期内生产的产品名称、规格等值的规定。

（2）企业在计划期内生产的不同品种、规格产品的数量。

如某纺织厂,在某一时期的产量指标见表3-2。

表3-2　某纺织厂的生产指标

序号	品种规格	数量
1	J13.1tex×J13.1tex 524×283 根/10cm 160cm 府绸	300000m
2	(18.5tex×2)×(18.5tex×2)504×236 根/10cm 线卡	400000m
3	T/R(65/35)14.8tex 纱	50t
4	J9.8tex×2 线	70t

品种指标能够在一定程度上反映企业的市场适应能力,一般来说,品种越多,就更能够满足市场不同的需求,但品种过多,会使企业组织生产难度增加,生产效率受到抑制,生产能力不能得到最大的发挥,难以形成规模优势。因此要综合考虑,合理确定产品品种,开发新产品,满足市场需求。而纺织企业该指标是由市场需求的预测和订单来决定的。

(二)产品质量指标

产品质量指标规定了产品质量应达到的水平,用产品质量的技术标准来衡量,纺织产品质量标准包括内在质量标准和外观质量标准,而纺织生产计划的质量指标一般包括两类,一类是反映成品外观和内在质量的综合评定指标,如纱线的优等品率、一等品率,布的一等品率和疵品率;另一类是反映生产过程中半成品质量的指标,如棉卷合格率、棉卷含杂合格率、上浆合格率、好轴率等,工序不同其指标不同,但都能准确地反映其某个方面的质量情况。

纺织品内在质量指产品的性能、使用寿命、工作精度、安全性、可靠性和可维修性;外在质量指产品的外观疵点、色泽、包装等。

纺织产品质量标准有国际标准、国家标准、行业标准和企业标准。产品标准是衡量企业的产品满足社会需要程度的重要标志,是企业赢得市场的关键因素之一。

(三)产品产量指标

产品产量指标是指企业在计划期内,在一定的生产技术组织条件下,应该生产的符合质量标准的产品数量。纺织产品的产量指标以实物单位计量,如纱以吨(t)计量,布以米(m)计量。纺织产品产量包括成品和准备出售的半成品数量。成品是指生产完毕后在本企业内不再进行加工制造的产品,如纺织厂的坯布、筒子纱。半成品是指在本企业已经完成某一制造阶段,但尚未完成产品全部制造的制品,如纺织厂的粗纱、准备的织轴等。对外出售的半成品在企业内部已不需要进一步加工,在做生产计划时可视为产成品。如有的企业为生产花式线的企业出售粗纱,为单织厂出售织轴,就将它们视为成品。

(四)产值指标

产值指标是指用货币表示的产量指标。为了进行商品交换,实行企业经济核算以及综合反映企业生产的总成果,用货币来表示产品产量是非常有必要的,由于其作用不同,产值指标又有商品产值、总产值、净产值和销售产值四种形式。

1. 商品产值 商品产值指企业在计划期内出产的、可供销售的产品或劳务的价值。它反映的是计划期内可以向社会提供的商品总量和可能换回的货币数量。纺织产品的商品产值包括以下三种价值。

(1)本企业自备原料生产的可供销售的纺织成品、纺织半成品的价值。

(2)外单位来料加工的纺织产品加工价值。

(3)对外承做的工业性劳务价值。

其计算公式为:

商品产值=企业自备原料生产可供销售产品价值+来料加工费+对外工业性劳务价值

2. 总产值 总产值是以货币表示的企业计划期内完成的工业生产活动产品和劳务总量。它反映了企业在计划期内生产的总规模和总水平,它是计算企业发展速度和劳动生产率等指标的依据。纺织总产值包括以下三个方面。

(1)本企业计划期内的全部纺织商品产值。

(2)订货者来料加工的材料价值。

(3)纺织企业的在制品、半成品、自制工具等期末与期初结存量差额的价值。

其计算公式为:

总产值=成品价值+订货者来料加工产品价值+在制品、半成品期末与期初结存量差额的价值

计算产值有现行价格和不变价格两种方法。

(1)不变价格。把某一时期的产品出厂价格固定下来,作为相当长时期内的全国统一的计算价格,称为不变价格。不变价格是定期修改的,采用不变价的主要原因是可以去除统计数字的价格因素。

（2）现行价格。各时期产品的实际执行价格，即产品的实际出厂价格。

在纺织生产实践中，商品产值和净产值一般用现行价格计算，总产值用不变价格计算。总产值只评价企业生产成果，但不能评价企业效益。

3. 净产值（工业增加值）　净产值也称工业增加值，是指工业企业在一定时期内工业生产活动新创造的价值，是生产总值的组成部分。它就是工业总产值中扣除中间物资消耗以后的价值。物资消耗指生产过程中所消耗的原材料、燃料、动力、易耗品、管理和办公所用物资消耗的总和。它可以评价企业生产的效益。

增加值计算方法有生产法和分配法两种。

（1）生产法。按生产法计算净产值的公式如下。

$$净产值＝总产值（现行价）－物资消耗的价值$$

（2）分配法。按分配法计算工业增加值的公式如下。

$$工业增加值＝劳动者报酬＋固定资产折旧＋生产税净额＋企业盈利$$

4. 销售产值　销售产值是企业在生产计划期内所销售产品的价值。销售产值反映了企业产品的销售规模和速度。销售产值的计算是以产品的销售量为依据的，而不管产品是否是计划期内生产。

（五）产品出产期

产品出产期是指为了保证按期交货而确定的产品出产日期。产品出产期是确定生产进度计划的重要条件，也是编制主生产计划、物料需求计划、生产作业计划的依据。

项目 3-2　纺织生产能力

生产能力对纺织企业和企业中各个层次的管理工作都具有重要意义。纺织企业在确定生产规模、编制长远规划、安排基本建设计划和进行重大技术改造，以及编制年度生产计划、确定生产指标等各种战略、战术决策时，都必须以生产能力为重要依据。

一、生产能力的概念和种类

（一）生产能力的概念

纺织企业的生产能力是指企业在一定时期内和一定的生产技术组织条件下，经过综合平衡以后能够产出一定种类的产品或提供服务的最大数量，经过综合平衡，所能生产一定种类的纺织产品或加工处理一定数量的纺织原材料的最大数量。它反映了各个生产环节生产性设备的综合能力。

所谓生产技术组织条件，是指纺织企业的生产活动是在一定条件下进行的，如工艺条件、设备条件、人员条件、空间条件、管理条件等。

所谓一定时期，年、季、月、日、轮班和小时都可以作为计算生产能力的时间单位，但通常以年为单位。

(二)生产能力分类

1. 设备能力、人员能力、管理能力 生产能力从广义上讲,是指设备能力、人员能力和管理能力的总和。设备能力是指设备和生产面积的数量、水平、生产率与使用时间等诸因素的组合;人员能力是指人员数量、技术水平、出勤率与有效工作时间等诸因素的组合;管理能力包括管理机构及其运行效率,管理人员的素质、经验、水平、工作态度与运用先进管理理论、方法等诸因素的组合。在实际计算生产能力时,由于管理能力只能作定性分析,而人员能力通过设备效率表现出来,所以生产能力主要指设备能力。

2. 设计能力、核定能力、计划能力 纺织企业由于产品变化大,不同的产品结构,其产量是不一样的。纺织行业生产能力的计算,采用假定产品来计算。纱的代表产品为 29tex 纱,布假定产品为 29tex×29tex 236×236 根/10cm 91.5cm 平布,其他所有产品通过一定的方法折合成该产品的产量。但很多企业在对外业务和制订生产计划时直接用生产产品的数量来表示,也有很多企业用机器设备数量(细纱锭子数、织布机台数)来间接表示生产能力。生产能力一般分为设计能力、核定能力和计划能力三种。

(1)设计能力。设计能力是纺织企业在进行基本建设或改扩建时,设计任务书与技术文件中所规定的生产能力。它是按建厂时规定的产品方案、技术装备和各种数据要求确定的,是新建、扩建、改建后的纺织企业应该达到的最大年产量。

(2)核定能力。核定能力是指纺织企业根据新的生产条件而重新核定的能力。当纺织企业的产品方案、协作关系、工艺设备和生产技术条件较投产建设时发生了很大变化,企业必须重新调查核定的生产能力。

(3)计划能力。计划能力是指纺织企业在计划年度内实际能够达到的生产能力。它是根据纺织企业现有的生产技术组织条件,并考虑到本企业能够实现的各种技术组织措施,在计划年度内实际可能达到的生产能力。它反映了纺织企业的现实生产能力,它是编制年度生产计划的依据。

3. 固定能力和可调能力

(1)固定能力。固定能力是指固定资产表示的生产能力,表示的是设施生产能力,在不增加固定资产投资的条件下是无法改变的,是生产能力的硬件。

(2)可调能力。可调能力是指以劳动力数量和每天工作时间及班次所表示的能力。它可以由产品品种或设施的变化进行调节,是生产能力的软件。

(三)影响生产能力的因素

纺织企业的生产能力大小受到多种因素的影响,如产品品种、产品结构的复杂程度、质量要求、生产设备和生产面积的数量、生产率及有效利用率;企业生产专业化程度、工艺加工方法、生产组织方式和劳动组织形式;劳动者业务技术水平、劳动技能的熟练程度和劳动积极性;企业所能运用的物质资源的数量、企业的经营管理水平等。在计算生产能力时,可归纳为固定资产数量、固定资产工作时间和固定资产生产效率三个主要因素。

二、生产能力的计算

在纺织企业中,确定生产能力有一定的程序:先从每台机器设备的生产能力开始,然后把同种类型机器汇总成工序生产能力,最后根据主要车间的生产能力来确定企业的生产能力。如纺部的生产能力以细纱车间的生产能力来衡量,织部的生产能力以织布车间的生产能力来衡量,针织厂则以成衣车间的生产能力来衡量。因此,在计算主要设备生产能力的同时,必须考虑企业中其他设备和生产中的薄弱环节,以便找出企业挖掘潜力的方向。

纺织生产能力的计算。纺织生产能力的大小取决于生产的产品品种、已安装的设备数、设备工作时间及设备生产力定额(单产)四个基本因素。

1. 设备生产能力

$$生产能力=安装设备数×设备工作时间×运转率×设备单产$$

式中:

$$设备工作时间=设备生产天数(计划期生产天数)×每天生产班数×每班生产时间(h)$$

$$运转率=\frac{运转设备总锭(台)时数×100\%}{利用设备总锭(台)时数}$$

$$运转率=1-计划停台率$$

设备单产即设备生产率定额,是指单位设备在一定的工艺条件下、单位时间内应生产的产品数量,或者生产单位产品所耗用的台时数,它的确定主要受设备理论单产和生产效率的影响。

设备理论单产是指单位机台设备在设计的工艺条件下,单位时间内应生产的产品数量或生产单位产品所耗用的台时数。

生产效率是指机台的实际单位产量与理论产量之比,即:

$$生产效率=\frac{实际单位产量×100\%}{理论单位产量}$$

$$设备生产率定额=设备理论生产率定额×生产效率$$

2. 不同生产类型的生产能力计算 纺织企业产品的生产是多种形式的,有的产品采用流水线生产,有的产品是批量生产的,不同生产类型的生产能力的计算如下。

(1)流水线生产能力的计算。流水线的生产能力取决于每道工序设备的生产能力,所以计算工作应以单台设备开始。

计算公式为:

$$M_{\text{S}}=\frac{F_{\text{e}}}{t_{\text{i}}}$$

式中:M_{S}——单台设备生产能力,件/台;

　　F_{e}——单台设备计划期(年)有效工作时间,h;

　　t_{i}——单件产品在该设备上加工的时间定额,h/件。

① 当工序由一台设备承担时,单台设备的生产能力即为该工序生产能力。

② 当工序由 S 台设备承担时,工序生产能力为:$M_{\text{S}}\cdot S$。

③ 但由多工序设备组成的流水线的生产能力只能由最小工序能力确定。

(2)成批加工生产能力的计算。成批生产加工的生产组织往往采用工艺专业化原则,往往由多工序设备生产能力进行平衡后确定。设备能力不能最大限度地发挥,生产能力的计算如下。

① 单台设备生产能力计算。设备加工的产品品种不同,时间不同,只能用设备的有效加工时间来计算。计算公式为:

$$F_e = F_0 \cdot (1 - \theta)$$

式中:F_e——设备有效工作时间;

F_0——年度工作时间;

θ——设备计划停台率。

单台设备的工作能力=单台设备计划期(年)有效工作时间×定额产量

② 班组生产能力计算。班组生产能力的计算是以班组生产最后工序中全部设备在有效加工时间之内的累计生产能力来表示的。

③ 车间生产能力计算。由于各设备组(班组)的生产能力和各设备的生产能力是不可能完全平衡的。车间生产能力的计算应以生产能力最小的设备作为车间的生产能力。如前纺车间,一般有梳棉、并条和粗纱三道工序,梳棉生产能力是 14t/d,并条生产能力是 15t/d,而粗纱生产能力只有 12t/d,则前纺车间的生产能力就是 12t/d 粗纱。

④ 工厂生产能力的确定。工厂生产能力可以参照主要生产车间的生产能力来确定,能力不足的车间,可以采用调整措施来解决。

例1:某厂有 200 台布机,10 台细纱机(10000 锭),生产 29tex×29tex236×236 根/10cm160cm 印花平布,布机车速为 800r/min,效率 95%,运转率 98%;细纱机前罗拉速度为 270r/min,直径 25mm,效率 96%,运转率 97%,捻缩率 3%。分别计算布机和细纱的生产能力。该纺织企业每年有效工作日为 306 天,每天三班运转,每班实际工作时间为 7.5h。

解:①布机生产能力

布机理论产量 $= \dfrac{60 \times 800}{236 \times 10} = 20.34 [\text{m}/(台 \cdot \text{h})]$

布机实际产量=理论产量×效率=20.34×95%=19.32[m/(台·h)]

200 台布机小时生产能力=19.32×200×98%=3786.7(m)

200 台布机全年生产能力=3786.7×306×7.5×3=26071429.6(m)

②细纱生产能力

细纱理论单产 $= \dfrac{25 \times 270 \times \pi \times 60 \times 29 \times (1 - 3\%)}{1000 \times 1000 \times 1000} = 0.03577 [\text{kg}/(锭 \cdot \text{h})]$

细纱实际单产=理论产量×效率=0.03577×96%=0.03434[kg/(锭·h)]

10000 锭小时生产能力=0.03434×10000×97%=333.1(kg)

10000 锭全年生产能力=333.1×7.5×3×306=2294.8(t)

3. 生产能力的平衡 纺织企业生产是流水线型连续生产,而且品种繁多,要最大限度地发挥企业经济效益,就必须充分利用设备生产能力,做到各工序的生产能力基本平衡。工序生产能力的平衡,包括两个方面的内容,一是指一个品种前工序的生产能力(除以制成率后)和后工序的能力必须相等,在生产品种、数量、出产日期上必须衔接;二是指在生产产品上进行决策,使各工序基本满负荷开台,实现多品种工序生产能力平衡与在时间和空间上的衔接。

(1)一个品种生产能力的平衡。纺织生产平衡计算是逆工序流程方向进行的,由成品出产量计算半成品需要量,再由半成品需要量计算出原料需要量。

各工序生产能力的平衡计算一般分两步进行:第一步依据后工序的出产量计算出本工序产品产出量;第二步根据本工序产品出产数量和该品种工艺设计中的相关参数,确定本工序和后工序生产设备的配置数量。依此类推,就可计算出各工序生产能力和设备配置数。

设备配置的计算公式如下,如细纱出产量等于筒纱出产量除以络筒制成率。

$$本工序半制品或成品出产量 = \frac{后工序半制品或成品出产量}{后道工序的制成率}$$

$$本工序配置设备台数 = \frac{本工序计划小时产量}{本工序机器设备实际单产 \times (1 - 计划停台率)}$$

值得注意的是,如果计算出来的数字是小数,可以把它修正为整数,并与现有设备进行比较,如果修正后的半成品生产量不能适应前后工序的配套比例时,要采取必要的措施,如增加机器设备工作时间或调整车速和半成品的储备量等来平衡。

(2)多品种生产能力的平衡。大多数情况下,纺织企业的生产既有订货型生产,又有备货型生产,而且品种较多。多品种生产能力的平衡是在保证订单按质、按量、按期交货的同时,根据市场需求和产品库存状况,本着资源效益最大化原则,合理选择备货型生产的产品品种,基本达到各工序设备满负荷的生产。下面就以一个纺纱厂粗纱和细纱工序为例来说明纺织企业多品种的生产能力平衡。

例2:某纺纱厂准备做季度生产计划,现有订单数若干,都按订单要求安排生产则只有50%的负荷能力,还有50%的设备负荷能力要进行备货生产。根据市场调查和库存情况,有7个产品可供生产,同时发现粗纱和细纱两工序的生产能力平衡是制约瓶颈,以本着资源效益最大化和设备基本满负荷开台的原则做好生产能力的平衡。

解:①计算粗、细纱之间的平衡纱特数

根据已确定的工艺条件,计算各品种的粗纱与细纱班产求出粗纱与细纱之间的生产平衡点,所对应的纱特数为粗纱和细纱工序生产平衡特数,如图3-2所示。

图3-2中两条曲线的相交点,就是纱特数的生产平衡点,如果选择品种的平均纺纱特数在平衡点上,则细纱和粗纱的生产能力平衡。纱特数高于平衡纱特数时,细纱产量增大,粗纱就供应不足;纱特数低于平衡纱特数时,细纱产量降低,粗纱供应过剩。

②纺部其他工序也可用同样方法计算出平衡定量。

③为了保证订单按期、按量、按质交货和生产的平衡,应该先对订单的生产数量、生产顺序作出安排,然后进行备货生产产品品种的选择,再根据订单的生产数量的生产排序情况作出备货生产的数量和时间排序安排,最后达到总的平衡。

对于纺织全能生产企业,生产综合平衡的难度更大。

①计算出各品种织物所用纱线的纺部的生产能力。

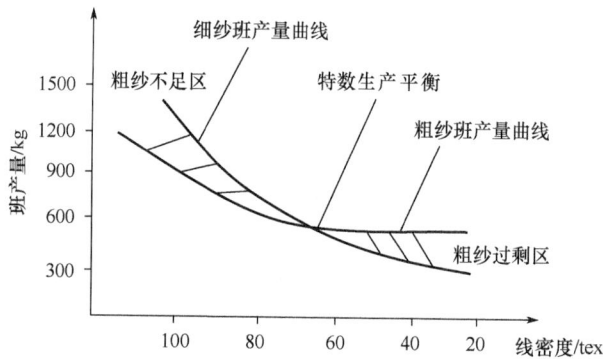

图3-2 细纱和粗纱工序生产平衡图

②计算出纱线生产能力与织机用纱的比例关系,即计算出每台织机平均占有的纺锭数。制订生产计划选择品种时,原则上每台织机供纱的需用锭数不超过现有织机平均占有的纺锭数。如某品种的纺纱单产为 X kg/(千锭·h),织机千台时用纱量为 Y kg,则该品种每台织机需用锭数为 $\dfrac{X}{Y}$ 锭。制订计划选择品种时,每织机所用锭数不能超过 $\dfrac{X}{Y}$ 锭,否则纺部纱线生产能力满足不了织造用纱的需要。

③按现有生产设备计算全年平均生产能力。

$$每枚纺锭日产[m/(锭·天)] = \frac{年度计划产量(m)}{现有纺纱锭数×全年生产天数}$$

$$每台织机日产[m/(台·天)] = \frac{年度计划产量(m)}{现有织机台数×全年生产天数}$$

$$每锭日产(g) = 千锭时单产(kg)×每天工作时间(h)×运转率$$

$$纺锭利用系数 = \frac{每锭日产(g)}{按年度坯布产量计算的每日供应纱量(g)}$$

$$每台织机日产量(m) = 织机单产(m)×每天工作时间(h)×运转率$$

$$织机利用系数 = \frac{每台织机日产量(m)}{按年度坯布产量计算的每台织机应完成的日产量(m)}$$

$$纺织平衡系数 = \frac{纺锭利用系数}{织机利用系数}$$

按以上公式计算结果,若纺锭利用系数小于1时,表示现有纺纱能力不能完成年度计划;反之,纺锭利用系数大于1时,表示生产这种产品的棉纱有剩余。

同样,织机利用系数大于1时,表示可以完成年度计划,且能力有余;反之,则不能完成年度计划。

纺纱平衡系数大于1的品种供纱有余;反之,供纱不足。

品种既要满足纺织之间的生产平衡,又要保证完成年度生产目标,可列出下列方程式:

$$\frac{\sum (A_1 X_1 + A_2 X_2 + A_3 X_3 + \cdots + A_N X_N)}{\sum (X_1 + X_2 + X_3 + \cdots + X_N)} = 1$$

$$\frac{\sum (B_1X_1 + B_2X_2 + B_3X_3 + \cdots + B_NX_N)}{\sum (X_1 + X_2 + X_3 + \cdots + X_N)} = 1$$

$$\frac{\sum (C_1X_1 + C_2X_2 + C_3X_3 + \cdots + C_NX_N)}{\sum (X_1 + X_2 + X_3 + \cdots + X_N)} = 1$$

式中：$X_1、X_2、X_3 \cdots X_N$——各品种的产量控制数；

$A_1、A_2、A_3 \cdots A_N$——各品种的纺锭利用系数；

$B_1、B_2、B_3 \cdots B_N$——各品种的织机利用系数；

$C_1、C_2、C_3 \cdots C_N$——各品种的纺织平衡系数。

通过这三个方程式,求得各品种的控制数,就能保证纺纱和织造平衡,并能保证完成年度生产目标。

三、生产能力的调整

市场经济条件下,纺织企业要根据市场需求和用户订单调整生产能力。调整生产能力的选择方式如下。

(一)设备调整

利用设备调整和改善,同样可以达到小幅度调整生产能力的目的,如停用部分纺织设备或引进先进纺织设备。

(二)改进产品结构

产品结构对生产能力的影响很大。提高生产能力,可以通过提高纱特数或生产纬密较小的织物来解决,降低生产能力可以通过降低纱特数或生产纬密比较紧密的织物来解决。企业往往为了求得更好的经济效益,通过量本利分析,在产品结构上做出适当的调整,保证有适当的规模,实现规模经济和市场占有率,且有较好的经济效益。

(三)转包合同

转包合同主要通过对外协作,采用相互协作配合、共担风险的机制,达到迅速调整生产能力,减少经营风险的目的。但应注意加强协作配套企业的质量和信誉管理。

(四)调整工人工作时间

调整工人工作时间主要在生产能力调整幅度不大时采用,利用加班或空闲时间,可以维持一个稳定的员工数量,还可为员工增加收入,比解聘或聘用额外工作人员更好。

项目 3-3 纺织年度生产计划

一、纺织年度生产计划的特点和任务

(一)生产计划的特点

生产计划又称年度生产计划大纲或综合计划,它是企业根据市场需求和资源条件对未来较长一段时间内产出量、人力规模和库存水平等问题所作出的决策、规划和初步安排。确定现有条件下生产经营活动应该达到的目标,如产量、品种、产值、利润等。处理的对象以产品级为主,是指导企业生产与其他活动安排的依据。生产计划以市场需求预测和产品订单作为输入,通过安排人力、物力、财力来实现。由于纺织企业具有订单型和备货型并存、连续生产的特点,所以生产计划的制订有其特有的步骤和方法。

(二)生产计划的目标和任务

生产计划的目标是在保证企业利润目标完成的情况下,充分利用企业的生产能力及生产资源,满足用户要求和市场需求,同时使生产负荷尽量均衡稳定,控制库存的合理水平并使总生产成本尽可能低。概括起来有如下几点。

(1)成本最小,利润最大。

(2)最大限度地满足顾客要求。

(3)最小的库存费用。

(4)生产速率的稳定。

(5)用工水平变动最小。

(6)设施、设备得到充分利用。

生产计划的任务是确定与外部需求大致平衡或匹配的内部能力需求,确定产品品种、数量、预期需求的数量和时间,使一年内的需求与能力大致相当。

(三)生产计划的指标

生产计划是在企业利润目标的指导下,回答生产什么、生产多少、何时生产等问题,它的指标体系如前所述有品种、质量、产量、产值和出产期。

(四)制订生产计划的步骤

制订生产计划的步骤如图3-3所示。

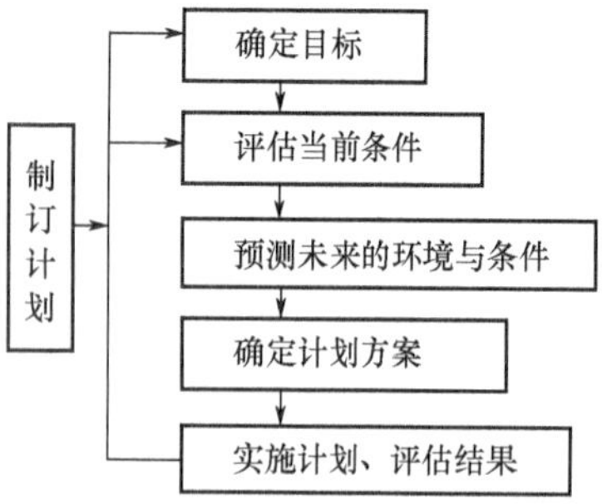

图3-3 制订生产计划的步骤

1. 确定目标 目标的确定是纺织企业制订年度生产计划中一项重要的工作,根据订单和市场需求及产品库存情况,优化产品,确定目标,充分利用现有资源,力求效益最大化,确定企业利润目标的实现。

2. 评估当前生产条件 了解现状与目标的差距。当前条件包括内、外部条件。外部条件包括市场情况、原材料供应保证情况及协作关系等;内部条件包括上期生产计划完成情况、技术组织措施、计划生产能力状况等。

3. 预测未来环境与条件变化 未来环境与条件主要是指市场对产品品种、数量的需要。资源保证情况是指原料、辅料、燃料、动力等的供应情况。

4. 优化生产计划与指标,确定计划方案 确定计划方案,包括产品合理搭配生产,产、供、销平衡的多个可行方案,并从中优选。

5. 实施计划,评估结果 检查目标是否达到,如没有完成计划,分析原因,制订措施,保证计划目标的实现或修改计划。

(五) 滚动式计划的编制方法

编制滚动式计划是一种编制计划的新方法,这种方法可以用于编制各种计划。

按编制滚动式计划的方法,整个计划期可分为几个时间段,其中第一段时间的计划为执行计划,后几个时间段的计划为预计计划。执行计划较具体,要求按计划实施,预计计划比较粗略,每经过一个时间段,根据执行计划的实施情况和企业内、外部条件的变化,对原来的预计计划作出调整或修改,原来预计计划中的第一个时间段的计划变成了执行计划。

如某企业 2011 年编制 5 年计划,计划期为 2011~2015 年,共 5 年。若将 5 年分成 5 个时间段,2011 年的计划为执行计划,后面 4 年的计划均为预计计划。当 2011 年计划实施之后,又根据当时条件编制 2012~2016 年的 5 年计划,其中 2012 年为执行计划,依此类推。修订计划期的间隔时间称为滚动期,通常等于执行计划的计划期,如图 3-4 所示。

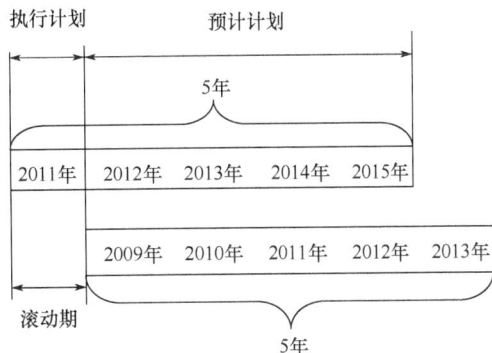

图 3-4 编制滚动式计划

编制滚动式计划的优点如下。

(1)计划的严肃性和应变性都得到了保证。这是因为执行计划与编制计划的时间接近,内外部条件还会发生很大变化,可以基本保证完成,体现计划的严肃性;预计计划可根据当时内外部条件进行修改,体现了应变性。也避免了因内外部条件变化大,企业长期计划流于形式。

(2)提高了计划的连续性。

二、生产计划的制订

(一) 产品的确定

纺织企业的生产以多品种批量生产为主,在制订生产计划时,首先在市场调研的基础上对生产的产品进行优化选择。确定哪些产品会影响企业的利润水平和企业产品的市场地位。并且纺织行业的生产具有特殊性,备货型生产季节性较强;三班连续生产、加班的可能性不大,所以生产计划中品种的决策非常重要。

纺织企业品种的决策一般采用利润顺序法和产品竞争地位分析法相互结合的方式。

1. 利润顺序法 利润顺序法即将多个产品的赢利水平进行排序,并将其绘在收入利润图上。如将表 3-3 所示的 A、B、C、D、E、F 的收入和利润顺序,绘在图 3-5 上。

表 3-3 收入和利润排序表

产品代号	A	B	C	D	E	F
利润大小	1	2	3	4	5	6
销售收入	2	3	1	5	6	4

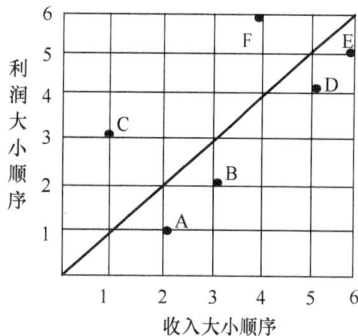

图 3-5　收入利润次序图

图 3-4 中可以看出,处于左下角的产品 A、B、C 收入高、利润大,应该生产,处于右上角的产品 D、E、F 收入低、利润小,是否生产,要结合产品的寿命周期及市场的竞争地位作进一步分析。

2. 相对竞争地位分析法　相对竞争地位分析方法是由波士顿咨询集团提出的,用于矩阵形式分析产品相对竞争地位,把影响产品竞争地位的因素划为两大类,即市场吸引力(业务增长率)和企业实力(企业在市场上的相对竞争地位),再依据产品的市场情况,填入矩阵的四个象限中,据此对产品进行评价,确定对不同的产品应采取的策略。然后,从整个企业实际情况出发,确定最佳产品组合方案。

矩阵的四个象限分别代表了四类不同性质的产品——金牛、明星、幼童和瘦狗。然后将产品 A、B、C、D、E、F…按市场吸引力的高低和相对竞争地位的高低,绘在象限图上,如图 3-6 所示。

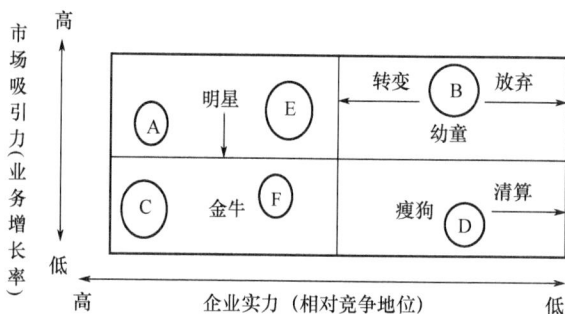

图 3-6　品种优化四象限图

金牛产品为企业的成熟产品,市场占有率高,相对竞争地位高,是企业目前现金流入的主要来源,应努力巩固其市场地位;明星产品为企业未来发展提供增长与赢利机会,应优先考虑加快其发展;幼童产品则需要进一步分析,如果市场前景好,企业也有能力完善其性能,则加强提高市场占有率和知名度,使其尽快成为明星产品,否则放弃。瘦狗产品妨碍企业的发展,应果断淘汰。

(二)产量的确定

纺织企业把各品种折合成假定产品,通过假定产品再进行计算和产量决策。在品种一定的情况下,产量的确定就是优化产品的计划生产量,使企业利润达到最大化。确定产量时,受人力、设备、资金、材料等多方面的影响,纺织企业往往用盈亏平衡法和线性回归法(很少用)来确定产品产量。

盈亏平衡分析也称为量本利分析,是通过盈亏平衡点,分析项目成本与收益的平衡关系的一种方法。用盈亏平衡法来进行生产量的确定,是通过盈亏平衡点,分析产量、成本与利润平衡关系。

以横坐标表示产销量,纵坐标表示费用及收入,假设所生产产品都销售出去,将计划生产的产品的固定费用、变动费用和销售收入随产量变化情况连成线,得出固定费用曲线 F、变动费用曲线 N 和销售收入曲线 PQ,如图 3-7 所示。

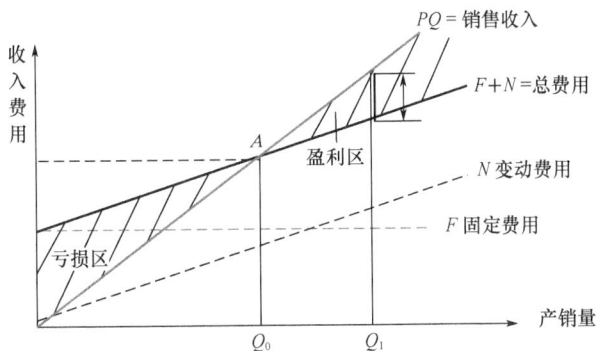

图 3-7 产品盈亏平衡图

总费用曲线和销售收入曲线相交于 A 点,在 A 点上,收入和总的费用支出是相等的,也称为盈亏平衡,所对应的产量 Q_0 也称为盈亏平衡产量。当产量大于 Q_0 时,收入大于总费用支出可以盈利;当产量小于 Q_0 时,收入小于总费用支出就会亏损。此图称为盈亏平衡图。

①盈亏平衡点(保本点)。

$$Q_0 = \frac{F}{P - C_V}$$

式中: Q_0——盈亏平衡产量;

　　F——固定费用;

　　P——产品价格;

　　C_V——单位产品变动费用。

纺织企业安排产量指标时,原则上不应低于盈亏平衡点。

②保证一定赢利水平(Z)的产销量。

$$Q_1 = \frac{Z + F}{P - C_V}$$

式中: Q_1——一定赢利水平的产销量。

例 3:某纺织集团制订 2012 年度生产计划。2012 年企业的利润目标是 1000 万元,企业生产产品单价为 14 元/m,销售价格为 18 元/m,企业固定费用为 300 万元,假设生产的产品全部都能售出,企业要实现利润目标的产量是多少? 保本产量是多少?

解:企业要实现利润目标的产量

$$Q_1 = \frac{Z + F}{P - C_V} = \frac{10000000 + 3000000}{18 - 14} = 3250000(\text{m})$$

$$保本产量: Q_0 = \frac{F}{P - C_V} = \frac{3000000}{18 - 14} = 750000(\text{m})$$

企业要实现 1000 万元的利润目标的产量是 3250000m,保本产量是 750000m。

（三）处理非均匀需求的方法

编制生产计划时需要解决的一个基本问题是如何处理非均衡需求。一般处理非均衡需求的策略有三种，即改变库存水平、生产率和工人数量。由于纺织行业生产的特殊性，如订单生产和备货型生产并存，三班连续生产，生产的节奏性、比例性、均衡性和连续性非常强，工人操作技能要求高，其处理非均衡性需求的方法和其他制造行业是有区别的。其处理非均衡性需求的方法一般不采用加班、解聘工人和外协加工的方法，只采用存货、在供不应求时适当调整工艺车速、供过于求时安排工人休息策略来解决。

（四）安排生产进度的方法

纺织生产既有订货型生产，又有备货型生产。从提高效益和节约成本考虑，不同生产类型的产品应该采取不同的产品计划编制方法。

1. 大批大量生产 备货型生产的产量大，是典型大批大量生产，其生产的直接目标是补充成品库存，采用改变库存水平的策略较好。这样可以通过成品库将市场与生产系统隔开，使生产率均匀，保证生产的节奏性。纺织企业原则上采用均匀分配方式，将全年计划产量按平均日产量分配给各月，当需求发生变化时，可做适当调整。

2. 成批生产 订货型生产，由于品种较多，各种产品产量相差较大，交期各异，不能采用大量大批生产企业的方式安排生产，只能采用成批生产。按合同规定的数量与交货期安排生产的原则下，对于订货量大、交货期长的产品可按"细水长流"方式安排；对于订货量小的产品，要权衡库存费用与生产准备费用，确定投产批量，做到经济合理；对于一系列不同规格的产品订单，产量较小时，尽可能安排在同一时期内生产，这样可实现工艺专业化，既可以提高生产效率，也可以保证质量。

项目 3-4　纺织生产作业计划

生产作业计划是生产计划的具体执行计划，是协调企业生产活动的中心环节。它根据生产计划规定的产品品种、数量、出产期的要求，对各车间、工段、班组以至每个工作地和个人在具体时期（月、周、轮班、小时）的具体生产任务作出详细的规定。在企业的每个生产运作单位或工作地和个人的角度来解决"生产什么，生产多少，什么时候完成"的问题，从而保证企业按品种、数量、期限和单位成本等全面完成生产任务。生产作业计划是年度生产计划的延续和补充，与其构成一个完整的紧密相连的体系。

一、生产作业计划的特点、内容和编制依据

（一）特点

企业的生产计划确定后，还必须进一步编制企业生产作业计划。生产作业计划是生产计划的具体执行计划。它具有以下特点。

（1）在空间上，把纺织企业的生产任务具体分配到各车间、工段、班组、工作地和个人。

（2）在时间上，把较长时期（年度或季度）的生产任务细分成月、旬、周、日、轮班、小时等较短时间的生产任务。

（3）在计划单位上，把产成品细分到半成品、工序和机台。

生产作业计划的主要任务包括生产能力的细致核算与平衡、编制生产作业计划两项。

（二）内容

生产作业计划主要包括以下内容：

（1）车间内部的作业计划。它是指把企业的生产计划（一般是年度或季度）具体分解为车间内部的生产作业计划（一般是按月编制）并进一步分配为工段、班组在短时期内（如月、旬、周等）的具体生产任务。

（2）生产准备计划。它是根据生产作业计划任务，拟订各期间内物质供应、设备维修、工艺设计、管理、劳动力调配等生产准备计划，保证生产计划的执行。

（3）生产成本计划。计划使成本控制在预定目标内。

（4）生产用工计划。它是根据生产计划的任务，具体安排每个工作地用工人数和工人的生产任务，它是保证纺织企业劳动生产率保持在先进水平的重要管理措施。

（三）编制依据

生产作业计划主要有以下编制依据：

（1）年度、季度生产计划和订货合同。

（2）前期生产作业计划的预计完成情况与前期在制品周转结存预计。

（3）劳动定额及完成情况。

（4）现有生产能力与负荷情况。

（5）原材料、设备、工具的准备与供应情况。

（6）设计及工艺文件、其他有关技术资料的准备情况。

（7）人员配备情况。

（8）产品的期量标准及完成情况。

二、成批生产的期量标准

期量标准也称生产作业计划标准，它是对劳动对象在生产过程中的运动所规定的时间和数量标准。是制订生产作业计划的重要依据。

成批生产类型在纺织生产中占有一定比重，成批生产的主要期量标准有批量、生产间隔期、生产周期、生产提前期、在制品占用量等。

（一）批量与生产间隔期

1. 批量与生产间隔期的关系 批量是指相同制品一次投入或出产的数量。生产间隔期是指相邻两批相同制品投入或出产的时间间隔（一般以天数来计算）。批量与生产间隔期的关系，可用下式表示。

$$批量 = 生产间隔期 \times 平均日产量$$

2. 批量与生产间隔期对企业经济效益的影响 当日产量一定时，增大批量，延长生产间隔期,会减小设备调整次数和费用,提高设备利用率和生产效率,有利于生产运作组织,保证产品质量;但延长了生产周期,增加了在制品和成品数量及管理费,占用大量的资金。反之,减小批量,缩短生产间隔期,将出现与上述情况相反的结果。因此,应根据本企业实际情况合理确定批量和生产间隔期。

3. 批量的确定办法

(1)经济批量法。经济批量法也称最小费用法,它是根据生产费用最小原理来确定批量的一种方法。以批量和生产的费用分别为横坐标和纵坐标画如图3-8所示的坐标图。与批量有关的费用可以概括成两类,即设备调整费用、在制品和成品保管费用。设备调整费用随批量的增大而减小,保管费用则随批量的增大而增大。在坐标上形成设备调整费用和保管费用两条曲线,然后把两个费用相加,得出总费用曲线,总费用最小的点所对应的批量即为经济批量。

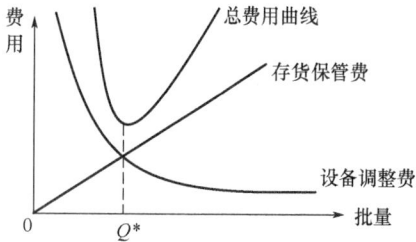

图3-8 经济批量法

假设年总费用为$f(Q)$,在制品年储存费用为E_1,年设备调整费用为E_2,则

$$E_1 = \frac{NA}{Q}; \quad E_2 = \frac{QCI}{2}$$

$$f(Q) = \frac{QCI}{2} + \frac{NA}{Q}$$

$$Q^* = \sqrt{\frac{2NA}{CI}}$$

式中:Q^*——经济批量;

N——年产量;

Q——生产批量;

C——单位成本;

I——在制品年存储费用率;

A——设备每次调整费用。

(2)以期定量法。先确定生产间隔期,再决定相应的批量。此方法计算简便,适应性强,纺织企业应用较多。

(二)生产周期

产品生产周期是指从原材料投入生产运作始到最后产品完工为止的整个生产运作过程所经历的全部日历时间。它既可以指某一产品的生产周期,也可以指半成品的生产周期。

生产周期是编制生产作业计划,确定产品及其半成品在各工艺阶段投入期和出产期的重要依据。

以纺织服装产品生产为例,产品生产周期是以各工艺阶段的生产周期为基础来确定的,如图3-9所示。其中,每个工艺阶段的生产周期包括:基本工序时间、检验时间、运输时间、等待工作时间、自然过程时间和必要的停歇休息时间。

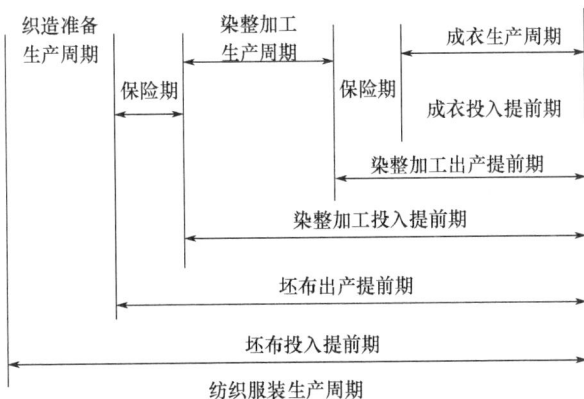

图3-9 纺织服装产品生产周期、保险期、提前期示意图

此外,加工一批纺织产品时,在制品在生产过程中的移动方式对生产周期有直接的影响,参见项目2-3纺织生产过程的时间组织的内容。

（三）生产提前期

生产提前期是指一批制品在各工艺阶段投入或出产的日期比成品出产日期提前的天数,有投入提前期和出产提前期之分。

$$D_{出} = D_{后段} + T_{保}$$
$$D_{投} = D_{出} + T$$

式中:$D_{出}$,$D_{投}$——分别表示某工艺阶段的出产提前期和投入提前期;

$D_{后段}$——表示后一工艺阶段的投入提前期;

$T_{保}$——表示前后工艺阶段之间的保险期;

T——表示该工艺阶段的生产周期。

（四）在制品占用量

在制品是指车间工序内部尚未完工的、正在进行工艺加工、运输和停放的半成品或成品（如生条、管纱、经轴、坯布等）。在制品占用量（又称在制品定额）是指在一定的组织技术条件下,为保证生产正常进行,生产过程各个环节所需占用的最低限度的在制品数量。

成批生产条件下,在制品包括车间内部在制品和车间之间的库存在制品两部分。

1. 车间内部在制品　车间内部在制品是由于成批投入而未完成出产形式的。

车间在制品平均占有量=一批产品生产周期×平均日产量

$$=批量 × \frac{一批产品生产周期}{生产间隔期}$$

2. 库存在制品占用量　库存在制品占用量是由于前后车间的批量和生产间隔期不同而形成的。一般包括库存周转在制品和库存保险在制品。

库存周转在制品平均占有量=每日需要量×库存天数

$$= \frac{后工序领用数量}{两次领用间隔期} × （前工序出产间隔期 - 后工序投入间隔期）$$

库存保险在制品占有量=每日平均需要量×保险天数

三、生产作业计划的编制

(一)产品出产进度的安排

编制产品出产进度计划,就是将计划年度已确定的生产任务,按品种、规格、数量具体地分配到各季、各月,并规定各车间的生产任务。

1. 生产日程安排的原则

(1)交货期先后原则。交货时间越紧张,生产日程安排越要靠前,以保证订货合同规定的交货期限。

(2)客户分类原则。重点客户订单应优先安排。

(3)产能平衡原则。考虑机器满负荷运转,克服瓶颈,尽量避免出现停工待料的现象。

(4)工艺流程的原则。工序越多、工艺越复杂的产品,越应优先安排。

2. 产品出产进度安排

(1)大量大批生产。大量大批生产组织方式通常采用流水生产。主要针对于一些市场需求较稳定、生产条件较成熟的产品生产。

随着生产的不断进行,工人不断地提高劳动熟练程度,直至操作稳定,生产效率维持在一定水平上。产品出产进度计划可按如图3-10所示的方式进行安排。

(2)成批生产。成批生产的产品品种较多,每批的数量大小不一,因此安排产品出产进度较复杂。通常采用的方法是:将产量较大的产品,采用"细水长流"的方式大致均匀地分配到各季各月生产;产量较小的产品,参照用户要求的交货期,按产品结构工艺的相似程度和设备负荷情况,采用集中的生产方式安排生产;新老产品应考虑交替进行,以免生产技术准备工作时松时紧;高支高密产品、高档产品、一般产品和低档产品搭配安排,以充分利用各种设备生产能力,实现均衡生产。特别是纺织企业可以采用高档产品的废料在低档产品中作为主料使用,以发挥更好的经济效益。产品出产进度计划可按如图3-11所示的方式进行安排。

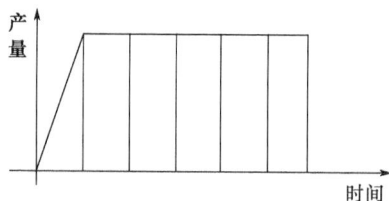

图3-10 大批大量生产的产品出产进度计划图

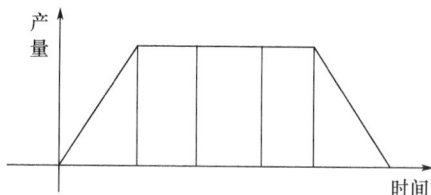

图3-11 批量生产的产品出产进度计划图

(3)单件小批生产。单件小批生产主要根据用户订货合同规定的交货期限和设备负荷来安排产品出产进度。单件小批生产可采用如图3-12所示的"倒推法"进行生产日程安排。

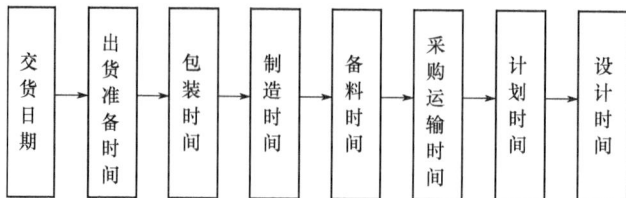

图3-12 倒推法日程安排图

(二)各车间生产任务的确定

企业生产计划的指标要靠全厂各部门和各生产单位相互配合,共同完成。因此,需要把全厂的生产任务具体分配到各生产车间、工段和班组。

确定各车间生产任务通常是按纺织生产工艺的反方向进行。首先确定最后成品车间的生产任务,然后再依次确定前面各车间的生产任务。成品车间的生产任务就是纺织企业确定的生产计划指标。其他各车间的生产任务可以按照以下方法进行计算。

1. 在制品定额法　该方法适用于大量大批生产类型纺织企业,如生产规模较大的棉纺织、毛纺织、化纤企业等。由于该类企业生产较稳定,只要前车间出产的数量能够满足后车间的需要,并保持中间在制品有一定的库存量,就可使各车间的生产均衡地进行。

某车间出产量=后车间投入量+本车间半成品外销量+(中间库存半成品定额-期初预计半成品库存数量)

某车间投入量=本车间出产量+本车间计划废品数+(本车间内部在制品定额-期初预计车间在制品结存量)

下文以一个纺织机械厂为例对上述在制品定额法进行说明,它比纺织厂的在制品定额更能直接说明问题,见表3-4。

表3-4　某纺织机械厂各车间投入量和出产量计算一览表

		产品名称	双面纬编织机	
		产品产量	10000 台	
装配车间	1	产出量	10000	40000
	2	计划允许的废品数	—	—
	3	在制品定额	1000	5000
	4	期初在制品预计结存量	600	3500
	5	投入量(1+2+3-4)	10400	41500
零件库	6	半成品外销量	—	2000
	7	库存在制品定额	800	6000
	8	期初在制品预计结存量	1000	7100
加工车间	9	产出量(5+6+7-8)	10200	42400
	10	计划允许的废品数	100	1400
	11	在制品定额	1800	4500
	12	期初在制品预计结存量	600	3400
	13	投入量(9+10+11-12)	11500	44900
毛坯库	14	半成品外销量	500	6100
	15	库存在制品定额	2000	10000
	16	期初在制品预计结存量	3000	10000
毛坯车间	17	产出量(5+6+7-8)	11000	51000
	18	计划允许的废品数	800	0
	19	在制品定额	400	2500
	20	期初在制品预计结存量	300	1500
	21	投入量(17+18+19-20)	11900	52000

2. 生产周期法 该方法适用于纺织量小的订货型生产和样品生产。生产周期法制订的方法如下。

（1）根据预先制订的生产周期标准和订单规定的交货期限，沿反工艺顺序绘制生产运作周期图表。

（2）依次确定产品或零部件在各生产运作环节的投入和产出时间。明确各种产品的生产周期。

（3）在此基础上进行汇总和协调平衡，形成各种产品投入产出综合进度计划。

例4：某企业接了一个大样订单，要求在15天内交付1500m的（18.4tex×2）×（18.4tex×2）504×236根/10cm 160cm线卡，其生产安排见表3-5，表中横线表示工艺所段安排生产的具体时间，横线的起始点表示开始生产时间，横线终点表示结束生产时间。

表3-5 某产品生产周期表

工艺阶段	阶段生产周期（天）	进度安排					
		第2天	第4天	第6天	第8天	第10天	第12天
整经	1	▬					
浆纱	1	▬					
穿筘	1		▬				
织造	6		▬				
验布	0.5					▬	
码布分等	0.5					▬	
修织	1					▬	
打包入库	0.5						▬
出货	0.5						▬
合计	12	——————————产品生产运作周期——————————					

3. 订货点法 该方法比较适用于安排通用件和标准件的生产任务。纺织企业一般用适应订货点订货的服装企业生产。

为简化生产作业计划工作，一般采用集中生产一批交库，供需要单位领用。具体步骤和方法为：库存量降低到"订货点"、提出制造任务、制造、入库。

一般每次的生产批量是一定的，是一个经济生产批量，生产间隔期随单位时间需要量的变化而变化，如图3-13所示。

$$订货点=订货周期×平均日需要量+保险储备量$$

例5：某家纺公司，生产高档家纺产品的（J7.4tex×2）×（J7.4tex×2）425×228根/10cm 170cm $\frac{3}{1}$ 线卡，由某布厂供应，这种产品的内销市场稳定，所以该家纺公司采用订货点法向布厂采购，该家纺公司每天需要量为2000m，保险储备量为10000m，该家纺公司每次下订单后，布厂要15天后才能交货，问该家纺公司的订货点是多少？

解：订货点=订货周期×平均日需要量+保险储备量

　　　　=15×2000+10000

　　　　=40000m

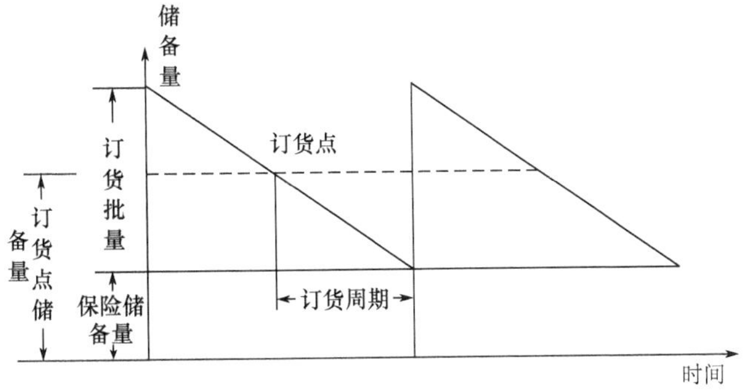

图 3-13　订货点法示意图

四、生产计划编制实务

例 6:某纺织有限公司接到客户生产订单,具体订单如下。

购销合同

需方:某外贸进出口有限公司　　　　　　合同编号:2011M002

供方:某纺织有限公司　　　　　　　　　签约日期:2011 年 10 月 15 日

　　　　　　　　　　　　　　　　　　　签约地点:宁波

根据《中华人民共和国合同法》和有关法规,经双方协商签订本合同,并信守下列条款。

一、面料

品名	规格	数量	单位	单价	金额(元)
全棉线卡	J19.7tex×19.7tex 299×299 根/10cm 160cm 平布	100000	m	20 元	2000000.00
总金额(大写):贰佰万元整					

二、交货期和交货方式:签订合同之日起,第 52 天供方直接送往北仑码头需方指定仓库。

三、质量要求:品质按经确认的品质样,颜色同经确认的品质样。

四、数量要求:控制在 100000±2% 之内。

五、付款方式:先付 30% 定金,其余提货时付 40%,余下 30% 凭增值税发票一个月内结清。

六、包装条款:另附。

七、本协议双方签字盖章生效。合同一式两份,供需双方各执一份。

八、备注:在国外客户确认产前样后开始生产。

　　　　　需方授权代表:王二　　　　　　　　供方授权代表:张三

　　　　　盖章:某外贸进出口有限公司　　　　盖章:某纺织有限公司

该品种以前的生产资料如下:

工艺流程:清花—梳棉—并条—粗纱—细纱—络筒—整经—浆纱—穿箔—织布—验布—码布—修布—打包入库。

布机:效率为 90%,运转率为 98%,百米经纱用量为 11.5kg,百米纬纱用量为 10.93kg,车速为 600r/min,疵品率为 2%。

浆纱:效率为80%,运转率为95%,车速为60m/min,1200m/每轴。

整经:效率为70%,运转率为100%,车速为250m/min,2620m/每轴。

槽筒:效率为90% ,运转率为98%,车速为800m/min,每筒2kg。

制成率如下:清花92%、梳棉90%、并条95%、粗纱95%、细纱92%、络筒99%、整经98%、浆纱95%、布机95%,成品的疵品率为2%。

根据生产订单和企业实际情况,企业做了如下生产计划安排。

1. 确定生产周期和布机出产量

(1)确定生产周期。生产周期为50天。

(2)确定布机生产数量。

$$布机生产数量 = \frac{订货量}{1-疵品率} = \frac{100000}{1-2\%} = 102041(m)$$

2. 确定布机的开台数和每天的生产量

(1)确定布机生产周期,计算出织机日产量和开台数。

根据订单要求和织机的生产负荷情况,确定布机生产周期为30天。

$$布机单产[m/(台 \cdot h)] = \frac{布机转速(r/min) \times 60 \times 布机效率 \times 布机运转率}{纬密(根/10cm) \times 10}$$

$$= \frac{600 \times 60 \times 98\% \times 90\%}{299 \times 10} = 10.6[m/(台 \cdot h)]$$

产量$[m/(台 \cdot 天)] = 10.6 \times 7.5 \times 3 = 238.5[m/(台 \cdot 天)]$

布机所需机台数 = $102040 \div (30 \times 238.5) = 14.26(台)$

每天日产量 = $15 \times 238.5 = 3577.5(m)$

要注意的是,在确定设备配置台数时,小数必须修正为整数,不管后面小数的大小,一律进一位,这里布机设备台数计算的是14.26要修正成15台,后面所有的设备配置都是如此。

(2)按工艺流程反方向计算每个工序总生产量。

经纱生产量 = $102041 \times 11.5 \div (100 \times 0.95) = 12352.33(kg)$

纬纱用量 = $102041 \times 10.93 \div (100 \times 0.95) = 11740(kg)(络筒)$

浆纱用量 = $12352.33 \times 0.95 = 11735(kg)$

络筒经纱量 = $11735 \div 0.98 = 11974(kg)$

细纱用量 = $11974 + 11740 \div 0.99 = 25126(kg)$

粗纱用量 = $25126 \div 0.92 = 27311(kg)$

熟条用量 = $27311 \div 0.95 = 28748(kg)$

生条用量 = $28748 \div 0.95 = 30261(kg)$

棉卷用量 = $30261 \div 0.90 = 33623(kg)$

原棉投入量 = $33623 \div 0.92 = 36547(kg)$

(3)保证正常供应的日产量。

经纱日产量 = $12352 \div 30 = 412(kg)$

纬纱日产量 = 11740÷30 = 391(kg)(络筒)

浆纱日产量 = 11735÷30 = 392(kg)

络筒经纱日产量 = 11974÷30 = 399(kg)

细纱日产量 = 11740÷30 = 391(kg)

粗纱日产量 = 27311÷30 = 910(kg)

熟条日产量 = 28748÷30 = 958(kg)

生条日产量 = 30261÷30 = 1009(kg)

棉卷日产量 = 33623÷30 = 1121(kg)

原棉日投入量 = 36547÷30 = 1218(kg)

(4)各工序设备的配备。

布机开台:15 台

浆纱开台:先计算浆纱的台时产量,再算开台数。

浆纱台时产量 = 浆纱车速×60×浆纱总经根数×纱线线密度×(1−伸长率)×运转率×效率/10^{-6}

$\qquad\qquad$ = 60×60×(299×160÷10)×19.7×0.99×0.95×0.80÷10^{-6}

$\qquad\qquad$ = 255.28[kg/(台·时)]

浆纱台日产量 = 22.5×255.28 = 5743.8[kg/(台·日)]

浆纱所需开台数 = 392÷5743.8 = 0.0682(台/日)

在生产实际中,实际上浆纱不可能间断生产,是以缸为单位分批生产。

3. 画出生产周期表 如表 3-6 所示,确定各工序投入、出产的具体时间。

表 3-6 J19.7tex×19.7tex 299×299 根/cm 160cm 平布生产周期表

工艺阶段	阶段生产周期（天）	进度安排（天）				
		10	20	30	40	50
原棉准备	1+1×4					
清花	1×4					
梳棉	15					
并条	17					
粗纱	20					
细纱	23					
络筒	23					
整经	1×2					
浆纱	1×2					
穿筘	20					
织造	29					
整理入库	29					
合计		50				

4. 生产计划仿真安排（顺流程安排）

（1）2011 年 10 月 19 日早班开始（按配棉表成分比例）每隔 4 天运输 4890kg 5 个批次的原棉到分级室。

（2）2011 年 10 月 20 日早班开始，安排 1 套清花，每隔 2 天清花开一槽，生产 2254kg（××只棉卷）。

（3）2011 年 10 月 20 日中班开始梳棉生产，安排××台梳棉机（要根据工艺生条定量和梳棉车速来定），每天生产 1014kg 的生条（××桶）。

（4）2011 年 10 月 21 日早班并条，安排××道××台（根据工艺确定）生产，每天生产熟条 964kg（××桶）。

（5）2011 年 10 月 22 早班开粗纱，安排××台粗纱机生产，每天生产 915kg（××只）。

（6）2011 年 10 月 23 早班开细纱，每班铺出 1 台，共铺××台（根据细纱车速和纱支来定），每天生产经纱 412kg，纬纱 380kg。

（7）2011 年 10 月 24 早班开络筒，安排××机台，生产经纱 423kg（××只筒），纬纱 391kg（××只筒）。

（8）2011 年 11 月 2 早班开始整经，开 1 台车，每隔 4 天生产 3 架纱，9 个经轴。

（9）2011 年 11 月 3 早班开浆纱一缸（××浆轴），隔 4 天生产一缸（××浆轴）。

（10）2011 年 11 月 3 中班开始穿筘，每天供织造车间 3 个织轴。

（11）2011 年 11 月 4 早班布机铺车，每天铺 3 台，开 15 台。

（12）整理车间根据布的下机情况，及时安排修布打包入库。在 50 天内全部生产完。

项目 3-5　纺织生产调度

生产调度是我国 20 世纪 50 年代引进原苏联企业管理方法所使用的名词，纺织企业目前仍在使用，而且在生产控制中发挥着重要的作用。生产调度就是根据生产作业计划对纺织企业日常生产活动进行指挥、控制和调节。对计划执行过程中已出现或可能出现的偏差和矛盾及时了解、掌握、预防和处理，协调生产过程的各个环节，以及生产与供应、厂内运输、外协之间的关系，保证生产作业计划的完成。

一、生产调度的内容和要求
（一）生产调度的主要内容
生产调度的内容，即生产控制的功能，包括以下几个方面。

1. 任务分派　根据生产作业计划，以及生产进度完成状况，把订单任务分配到现场，下达生产指令。

2. 检查、督促和协调有关部门及时做好各项生产作业准备工作　生产作业准备工作主要包括以下几项。

（1）原材料准备。核对所需的原料、材料、动力、能源、纺专器材与配件的供应情况。

（2）工艺、试验条件的准备。工艺准备是否充分，工艺参数是否科学合理，各品种操作规程和方法是否到位。

(3)人员准备。检查及调配所需人员。

(4)设备准备。检查设备运转是否处于良好状态,品种变换时设备调整工作是否完成。

(5)运输准备。运输是否畅通和及时供应。

3. 进度检查 根据总量计划和进度计划检查各环节的投入产出进度,进行物流控制,要掌握每项订货当前处于什么状态并进行跟踪控制,发现差距和存在的问题。检查工作主要包括以下几项。

(1)检查各个生产环节的在制品、半成品、成品的投入和产出进度。

(2)根据生产需要合理调配劳动力。

(3)对轮班、昼夜、周、旬或月计划完成情况进行统计分析。

(4)检查各工序不合格品的产生及处理情况。

(5)结合设备维修计划执行情况检查设备运转状况。

(6)对轮班、昼夜、周、旬或月计划完成情况进行统计分析。

(7)检查容器使用情况及厂内运输工作。

4. 采取调控措施,解决问题 针对问题进行指挥和协调。包括两项内容。

(1)采取各项有效措施,如改变工艺或时间定额,调配人员和设备,加班加点,加强督促检查等。

(2)组织好厂级和车间级的调度会议,协调各部门、车间之间的作业进度,研究措施并予以执行等。

5. 信息反馈 对生产作业进度按班、日、图等进度进行检查,对投入产出进度检查记录,发现差异,并把这些信息反馈到有关部门和上级,以便控制。

生产调度工作内容如图3-14所示。

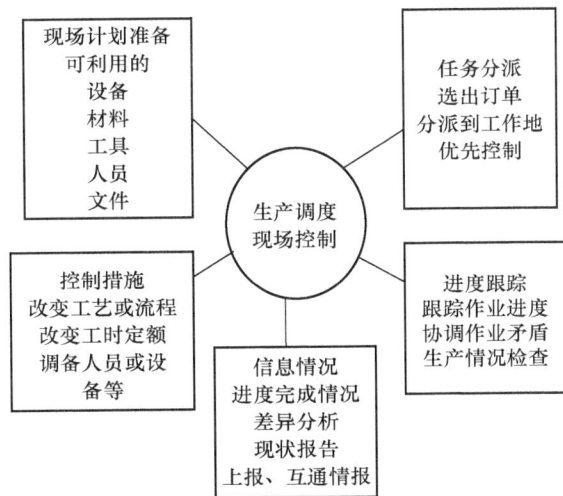

图3-14 调度工作内容示意图

(二)生产调度工作要求

生产调度是对生产现场活动进行指挥、协调和控制,必须统一意志、统一指挥、统一行动,才能使现场各种各样的生产活动协调进行,并且能防患于未然,达到高质高效运行的目的。生产调度的主要要求如下。

(1)计划性。生产调度工作必须以生产作业计划为依据。

(2)统一性。生产调度工作应以系统的观点,从企业全局来综合考虑各项工作的安排。

(3)预防性。调度工作必须贯彻预防为主的原则,做到"抓准备保生产,抓投入保产出,抓完成保计划"。

(4)及时性。调度工作必须针对当前的工作进行安排,发现问题,及时协商解决。

(5)群众性。深入基层,倾听员工意见,获取可靠的信息资料,有效地解决实际问题。

二、生产调度的组织机构

按照上述要求,必须建立健全一个集中统一、上下一致的生产调度系统。一般大中型纺织企业可设置厂部、车间、轮班三级管理调度机构。小型纺织企业可设厂部和车间两级调度机构。

(一)厂级调度组织

厂级调度组织通常是在生产副厂长(制造副总经理)的领导下设总调度室(或生产调度科)负责全厂的调度工作,解决车间之间、部门之间、车间与部门之间的协调配合问题,并处理全厂性的重大事项。它是全厂生产调度系统的中心。厂总调度室设有总调度(调度长可由生产副厂长兼任)一人,并配备一定数量的调度员。调度员的分工一般有以下三种形式。

1. 厂部(一级)总调度室 主要负责按照时间、产量、品种完成全厂的作业计划,负责车间之间、部门之间的综合平衡和调度工作。发现问题或接到车间调度员报告后,应迅速处理;遇有重大问题应请示生产副厂长后处理。为保证厂部调度命令的统一,生产作业方面的命令集中由调度机构发出。调度的范围是:凡是与生产相关的问题都在调度之列,调度均有权指挥处理。具体为掌握各种半成品的储备,做好车间的配合;监督各车间计划完成情况,监督辅助部门生产及供应情况等。

2. 车间(二级)调度机构 主要负责执行厂级生产作业计划和调度指令,组织控制本车间的生产活动,监督和检查轮班对作业计划的执行情况,协调前后工序的正常供应,保证本车间生产渠道的畅通。监督车间作业计划的执行,发现偏差及时处理,重大问题应向车间主任请示后处理。车间调度员应经常向车间主任和厂部调度室汇报生产情况,特别是车间无法解决的问题,应及时向总调度室报告以寻求解决。

3. 轮班(三级)调度机构 主要负责人是轮班长,直接负责轮班的调度工作。具体执行厂和车间调度员的调度安排,掌握储备量情况,进行内部人员的设备调配,保证前后工序的正常供应。轮班工长要随时掌握各工序完成任务的产生废品、停工等情况,发现后应立即处理,轮班工长要经常向车间调度员汇报生产情况,对轮班无法解决的问题,应及时向上报告。

(二)调度职责

调度组织是从上到下统一指挥的组织,所有调度机构都要服从于厂级统一领导。调度人员代表该级的主管生产的行政领导行使生产调度的权力,下级的生产单位以及同级的职能部门必须服从和执行其下达的调度命令。如有不同意见,只能在无条件执行的同时,向上一级反映。

调度命令是统一的,必须由调度机构逐级发布和下达,不要越级下达调度命令。如要改变下一级的调度命令,应通过下级的调度机构自行更正,各级领导人员要维护调度部门的权威,更不允许多头发布调度命令。

三、生产调度制度

为了搞好调度工作,必须建立健全生产调度的工作制度。从生产实践经验看,主要有以下几种制度。

(1)调度值班制度。在实行多班制生产中,每班都要设置各级值班调度员(可由值班主任兼),以便及时处理全厂或车间生产中出现的问题。

(2)调度报告制度。企业各级调度机构要把每日值班调度的生产情况,上报给上级调度部门和有关领导。厂级生产调度要把生产情况及时通报有关车间与部门,及时进行信息反馈。

(3)生产调度会议制度。要定期召开调度会议,包括厂部、车间两级调度会,并形成制度,如周一、周末和月初、月中、月末的会议制度。在会议上抓住主要问题,进行协调,作出决议,并检查过去决议的执行情况,必要时可临时召开调度会议。

(4)班前班后小组会议制度。各班组在班前班后会议上布置和检查生产活动和计划执行的情况,贯彻调度命令。

(5)现场调度、调度人员在日常工作中,要抽出一部分时间,深入现场,了解情况,发现问题,采取措施予以解决,在现场进行指挥和协调有关方面的工作。

四、生产管理信息系统

生产管理信息系统是指对有关生产活动的信息,包括计划和执行情况的信息进行搜集、处理、存储、检索、传输与维护,并为生产管理人员提供有用的信息的系统。这是生产调度现代化不可缺少的手段。生产管理信息系统通常包括通信调度系统,工业监视系统,即日常生产状况的检查和记录、观察系统,作业文件传输系统,包括各种进度计划、生产工艺、调度命令等的传递系统。目前,纺织企业中的生产管理信息系统存在着人工信息系统和计算机信息系统两种形式。人工信息系统是通过人的操作利用调度电话以及各种报表、报告把生产现场同调度机构联系起来,联成一个相互沟通的信息网络。随着计算机的应用,人工操作的一些程序化的操作,如数据计算、处理、存储等为计算机操作所代替,但人的操作仍存在。计算机信息系统就是通过计算机把收集的信息进行处理、分类、存储和传输到使用者,形成一个信息系统。这两个方面都要结合起来使用。

项目 3-6　纺织生产作业控制

企业的生产计划和生产作业计划在执行过程中,由于主客观的原因,实际情况与计划难免产生差异,以致妨碍计划的完成。这就需要对计划实施的全过程进行监督,预防和制止可能发生或已经发生的偏差,保证计划的实现。这种对企业基本生产过程的作业活动进行的有效调节和控制,称作企业生产过程控制。"广义的生产过程控制"是指从生产技术准备开始到成品出厂为止全过程的全面监督和控制,包括生产作业控制、质量控制、库存控制、成本控制等。"狭义的生产作业控制"的实质是对生产作业计划实施过程的监督和控制。这里指的是"狭义的生产作业控制",其内容有投入进度控制、工序进度控制、在制品控制、生产作业核算等。

一、投入进度控制

投入进度控制是指产品开始投入的日期、数量、品种是否符合计划要求。同时也包括各个生产环节、各种原材料和辅助材料及零配件是否按提前期标准进行投入。设备、人力、技术措施项目的投入使用是否按计划日期进行,是否均衡、配套、有序生产。

(一)大批量生产投入进度控制方法

大批量生产一般是按流水生产方式组织生产的,其投入进度控制方法主要有生产指令、投料单、投料进度表、投产日报。

纺织企业一般用投产日报与投产日历进度计划进行比较来控制日(班)投入和累计投入进度,具体可采用进度表或线条图的形式进行控制,开清棉的棉包数如表3-7和图3-15所示。

表3-7 投入日历进度表

日期	计划(包)		实际(包)	
	当日	累计	当日	累计
1	110	110	110	110
2	110	220	130	240
3	120	340	120	360
4	110	450	100	460
5	120	570	120	580
6	130	700	140	720
7	130	830	140	860

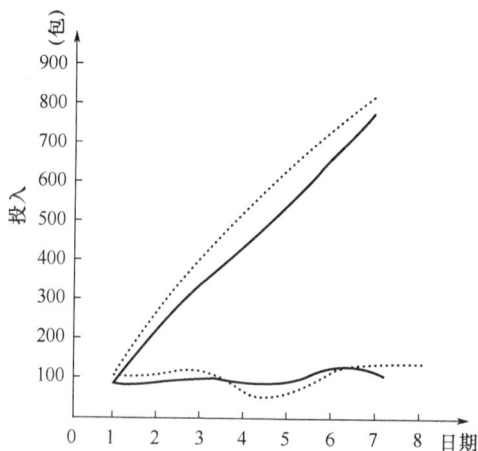

图3-15 投入日历进度图

——计划 ……实际

大量生产条件下的控制应该对生产均衡度进行控制。

$$日均衡率 = \frac{某时期内每日完成计划百分数之和}{某时期日数} \times 100\%$$

$$多品种生产均衡率 = \frac{每个品种每日完成计划百分数之和}{各产品生产日数之和}$$

(二)成批生产投入进度控制方法

纺织企业目前都面临着品种多、批量小、变化快的新市场局面。因此,一方面要控制投入提前期和生产周期,另一方面又要控制投入的品种和批量。成批生产投入进度控制的主要方法有投产计划表、配套性、出产进度。投产计划表和出产进度如前所述,配套性计算公式如下。

$$配套性 = \frac{实际配套率}{计划配套率} \times 100\%$$

(三)样品生产出产进度控制

样品生产出产进度控制主要是根据生产周期综合进度表、加工路线单或单工序工票等(如精益生产中的生产进度控制是由看板系统来实现的),按订货规定的日期把主要生产阶段的实际进度同计划进度相比较,进行控制和调节,以保证按质、按量、按规定的日期交货。

二、工序进度控制

(一)工序进度控制的理由

工序进度控制主要是针对成批和单件生产(品种多、批量小的合同产品或试纺、试织样品)的产品,它是对产品在生产过程中经过的每道加工工序(车间)的进度所进行的控制。因为大量生产条件下(如一个月或几个月只生产同一品种),所生产的产品品种、工艺、工序都比较固定,可以不必对工序进行控制,只控制在制品数量即可。而成批、单件生产条件下,品种多,批量小,加工所用的设备经常发生冲突,影响生产的正常进行,所以必须加强工序进度控制。

(二)工序进度控制的方法

工序进度控制的方法是按生产计划通知单进行控制。生产计划通知单是贯彻每批品种从原料进厂的供应、生产投料的准备、各工序的开机时间、生产数量一直到成品检验入库的全过程的工作记录凭证等。它的作用主要表现在以下几方面。

(1)指挥生产。

(2)进行作业核算,控制生产进度。

(3)协调上下工序之间的衔接配合。

(4)对工序进度进行控制。

生产计划通知单以成品数量为基准,按照工艺用料、工艺消耗,合理从后向前计算开机台数、开机时间,以满足销售合同的品种数量和交货期限。

三、在制品控制

在制品是指车间工序内部尚未完工、正在加工、运输和停放的在制品或半成品(如粗纱、织轴等）。在制品控制是对生产过程各环节的在制品占用量进行控制。

在大量生产条件下,在制品占用量的控制方法可采用轮班任务报告单,结合统计台账进行控制,即以每一轮班各工作地的实际占用量,与规定的在制品定额进行比较,使在制品的流转和储备量经常保持在正常水平。

纺织企业是多工序间断性的连续生产,车间、工序之间的生产联系表现为半成品的供应关系,而且各个生产环节在制品、半成品的数量也在不断变化,因此必须掌握在制品、半成品的流转情况,保证它们不受损坏以确保产品质量,减少、避免积压,节约流动资金。基层管理人员要特别注意定期检查在制品的储备定额执行情况,考察执行结果是否同定额相符,如果不符则加以修正,对在制品、半成品的投入、产出、保管、周转要做到"四有",即有数、有据、有制度和有秩序。

在成批和单件小批生产条件下,由于产品品种多,须按品种分批投入和出产,通常采用计划通知单和工票,以及统计台账来控制在制品。

在流水生产中,可以不必设置中间仓库,而在单件小批和成批生产条件下,就有必要设置半成品库并进行控制。半成品库是车间之间在制品运转的枢纽,它不仅要及时有效地收入、保管、配套和发送半成品,而且还要严格按计划和期量标准,监督和控制车间生产动态,及时向生产主管部门提供信息。

仓库半成品控制,是通过半成品的入库、出库台账以及其他凭证进行的。

四、生产作业的其他控制方法

为了准确地了解生产情况,掌握生产发展趋势,及时发现计划与实际的差异,以实现对生产系统和生产作业系统的有效控制,我们必须应用一些科学的控制方法。

(一)进度分析法

为了直观地了解生产进度及其与计划的符合情况,更好地控制生产作业进度,可以采用以下图表进行进度分析。

1. 坐标图法 在生产随时变化的情况下,可以用一个简单的坐标图来描述数据,数据的变动趋势以及完成计划的情况,如图3-16所示。

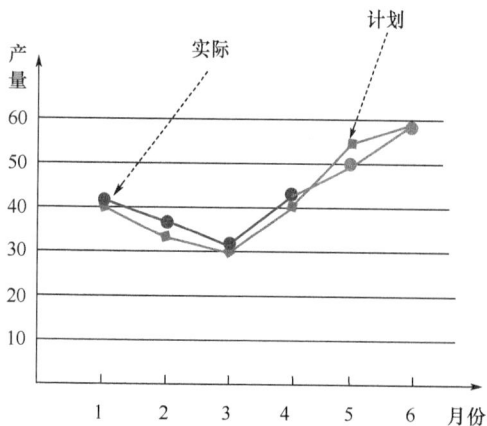

图3-16　某纺织厂进度分析坐标图

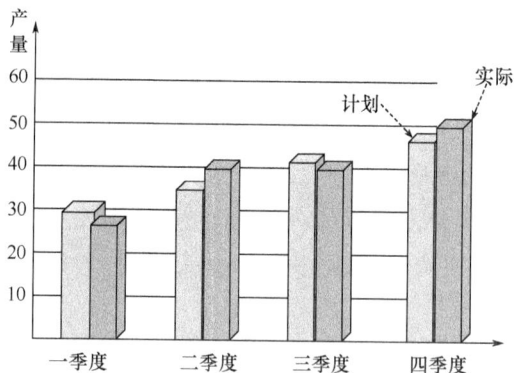

图3-17　某纺织厂进度分析直方图

2. 直方图法 直方图法可以直观地检查计划与实际的符合情况,如图 3-17 所示。

(二)趋势分析法

趋势分析法就是把各工序每日实际完成的数量,按时间序列绘制成坐标图,从而分析其规律和趋势。坐标图分三步绘制。

①将每日实际完成的产量连成折线,三条线的中点连线,取连线的两中点连成一条曲线,称为短波,以观察其规律与发展趋势,如图 3-18(a)所示。

②将短波各尖峰(峰值)连成一线,各谷底另连成一线,连成的两线称外覆线,如图 3-18(b)所示。

③在两条线的中间绘一曲线——中波,据此可进行趋势分析,如图 3-18(b)所示。

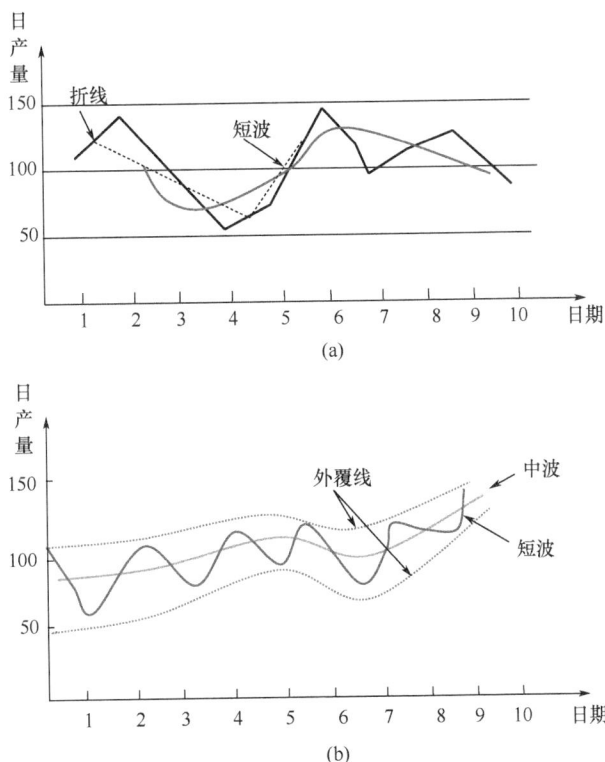

(a)

(b)

图 3-18 某纺织厂进度分析趋势图

五、生产作业核算

要控制好生产调度,进行生产控制,必须进行生产作业核算,即对生产作业计划的实际投入量和出产量、投入期和出产期、在制品占用量、各单位和个人完成的工作任务等进行的核算。

(一)生产作业核算的意义

生产作业核算有以下意义:

(1)为检查作业计划执行情况提供依据。

(2)为生产调度反馈信息。

（3）为生产进度控制提供可靠的数据资料。

（4）有利于减少在制品积压,缩短产品生产周期。

（二）生产作业核算的基本程序

生产作业核算有以下基本程序:

（1）最基层生产单位（班组）、仓库或个人,采用一定形式的原始凭证,以数字和文字对生产作业活动进行直接记录。

（2）按照一定的核算目的,把这些原始数据汇总。

（3）绘制统计图表,反映实际核算数同计划数符合的程度。

企业中常用的原始凭证有生产日报表、班组和个人生产记录、生产通知单、单工序工票、领料单、入库单、废品通知单、返修通知单等。

项目 3-7　纺织生产成本控制

无论是什么企业,要成功（满足社会需要并获取利润）都必须把管理基础抓好,其中成本和费用控制非常关键,是关系企业竞争力高低的主要问题,也是企业获得更多利润的重要保证。因此,成本控制是企业管理工作的"牛鼻子",抓住它就可以带动全局。

一、成本控制的程序和内容

（一）成本控制的概念

纺织成本控制是对产出的纺织品成本形成的各个因素和全过程的控制。包括事前控制、事中控制和事后控制。事前控制也称前馈控制,是指在费用投入生产前就进行控制,如按预算拨款、限额领料等。事中控制也称现场控制,是指对材料、人工、费用等在使用过程中的监督和控制。事后控制也称反馈控制,是指将已经发生的费用与标准或现实需要比较,发现偏差,进行调节。全过程还包括整个生产系统的所有部门和所有环节的成本控制,即所谓"横向到边,纵向到底"。

（二）成本控制的内容

成本控制是全过程全因素控制,包括以下内容。

（1）工艺设计过程的成本控制。它包括两个方面。

①新产品在开发、设计、生产准备、试制鉴定本身所发生的费用。要控制、降低这些费用。

②产品设计时必须考虑降低成本,纺织产品工艺设计对产品成本的影响很大,如原材料的最佳配置、工艺的优化等。

（2）生产过程的成本控制。包括产品生产过程中所使用的材料、人工和其他费用的控制,还应包括在制品成本的控制。因为在制品过多,形成积压,就会增加费用,因此同样要加强控制。

（3）销售过程的成本控制。虽然这已离开生产过程,但从全面看,也属于成本控制的范围,如销售费用。

（4）公司管理费用和财务费用的控制。

（三）成本控制的程序

纺织成本控制一般包括制订标准、搜集成本信息、分析差异、采取措施纠正四个过程。程序如图 3-19 所示。

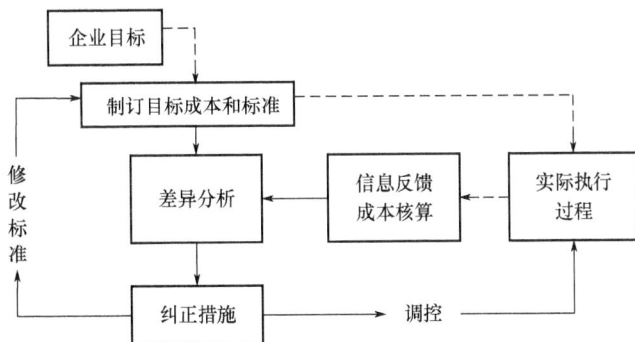

图 3-19 成本控制程序图

（1）进行成本费用预测并据此制订成本计划。

（2）制订成本控制标准，并制订相应节约措施。

（3）执行标准。即对成本的形成过程进行具体的监督。

（4）确定差异。将实际成本与控制标准进行比较，提示其差额。

（5）消除差异。针对差异产生原因采取有效措施予以消除。

（6）考核奖惩。根据考核结果实施必要的奖惩。

（四）成本控制的责任制

进行成本控制、实现成本目标，要有组织保证。这就要划分出成本控制责任单位，对每个单位以至个人按权责发生制原则建立成本责任制度，并同时建立相应的激励制度。

划分成本控制责任单位应遵循下列三条原则：它是生产过程中一个相对独立的投入产出单元；可以单独计算投入量和出产量；可以通过自身的控制来影响投入量与出产量。

从成本控制责任单位的性质看，可分为以下五种类型。

（1）不同产品的成本控制责任单位。如以产品为对象组成工厂、分厂、车间、工段等。

（2）不同工艺阶段的成本控制责任单位。如按工艺原则组成的车间、工段、小组等。

（3）不同成本项目的成本控制责任单位。如厂部、车间的职能部门各自控制不同的费用而形成的费用中心。

（4）不同影响成本因素的成本控制责任单位。如物资供应部门，除控制本身的费用开支外，还要考虑物资的质量、价格等影响成本的因素。

（5）工序。这是生产过程中最基本的成本控制责任单位。成本控制可通过工序落实到个人。

从成本控制责任单位的层次分，分为工厂（分厂）级、车间级、轮班级、小组级以至个人等"纵向到底"的五个层次。

实行成本责任制必须同时建立和推行相应的激励制度,实行"成本否决",也就是把是否完成成本目标或费用目标,视同产品质量指标,与工资、奖金等劳动报酬联系起来。

二、成本控制标准的制订和分解

(一)成本控制标准的分类

由于成本控制责任单位的类型和层次不同,权责大小不同,因此需要有不同的成本控制标准,以适应不同的情况。成本控制准主要有如下几类。

(1)目标成本。目标成本是在预测可能销售量的基础上,以市场价格为依据,以实现产品目标利润为目的而确定的。

(2)成本计划指标。在成本计划制订后,可采用计划指标作为控制标准,如产品单位制造成本、可比产品成本降低率、计划成本项目费用等。

(3)消耗定额。各种消耗定额,如材料消耗定额、工时定额、费用定额等都可用作成本控制标准。这种标准在纺织企业广为应用。

(4)费用预算。如对企业管理费中的子项目,职能科室费用等常编制预算。预算限额均可作为成本控制标准。

(二)目标成本的制订

目标成本是成本控制标准中的主要标准,其他如计划指标、定额、预算有许多是通过目标成本的分解或根据它的要求而制订的,它是成本决策的主要内容。

目标成本一般按产品类型分别制订,是实现目标利润的保证。通常以盈亏分析法进行研究。它要求有三个前提条件。

(1)预测的可能市场销售量。

(2)预测的市场价格。以现有市场价格为基础预测计划期间因价格变动而形成的平均价格,当然也可以是营销组合策略中价格决策的价格。

(3)计划要求达到的成本利润率或目标利润。

"市场模拟核算"应是模拟市场价格和市场销售量以及根据市场供求和竞争状况拟定可能的盈利水平。

目标成本的计算公式如下:

$$C = P - \frac{E}{Q}$$

式中:C——单位产品目标成本;

　　P——单位产品市价;

　　E——目标利润总额;

　　Q——预计销售量。

目标成本实际上是由固定成本构成的。从成本分解上看,实现目标成本、达到目标利润,首要问题是降低单位产品变动成本,即提高它的边际贡献。特别是随着技术进步,固定资产更新,固定成本会相对增加,而变动成本却会下降得更快。所以,首先要模拟确定目标变动成本,假定销售量、价格已定,固定成本总额不变,或者根据新的投资预先确定。目标变动成本的计算公式如下。

$$V_0 = P - \frac{F + E}{Q}$$

式中:V_0——单位产品目标变动成本;

F——原有固定成本总额。

目标变动成本测算后,就要研究采取措施,看能否达到目标变动成本的要求。假定目标变动成本已定,可进一步测算目标固定成本总额。其计算公式如下。

$$F_0 = Q(P - V_0) - E$$

式中:F_0——目标固定成本总额。

把 F_0 同原有的或已预计的固定成本总额比较,研究能否达到目标水平,能否降低,以保证目标利润的实现。

目标产品成本、目标变动成本和目标固定成本三者的测算是要反复进行的。同时,还要和营销策略中产品决策、价格决策、促销决策、渠道决策等一起反复研究,进行综合平衡。

(三)目标成本的分解

目标成本分解就是把它按成本项目和责任单位,即按部门直至个人进行分解,其基本原理与目标管理的目标分层分解相同。

1. 按成本项目进行分解 目标变动成本和固定成本确定后就可以进一步分解到各个成本项目。变动成本一般是指直接材料和直接工资两大项目,固定成本按现行会计制度规定包括各车间的制造费用和财务费用、销售费用以及管理费用三项期间费用。这些大项目还可细分为子项目。一般地说,期间费用由厂部有关科室负责编制预算进行控制,分解到各个职能部门负责,一般作为费用中心控制。发生在各生产车间或辅助部门的工资、材料以及制造费用(车间经费)由各车间负责控制,一般作为成本中心控制,有些是费用中心控制。

2. 按车间(部门)和管理层次进行分解 纺织厂根据各工序阶段进行分步(如开清棉、梳棉、细纱),计算出各工序阶段成本汇总作为产品成本予以控制。然后按车间所包含的工序阶段进行汇总作为车间的产品成本,如清花车间、前纺车间等。最后由车间再分解到工序和各小组。

(四)成本标准的制订

成本标准是成本控制的准绳,它包括成本计划中规定的各项指标。但成本计划中的一些指标都比较综合,还不能满足具体控制的要求,这就必须规定一系列具体的标准。确定这些标准的方法,大致有两种。

1. 定额法 定额法是建立起定额和费用开支限额,并将这些定额和限额作为控制标准来进行控制。在纺织企业里,凡是能建立定额的地方,都应把定额建立起来,如材料消耗定额、工时定额等。实行定额控制的办法有利于成本控制的具体化和经常化。

2. 预算法 预算法是用制订预算的办法来制订控制标准。有的纺织企业基本上是根据季度的生产销售计划来制订较短期(如月份)的费用开支预算,并把它作为成本控制的标准。采用这种方法特别要注意从实际出发来制订预算。

在采用上述方法确定成本控制标准时,一定要进行充分的调查研究和科学计算,同时还要正确处理成本指标与其他技术经济指标的关系(如与质量、生产效率等的关系),从完成企业的总体目标出发,经过综合平衡,防止片面性。上述两种方法应按不同情况结合使用。

三、成本的控制

成本控制的实施包括监督、差异分析和采取纠正措施等内容。

(一)成本监督

成本监督是通过成本核算和定期考核进行的。成本核算的具体方法是在财务会计学科中阐述的,这里只对监督的层次进行简述。

(1)按部门或单位总体监督,也就是按各责任单位分别设立核算台账,定期对整个部门或单位的成本目标完成情况进行监督和考核,并予以奖惩。

(2)生产者个人监督。生产现场的操作者是现场成本控制者,他们在生产过程中直接使用各种资源,随时控制费用。因此,每个人都要负起控制成本责任,自我监督。生产者要按规定清点完工数量、在制数量、投入数量,填写消耗的材料、工时等记录,并与目标成本进行比较,发现问题,寻找原因,加以纠正。

(二)成本差异分析和纠正

成本差异分析是对各部门负责的各成本项目的实际消耗与目标相比较进行分析,并对其影响因素进行研究。一般对主要产品单位成本项目及其影响因素进行分析。

1. 成本项目构成分析　成本项目构成分析研究各个项目在单位成本中的比例关系,以便抓住重大的项目或比例变化不当的项目进行分析。用下式进行计算,并同原定的比例进行比较,研究它的变化。

$$某成本项目构成比例=\frac{某成本项目单位费用}{单位产品成本}$$

2. 材料项目分析　主要是分析某种具体主要原材料成本,它受材料的消耗量和价格的影响。

①材料消耗数量变化对材料成本的影响可从下式看出。

材料消耗数量对成本的影响=(实际单耗-材料消耗定额)×计划单价

②材料单价变化对材料成本的影响可从下式看出。

材料单价对成本的影响=(实际平均单价-计划单价)×实际单耗

不同差异的责任单位是不同的,数量变化由生产单位负责,价格变化由供应部门负责。

3. 工资项目分析　这是指对直接工资的分析。它受单位工时消耗和小时平均工资率两个因素影响。

(1)工时变动对工资成本的影响如下。

工时消耗变化对成本的影响=(单位产品实际工时消耗-工时定额)×计划小时平均工资率

(2)工资率变化对工资成本的影响如下。

工资率变化对成本的影响=(实际小时平均工资-计划小时平均工资)×单位产品实际工时消耗

4. 制造费用项目分析　制造费用受到单位产品工时消耗和每一工时的费用率两个因素的影响。

（1）工时消耗变化对费用成本的影响如下。

工时消耗变化对费用成本影响=（实际每工时费用率-计划每工时费用率）×单位产品实际工时消耗

（2）工时费用率变化对费用成本的影响如下。

工时费用率变化对费用成本的影响=（实际每工时费用率-计划每工时费用率）×单位产品实际工时消耗

费用率的变化受到总的制造费用变化的影响，因而要进一步分析制造费用子项目的差异。

期间费用虽不属于单位产品制造成本范畴，也不属于生产系统成本控制职能范围，但影响也很大。这要在总部分销售、财务、管理等方面，分部门进行分析。

通过差异分析，进一步找出差异原因，采取措施，加以调控。

☞ 项目知识检测

1. 年度生产计划的主要指标及含义是什么？

2. 简述生产计划的层次及内容。

3. 简述滚动计划方法的优点。

4. 纺织企业是如何进行生产任务与生产能力平衡的？

5. 何谓生产批量？如何确定经济生产批量？

6. 纺织生产计划制订时为什么要进行量本利的分析？简述其分析方法。

7. 什么是生产控制？生产控制的方法有哪些？

8. 纺织企业产前控制的内容有哪些？重点是什么？

9. 纺织生产调度的主要内容是什么？生产调度应遵循哪些原则？

10. 大批大量与批量生产投入进度控制方法有什么相同之处，有什么不同之处？

11. 为什么要进行半成品控制？半成品控制要求做到哪"四有"？

12. 生产进度分析一般用到哪几种方法？

13. 为什么要进行生产作业核算？生产作业核算按什么基本程序进行？

14. 成本控制的概念是什么？为什么说成本控制是全过程、全因素的控制？

15. 纺织成本控制的控制标准如何制订？

☞ 项目活动训练

训练一　案例分析《班组核算》

1. 情景　某纺织企业某车间2005年2月下达给A班组的成本考核为总产值3000万元，成本指标原材料1500万元、水8万元、电10万元、辅料6万元、配件20万元，其他费用0.3万元。班长拿到生产指标后,存到班组档案里,3月5日车间核算员向班组要班组成本核算指标,班长立即指派班员小张统计本月发生的各项成本费用,小张从班长手中找出材料领用单800万元,班员A找出材料领用单300万元,班员B找出材料领用单200万元,班员C找出材料领用单100万元,车间计量部门返回的水、电、气、辅料消耗费用分别为水12万元、电9万元、配件20万元、辅料6.3万元,核算出班组其他费用0.5万元,小张3月7日(车间要求下月5日前交班组成本核算结果)将核算好的2月班组成本交车间核算员。

2. 问题

(1)该班班组核算是否存在问题?如存在请指出问题所在。

(2)如果你是本班的班长,你将如何进行班组成本核算?

<h3 style="text-align:center">训练二 案例分析《某公司的车间主任》</h3>

1. 情景 1995年6月下旬,某公司生产销售形势一片大好,即将完成年度计划的60%,订单还纷至沓来。总经理正在考虑公司深入改革的策划,突然经理办公室的小马惊慌失措地跑进来叫道:"不好了,一车间罢工了。"

某公司是3000人的企业,最近市场竞争越来越激烈,由于生产成本太高,产品已经不具备竞争优势了,所以公司决定挖掘潜力,先从班产定额调整开始。经过调查研究,项目小组确定了新的班产定额,估计各车间班产将提高8%~10%,并决定在一车间试点。

总经理专门召开了中层干部会议,说明调整的必要性和重要性,并宣布在一车间试点,总经理还专门找一车间主任谈了话,并说明试点只能成功不许失败。一车间主任回到车间后经反复思考,决定下个月开始试行,并通知统计员按新的班产定额考核班产,并把通知写在车间公告栏,通知如下:经公司决定,我车间从下月起实行新的班产定额,望各班组按此定额执行考核。

通知下达的第一天,工人都议论纷纷,各人在计算自己的月收入,发现普遍下降5%以上,于是他们找到统计员,统计员说:"这是公司的决定,再说你们原来的定额也太低了,多拿那么多钱怎么不说呢?"

工人又去找主任,主任说:"这是公司的决定,不说你们,就是我也不能违背,总经理说了,推行不下去就免我的职,你们也一样,谁不执行,明天就不要来上班了。"工人们气愤而去。第二天,不知谁说了一句"我不干了",结果很多工人都响应,干活的也被强迫关闭了设备,全车间一片沸腾。

2. 问题

(1)失误出现在哪里?

(2)如果你是车间主任,接到试点任务你会怎么做?

(3)罢工发生后你是总经理,你该怎么办?

<h3 style="text-align:center">训练三 编制纺织生产作业计划</h3>

1. 实训目的

(1)了解纺织企业生产计划的主要指标。

(2)掌握制订纺织企业生产计划的步骤和方法。

（3）掌握纺织企业生产平衡技能。

（4）通过生产计划的制订，理解企业生产的量本利关系。

2. 实训初始设定　某纺织公司接了一订单，相关具体要求如下：19.7tex×19.7tex 299×299 根/10cm 170cm 平布，要求数量为 10 万 m，交货期为 52 天。

该品种以前的生产资料如下。

工艺流程：清花、梳棉、并条、粗纱、细纱、络筒、整经、浆纱、穿筘、织布、验布、码布、修布、打包入库。

布机：效率 90%，运转率 98%，百米经纱用量 11.5kg，百米纬纱用量 10.93kg，车速 600r/min，疵品率为 2%。

浆纱：效率 80%，运转率 95%，车速 60m/min，1200m/轴。

整经：效率 70%，运转率 100%，车速 250m/min，2620m/轴。

络筒：效率 90%，运转率 98%，车速 800m/min，每筒 2kg。

制成率如下：清花 92%、梳棉 90%、并条 95%、粗纱 95%、细纱 92%、络筒 99%、整经 98%、浆纱 95%、布机 95%、成品的疵品率为 2%。

3. 实训步骤　根据订单交货期、交货量的要求，确定生产流程各工序的生产周期，计算织机日产量、开台数和具体的投产以及出产日期，进行各工序的生产平衡，并下达生产计划。

4. 计算说明

（1）生产周期和布机出产量的计算。

（2）各工序生产量的确定。

（3）保证正常供应的日产量。

（4）各工序设备的配备。

（5）制订生产周期表（甘特图）。

（6）生产计划的安排。

训练四　纺织生产管理

1. 实训目的

（1）了解纺织企业生产决策的基本原理和方法。

（2）能分析纺织生产管理中存在的问题。

（3）建立供应链管理和库存管理优化的基本思想。

（4）通过生产管理案的仿真实训，提高学生的管理能力。

2. 实训初始设定　某公司生产 A、B 两种产品，产品每年的销售量都呈现一种类似的变化趋势如图 3-20 所示，已知去年 12 个月中 A 产品的最大销售量为 4500，B 产品的最大销售量为 2000，预计今年的销售量可能比曲线的预期水平多或少 25%。

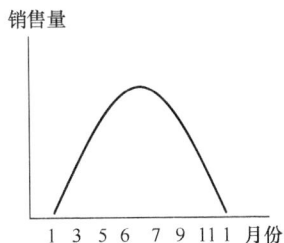

受生产能力的约束，在产量上，两种产品有 9 种可能的组合，见表 3-8。

图 3-20　产品销售量变化趋势图

表 3-8　产品组合

正常生产能力下		50%加班生产能力下	
A	B	A	B
6000	0	9000	0
4000	600	7000	600
2000	1200	8000	1200
0	1800	3000	1800
		1000	2400

两种产品涉及的成本见表 3-9,期初库存情况见表 3-10。

表 3-9　两种产品涉及的成本

项目	A	B
库存成本[元/(月·件)]	2	6
缺货成本(元/件)	20	60
加班成本(元)	20000	

表 3-10　期初库存情况

项目	A	B
库存量(件)	400	100

3. 实训步骤　每月开始时,每队选择一种可能的产品组合。当每一队做出决策后,由任课老师宣布该月实际的订货量。各队计算出期末库存量以及库存、缺货和加班成本。12 个月结束后,累计成本最低的小组为优胜者。

4. 计算说明

(1) A、B 产品的生产产量只能从产品组合中选择,允许停产。

(2)当月期初库存量=前月期末库存量。

(3)可供销售量=期初库存量+生产数量。

(4)期末库存量=可供销售量-需求量(不容许为负数)。

(5)缺货量=需求量-可供销售量(不容许为负数)。

(6)库存成本=1/2(期初库存量+期末库存量)×单位库存费用。

(7)总存货成本=A 产品库存成本+B 产品库存成本。

(8)总缺货成本=A 产品缺货成本+B 产品缺货成本。

(9)如果选择产品组合是在 50%加班情况下,加班费用为 20000 元。

(10)当期总成本=总存货成本+总缺货成本+加班成本。

(11)当期累计成本=前期累计成本+当期总成本。

项目四　纺织生产基础管理

✱本项目知识点

1. 纺织工艺管理的概念及管理的内容。
2. 物资管理的概念与消耗定额的构成、制订和考核。
3. 物资 ABC 管理方法及经济订购批量的确定。
4. 现场管理的概念、内容和基本要求。
5. 定置管理和目视的概念和内容。
6. 5S 管理的内容。
7. 纺织安全管理的概念、原则、内容及制度。
8. 环境管理国际标准体系 ISO 14000 内容与实施的意义。
9. 纺织企业社会责任及不能忽视的问题。
10. 社会责任体系 SA 8000。

　　纺织企业长期形成的行之有效的基础性技术管理中,最核心的内容就是工艺、设备、物资、操作、质量、空调、现场、安全等纺织企业的基础管理。随着现代工业技术的不断发展,纺织机械工艺性能的提高,企业的现代化管理水平也在不断提高,而这些基础管理仍是纺织企业各项管理的关键,必须高度重视。本项目介绍工艺管理、物资管理、现场管理、安全内容。质量和设备管理由于内容较多,另作项目讲解。

项目 4-1　工艺管理

　　工艺是指人们利用生产工具对各种原材料进行加工和处理,最后制成产品的过程和方法。纺织企业生产的工艺流程就是将一系列的机器、设备、工序等组合起来,对原料按一定的产品质量标准进行加工、处理的生产工艺过程。

　　工艺管理是指合理制订工艺设计,加强工艺研究,确保工艺上车和严格工艺纪律等各项工作的总称。在五大基础技术管理中,工艺是龙头,设备、操作、空调和原材料都是为工艺服务的,只有各项条件同时全部符合工艺的要求,工艺才能发挥出最佳效果,生产线上才能产出质优、耗低和产量高的成品。

一、工艺设计

(一)工艺设计的概念及要求

工艺设计是指根据产品设计,确定主要原材料成分和处理方法、工艺流程、工艺参数、设备类型的选择以及各工序产品的规格与质量要求等。工艺设计是工艺管理的中心,是产品生产的主要依据,因此必须合理制订。

所谓合理的工艺设计,是指必须保证品种的先进性和产品质量的提高,保证符合科学原理和实际生产条件,并节约原材料和降低能源消耗。制订工艺设计的要求如下。

(1)了解产品的风格特征、花色花型特点和用户要求。

(2)了解产品所用原料的特性、组成成分。

(3)掌握机器设备的性能及实际生产条件。

(4)使产品具有良好的使用性能。

(5)使产品具有良好的制造经济性。

(二)工艺设计的主要内容

因为纺织产品的用途、规格、质量标准、用户要求不同,所用的原料性能、生产设备性能和工艺流程等因素就不同,产品的设计也各有异。

1. 纺部工艺设计 纺部工艺设计是指按照客户对需要的成纱(线)线密度、成纱(线)质量要求与用途以及织物工艺设计的有关数据等,设计应使用纤维和配比、纺纱方法及工艺路线,计算用棉量、落棉、落杂、回花、回丝率等。以棉纺为例,纺部工艺设计是按纺纱技术要求,设计工艺流程及相应机台的工艺参数,然后上机试纺。主要内容有确定开清点、选择机器速度、确定定量、确定隔距、确定牵伸倍数、确定压力、确定捻向、确定捻度等。

2. 织部工艺设计 织物的种类繁多,不同种类的织物有各自的结构、风格、效应等特点,织部工艺设计主要包括织物设计和上车工艺。

(1)织物设计。织物设计也称"织物品种设计",包括规格设计与艺术设计。规格设计是指织物的幅宽、匹长、缩率、强力、每平方米克重、经纬纱线密度、密度、捻度和捻向以及原料混合比等。艺术设计是指织物的外观花纹和风格设计,如各种组织变化、提花、色织配色等。有些色织物之所以有立体感,正是色彩、组织与图案三方面的综合反映。织物设计又分创新设计(新品种设计)、来样设计(客户来样或合约规定)和改进设计(推陈出新)。

(2)上车工艺设计。上车工艺主要是确定织部工艺线路和各机台的工艺参数等设计。主要内容包括确定纱线张力、选择清纱器、选择最佳速度、确定整经轴的分头和卷绕密度、浆纱上浆率、浆槽温度、回潮率、墨印长度、织物组织、综框综丝规格、停经片规模、钢箱号数、经位置线及引纬时间等,这些都应有严格明确的要求。

(三)工艺设计的表现形式

纺织企业具有工序多、机台多、品种多、人员多、工艺参数多的生产特点,各种产品的质量要求不同,应有不同的工艺设计方案,在一个车间(或工厂)内,常有各个品种同时生产,为适应市场要求,翻改也比较频繁。工艺设计的表现形式一般有以下三种。

1. 工艺设计表 如纺部是按品种从原料开始一直到最后制成筒子纱、绞纱线或直接作纬纱的管纱。按照工艺流程,将每道工序中所设计的项目(参数)逐一填写到工艺设计表中。

2. 工序卡　工序卡又称"工艺设计牌",是将每一种产品列出每道工序的工艺参数、操作方法及要求,便于挡车工统一执行,防止工艺质量事故的发生。

3. 工艺卡　工艺卡又称"工艺设计卡",一般在机台上都设有一块工艺卡,列出经常变动的工艺项目。

(四)工艺上机检查

1. 检查目的　检查主要是为了缩小眼与眼、锭与锭、台与台之间工艺上的差异,力求使上车工艺符合工艺设计的要求,稳定产品质量。

2. 检查内容　检查内容应根据各工序的内容和要求,定出检查项目、工艺技术标准、允许差异限度、统一检查方法等。如细纱机主要是检查变换齿轮、罗拉运转灵活程度、隔距块松紧、加压大小、皮圈架磨损等;在织布机上,主要是检查经位置线、引纬时间、车速、开口时间、引纬时间、打纬时间等。

3. 检查方法　检查方法是根据工艺上车技术条件中规定的检查项目,允许限度与检查方法对车上实际工艺执行情况逐项(次)检查记录,逐台结算各项(次)数,最后按工序计算工艺上车合格率。公式如下:

$$工艺上机合格率 = \frac{合格总项(次)}{检查总项(次)} \times 100\%$$

二、工艺纪律和管理责任制

纺织企业是多工序、多机台、连续生产的系统,任何一种工艺的波动或差错不仅直接影响本工序生产,而且会影响下道工序和最终产品,所以一定要严格执行工艺纪律,实行责任制管理。

(一)工艺纪律

纺织企业的工艺纪律主要包括以下内容:

(1)各工序翻改品种、变更工艺或采用新工艺时,应经当班班长和技术员根据生产技术工艺文件跟踪检查,确定无误后方可开车试车及正式生产。

(2)由生产技术科、实验室经常对工艺进行跟踪检查,并定期检查各工序变换齿轮,定期整理汇总工艺设计表和技术资料,变换齿轮要按齿轮管理制度进行。

(3)由于工艺管理问题而造成的质量事故或质量差错,应按有关规定查明原因,分清责任,并吸取教训,积极改进。当工艺变动时,工艺卡应及时更改填写,便于大家了解掌握,各种资料要注意妥善保管。

(4)各机台经维修后,特别是大修理,由维修队长负责检查有关隔距和变换齿轮,填表送试验室核对无误后方可再开车生产;纺部设备经单锭试纺,试验室测试无误后才能开车。

(二)工艺管理责任制

纺织企业一般实行厂部、车间两级管理,严格执行工艺审批制度,建立并明确公司生产技术职能部门、实验室、车间及轮班的责任制,既要统一集中又要发挥各部门参加工艺管理的积极作用。

1. 生产技术部门 生产技术部门是在总工程师的领导下负责全厂工艺管理的专职机构。主要职责是负责制订工艺设计初步方案并在审批后组织车间贯彻执行,负责日常工艺变动调整,检查督促各工序的工艺明细设计和工艺管理的执行情况,组织工艺实验研究活动等。

2. 实验室 实验室是属于生产技术部门直接领导的具体贯彻执行工艺管理的单位。实验室参加工艺研究和拟定工艺方案,包括进行实物抽样试验分析并进行数据处理,办理工艺变更事宜并对业务范围内的工艺管理制度负责监督等。实验室最日常的工作是对生产线上的半成品或成品进行在线或离线抽样检测,看其是否符合工艺设计要求。对不符合要求的及时通知相关工序并参与整改,直至符合要求为止。

3. 车间主任 车间主任是车间管理的主管领导,其在工艺管理方面的主要职责是负责工艺设计的贯彻执行并确保工艺上车,负责审批和检查车间的工艺项目、试验,参加全厂或公司工艺设计的讨论,领导车间专职工艺人员做好本车间具体的工艺管理工作,定期检查工艺上车情况等。

4. 轮班长 轮班长负责轮班工艺管理工作,按工艺设计变更通知单上规定的内容与要求,组织有关生产组长及生产工人认真贯彻执行。

三、工艺研究与试验

1. 工艺研究的目的 工艺研究是推进企业生产技术发展提高的重要手段,纺织企业的工艺研究应根据用户需要、市场行情和季节变化,依据质量指标、实物质量等要求,抓住生产中的薄弱环节,制订工艺改进方案,从理论上、技术上进行科学分析,以达到保证生产稳定、产品质量不断提高和不断满足用户需求的目的。

2. 工艺研究的主要内容

工艺研究的主要内容如下。

(1)对已经用于生产的产品工艺进行分析和总结,找出经验和教训,并写成已生产产品工艺小结,利于今后同类或相近产品再生产时备用参考。

(2)对外单位、全国或国际新工艺信息加以分析研究,尤其是注意收集适合本单位生产线工艺的信息,不断提高工艺设计的先进性。

(3)对工艺中的疑难问题进行分析研究,尤其将"5M1E"(人、机、料、法、环、测)诸因素作为一个系统,剖析研究,将直接推动工艺技术水平的不断提高。

3. 工艺试验 利用各种试验手段,及时经济地探索出最佳工艺方案。工艺试验的方案通常采用先锋试验。所谓先锋试验,是指某新产品正式生产前的一系列工艺方案的试探,或称为工艺试验,实践中常用单因素优选法和正交试验法两种方法。

项目 4-2 物资管理

纺织企业物资管理是对企业在生产过程中所需要的生产资料,通常包括原料及主要材料、辅助材料、燃料、动力、工具、包装物、低值易耗品、备件等,进行有计划的采购、验收、保管、发放、合理使用等一系列组织管理工作的总和。

物资管理基本任务包括科学地进行物资分类,制订物资储备定额和物资消耗定额,按质、按量、按时间成套地供应企业所需要的各种物资,采用科学的管理方法,合理、节约使用物资,建立健全物资管理的各项规章制度,加速物资周转,降低物资费用支出,改善物资利用的经济效果,同时也要防止雨淋、霉烂、变质、偷盗等。总之,加强纺织企业物资管理对降低产品成本和提高经济效益以及促进整个纺织企业生产经营活动十分重要。

一、物资消耗定额

(一)物资消耗定额的概念、作用和构成

1. 物资消耗定额的概念 物资消耗定额是指,在一定生产技术组织条件下,生产单位产品或完成单位工作量所必须消耗的物资数量的标准。如生产一吨棉纱需要消耗多少千克原棉,织百米布需要消耗多少千克原纱等。

2. 物资消耗定额的作用 先进合理的物资消耗定额对纺织企业物资管理工作具有重要作用,具体表现为以下几个方面。

(1)确定物资需要量、编制物资供应计划的基础。

(2)物资供应部门核算生产用料、组织限额发料的依据。

(3)合理使用和节约使用物资,核算产品成本的重要手段。

(4)促进企业技术水平、生产组织水平、工人生产技能提高的重要条件。

(5)考核职工工作质量的主要依据。

3. 物资消耗定额的构成 以主要原材料为例,物资消耗定额的构成,一般由三部分构成。

(1)有效消耗。它是指构成产品实体或半成品净重部分的消耗。

(2)工艺性消耗。它是指在产品或半成品的加工过程中,为改变其形状、尺寸和性能而必然产生的损耗,如落棉、回花、下脚料等。

(3)非工艺性损耗。它是指由于运输、保管、管理等工作的不善而造成的损耗,如废品、丢失、变质等。

(二)物资消耗定额的计算办法

1. 技术计算法 技术计算法是指根据产品设计图纸和工艺文件,在工艺计算的基础上,充分考虑先进技术和先进经验制订定额的方法。这种方法比较科学、准确,但工作量大,技术性较强。适用于制订企业主要原材料的消耗定额。

2. 统计分析法 统计分析法是指根据以往生产中物资消耗的统计资料,并考虑计划期内生产技术组织条件等各方面的变化因素,通过分析和比较,再吸取先进技术和经验制订定额的方法。该方法比较简单,但需要有详细可靠的统计资料。

3. 经验估计法 经验估计法是根据技术人员和生产工人的实际经验,并参考有关的技术文件和产品实物,以及生产技术组织条件等因素来制订定额的方法。该方法简单易行,工作量小,但科学性、准确性较差。一般在缺少技术资料和统计资料的情况下才采用。

4. 实际测定法 实际测定法是指在生产现场或实验室条件下,运用称量和测算等方式对

物资的实际消耗量进行测定、分析,修正确定定额的一种方法。它适用于测订新产品的定额,也适用于制订许多辅助材料的消耗定额。

上述几种方法各有优缺点,在实际工作中应根据企业的具体情况和管理水平,把几种方法结合起来运用。

(三)主要原材料消耗定额的制订

主要原材料的工艺消耗定额是由有效消耗和工艺性消耗两部分构成,而非工艺性消耗应计入到物资供应定额之内。

原材料工艺消耗定额=单位产品的净重+各种工艺损耗量的总和

物资供应定额是在工艺消耗定额的基础上,按一定百分比估算非工艺性损耗的数量。

物资供应定额=工艺消耗定额×(1+材料供应系数)

$$材料供应系数=\frac{单位产品非工艺性损耗数量}{单位产品工艺消耗定额}$$

原棉是棉纺织企业生产的主要原料,它占产品成本的80%以上,合理制订原材料消耗定额意义重大。用棉量定额的制订,一般是按配棉成分制订各纱支的用棉量定额,计算各工序的制成率、回花率、落棉率、盈亏率等。

织物用纱定额,主要根据织物的组织规格和织布各工序的工艺参数确定。包括总经根数、纬纱密度、幅宽、缩率、伸长率、加放损失率、自然缩率、回丝率等。

(四)辅助材料消耗定额的制订

辅助材料品种多,一般采用间接方法确定其消耗定额,举例如下。

(1)按产品产量计算。对与产品实物数量有关的辅助材料,如浆料、染化料、燃料、包装箱、塑料袋等,可按此法确定。

(2)按设备开台台时计算。对与设备开台台时有关的辅助材料,如润滑油、冷却液等,可用此法确定。

(3)按工人人数计算。如大部分劳动工具和劳保用品是按此确定的。

(五)动力消耗定额的制订

动力消耗定额应根据用途和特点分别加以确定。如纺织机械设备的用电是按历年的实际用电量计算,单位(kW·h)/吨纱或(kW·h)/万米,称为"吨纱耗电量""万米布耗电量"。

(六)工具消耗定额

工具消耗定额可根据工具的使用时间和耐用期来计算。

(七)消耗定额管理实务

消耗定额管理实务主要包括对纺织企业各种物资消耗定额的制订、执行、考核与修改。

1. 定额的制订 制订定额时要注意定额水平必须先进合理,即经过努力,挖掘潜力,基于现实,可以实现。

2. 定额的执行 企业必须严格按定额计算的需要量组织订货,按定额组织发料,废品要按手续补料,余料要办理退库手续。在执行过程中,要细心观察,发现问题,及时有效地解决,对节约者给予一定的奖励。

3. 定额的考核　物资消耗定额的考核分析是企业经济核算的重要内容,也是物资消耗定额日常管理的重要工作。通过定额执行情况的考核分析,可以了解物资节约的经济效果,并为进一步修改定额积累资料,从而提高定额管理水平。

4. 定额的修改　定额的修改是保持定额水平先进合理的必要措施。定额制订时一定要认真、准确,应保持相对的稳定性,不宜随意修改。由于外部环境和企业内部条件的变化(如采用新技术、新材料等),原有定额不再适用时,才对原有定额进行修改。

二、物资储备定额

(一)物资储备定额的概念和作用

1. 物资储备定额的概念　物资储备定额是指企业在一定的生产技术条件下,为确保生产的正常进行所必须执行的最经济合理的物资储备数量标准。

2. 物资储备定额的作用

物资储备定额有以下作用:

(1)编制物资供应计划和采购计划的依据。

(2)掌握和监督企业物资库存状态,使库存经常保持合理水平的依据。

(3)核定企业储备资金的依据。

(4)确定仓库面积、容积和保管人员数量的依据。

(二)物资储备定额的构成

物资储备定额通常由经常储备定额和保险储备定额两部分构成,某些企业需要制订季节性储备。

1. 经常储备定额　经常储备定额是为保证日常供应而建立的储备,这种储备因生产对物资的不断耗用和进货对物资的不断补充而不断变化,因而又叫"周转储备"。它的制订方法有两种,即以期定量法和经济订购批量法。

(1)以期定量法(又称"供应间隔期法")。首先确定物资供应的间隔期,然后据以确定物资的经常储备量。计算公式如下:

经常储备定额=(平均供应间隔天数+验收入库天数+使用前准备天数)×平均每日需用量

公式中,物资平均供应间隔天数是指前后两批物资进厂入库的平均供应间隔天数,验收入库天数是指物资进厂后,搬运、验收、入库所需的时间,使用前准备天数是指物资在投入使用前,进行化验、整理或加工所需的时间,平均每日需用量等于年度的物资计划需用量除以全年日历天数。

(2)经济订购批量法。订货批量是指消耗一次订货费用一次采购某种产品的数量。经济订货批量就是按照库存总费用最小的原则确定出的订货批量, 这种确定订货批量的方法就称为经济订货批量法。它是基于基本经济订货批量模型而推导出来的。

①基本经济订货批量。其是库存管理中最简单但却最重要的内容,它揭示了许多库存决策方面的本质。基本经济订货批量问题是在以下假设前提下进行讨论的。

a. 需求是已知的常数,即需求是均匀的。

b. 不允许发生缺货。

c. 订货提前期是已知的,且为常数。

d. 交货提前期为零,即瞬时交货。

e. 产品成本不随批量而变化(没有数量折扣)。

②库存费用。库存费用包括持有成本、订购成本、短缺成本、价格折扣和调整准备成本。

a. 持有成本。指为保管储存物资的费用。包括物资的仓储费用、保管费用、搬运费、保险费、过失损失、资金利息等。

b. 订购成本。指进行一次订货时所发生的费用,与每次订货的多少无关,如文件费、电信费、差旅费等。当需求量一定,订货次数越多,费用越大。

c. 短缺成本。因缺货失去商机造成的损失。机会损失、利润损失、罚款、商誉损失和停工待料损失。库存量大,减少缺货损失,但保管费用增加。

d. 价格。假设没有价格折扣,价格与订货量无关。如有价格折扣,则与订货量有关,库存决策时折扣计入库存成本。

e. 调整准备成本。假设此项费用没有发生。

③订货制度。假设采用定量订货,即每次订购的数量是一定的,一般订一个经济批量,但订购的时间不一定。

$$订货点=平均每日需要量×平均订货周期+保险储备量$$

④库存费用分析。假定日需要量和订货周期不变,不需要保险储备,只要确定每次订货量即可。

库存总成本由下式算出:

$$年总成本=年购买成本+年订货费用+年保管费用+年缺货损失$$

$$TC = DP + \frac{DC}{Q} + \frac{QK}{2} + SH$$

式中:D——每年需求量;

P——单位材料价格;

Q——每次订货量;

C——每次订货费用;

K——每件存货的年保管费用,即 $K=P \cdot i$ 为每件产品库存费用率;

S——全年缺货件数;

H——每缺一件货的损失;

TC——年库存总成本。

假设没有价格折扣,也不允许缺货,购买成本 DP 和缺货损失 SH 与订货批量大小无关,库存成本简化为:

$$TC = \frac{DC}{Q} + \frac{QK}{2}$$

一次微分求导为零,得出总成本最低的批量,即为经济批量。

$$Q_E = \sqrt{\frac{2DC}{K}} = \sqrt{\frac{2DC}{Pi}}$$

式中:Q_E——经济订货批量。

由上式可知,订货、保管费用与批量大小关系如图4-1所示。

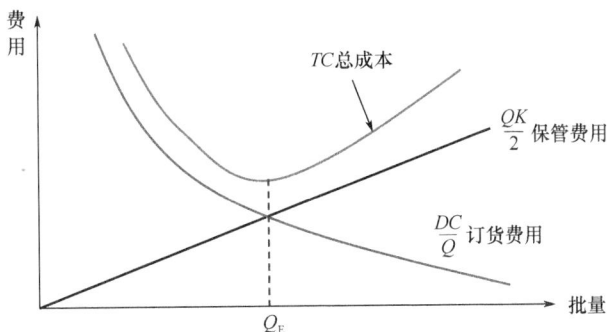

图4-1 订货、保管费用与批量的关系

例1:某厂预计某产品的年用量为9000件,每次订货费用为400元,每件成本价格为200元,成品库存保管费用率为10%。假定每日的用量是固定的,求经济订货批量。

解: $Q_E = \sqrt{\frac{2DC}{Pi}} = \sqrt{\frac{2 \times 9000 \times 400}{200 \times 10\%}} = 600$(件)

将经济订货批量转换为经济订货次数和经济订货周期公式如下。

经济订货次数:$M_E = \dfrac{D}{Q_E} = \dfrac{9000}{600} = 15$ 次

经济订货周期:$T_E = 365 \times \dfrac{Q_E}{D} = 365 \times \dfrac{600}{9000} \approx 24$ 天

2. 保险储备定额 保险储备定额是考虑到各种不可预测因素的发生,为保证生产的日常进行而须保持的必备的物资储备量。保险储备作为一种缓冲和应急手段,对调节生产和衔接供应之间的关系起重要的保证作用。只有当经常储备供不应求时,才动用保险储备。

保险储备定额=保险储备天数×平均日需要量

其中,保险储备天数根据历史统计天数来确定。

(三)经常储备和保险储备的关系

经常储备和保险储备的关系如图4-2所示。

三、物资供应的储备与管理

物资供应计划是企业在计划期内为保证完成生产任务、确定各种物资需要量而编制的计划。

(一)物资供应计划的主要内容

1. 确定各种物资的需要量

某种物资需要量=工作任务量×物资消耗定额×(1+物资供应系数)

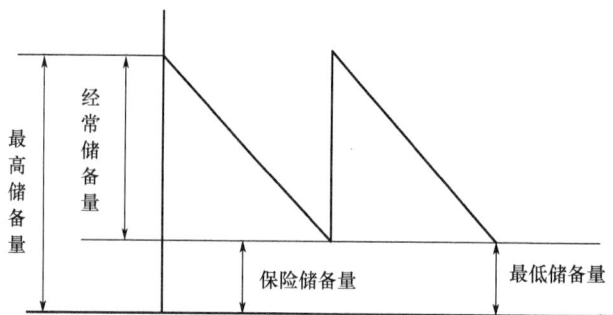

图 4-2 经常储备和保险储备的关系图

2. 确定物资采购量

物资采购量=物资需要量+计划期末储备量-计划期初库存量

3. 编制物资平衡表 它是为了对各种物资的需要量及资源进行综合平衡而编制的。

（二）ABC 分类管理法

ABC 分类管理法又叫"重点物资管理法"，是现代企业物资管理中广泛采用的一种管理方法。首先将企业各种物资按其价值高低依次排列，再以每个品种的库存资金占总库存资金的累计百分比为基础，将排好顺序的物资分为 A、B、C 三类。将品种数量少（约占全部需用物资品种的 10%）、价值高、占用资金多（约占资金总额的 80%）的物资，划为 A 类；将品种数量较少（约占 30%），价值中等的物资（金额约占 15%）划为 B 类；将品种数量繁多（约占 60%）而价值又较低（约占 5%）的物资划为 C 类。

对 A、B、C 三类物资应分别采用不同的管理（控制）方法如图 4-3 所示。A 类物资品种最少而占用资金最大，对物资储备必须严加控制，尽量缩短采购周期，增加采购次数，以利于加速资金周转，应重点管理；B 类物资为一般物资，采取一般管理方法；C 类物资为次要物资，可适当增加一些库存，简化管理。

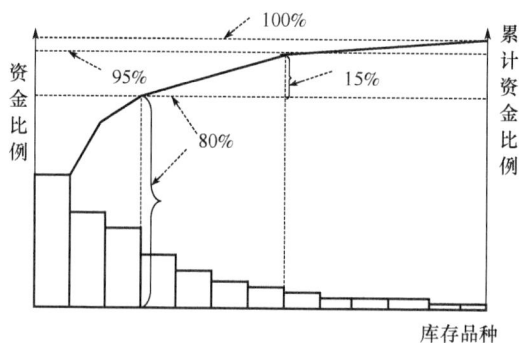

图 4-3 物资 ABC 分类示意图

（三）物资的存储管理

物资的存储管理是物资管理的重要环节，做好存储管理工作对保证及时供应生产需要、加速库存周转、节约物资消耗、降低成本都有重要意义。其内容主要包括验收入库、保管维护、出库盘点管理等。

1. 物资的验收入库 主要内容包括物资接收、核对凭证、验收（数量验收和质量验收）、验收中问题的处理、办理物资入库手续。如棉纺企业的原棉进厂，一般要经过磅前检验、品质评定、仪器检验、单唛试纺和逐包检验五道环节，并通过手感目测、仪器检验和单唛试纺三者结合方法，相互验证后得出较全面正确的数据。对进厂原料，应批批验收，以全面、准确地掌握原料状况。

2. 物资的保管维护 物资保管维护的基本要求为摆放科学、数量准确、保证质量、消灭差错。具体应做到如下几点。

（1）仓库标识清楚，并放置在指定区域。

（2）仓库应保持通风、地面干净、料架清洁。

（3）确保先进先出原则，明示储存期限，避免产品过期。

（4）做好仓库的安全管理工作，如配备消防器材，通道畅通，下班时关闭电源、锁好门窗，库房内严禁烟火，易燃易爆物单独隔离存放等。

3. 物资出库管理 它是根据出库凭证，将所需物资发放给需用单位所进行的各项业务管理工作。主要包括以下几项。

（1）物资出库前准备。包括货场货位、机械搬运设备、工具和作业人员的计划准备工作。

（2）核对出库凭证。

（3）备料出库。按出库凭证准备出库物资，并做好出库物资的包装和涂写标志工作。

（4）全面复核查对。货物备好后，在出库前，再做一次全面的复核查对，主要包括物资品名、规格是否相符；物资数量是否准确无误；出库物资应附的技术证件和各种凭证是否齐全；包装质量如何等。

（5）交接清点。备料出库物资，经过双方清点核对无误后，即可办理清点交接手续。

项目 4-3　现场管理

现场一般是指作业场所。纺织生产现场是指从事纺织品生产的场所，包括生产车间和各辅助部门的作业场所，如库房、实验室、锅炉房等。

企业要降低生产成本，按期将产品交付给消费者，以及产品质量要达到消费者期望的要求，这一切都要在生产现场实现。生产现场是生产信息产生的场所，生产进度、消耗、工人工作状态、原辅材料状况，只要到生产现场，就一目了然。生产现场也是问题产生的场所，有的企业提出"向生产现场要效益"就是这个道理。生产现场是生产活动的第一线，许多问题、隐患都来自生产现场，如果能把生产现场管理好，生产效率就会提高。所以现场管理是生产管理的重要内容。

一、生产现场管理
（一）生产现场管理的概念和任务
1. 现场管理的概念 所谓生产现场管理，就是运用科学的管理原理、管理方法和管理手段,对生产现场的各种生产要素进行合理配置与优化组合,以保证生产系统目标顺利实现。

2. 现场管理的任务 现场管理的任务主要是合理组织各生产要素,即人、机、料、法、环和信息,使之有效地实现最优化组合,并经常保持良好的运行状态。生产现场管理的优劣直接影响到产品的成本、质量、交货期。

(二)生产现场管理的基本内容和要求

1. 生产现场管理的基本内容 生产现场管理是生产第一线的综合性管理,是企业管理水平的直观反映,其基本内容主要包括三个方面,即工序管理、物流管理和环境管理。

(1)工序管理。工序管理是按照工序专门技术的要求,合理配备和有效利用生产要素,并把它们有效地结合起来发挥工序的整体效益,通过品种、质量、数量、日程、成本的控制,满足市场对产品要素的要求。

工序管理的关键是对工序所使用的劳动力设备、原材料的合理和有效利用。其中,对劳动力的管理要根据工序对工种、技术水平、人员数量的要求,择优选用、优化组合,职工应培训后上岗,上岗后要严格遵守操作规程和劳动纪律;对设备、工艺装备的管理是要保证其完好、齐全;对原辅材料、零部件的管理是要保证及时供应,质量符合要求。

(2)物流管理。物流管理是主要对企业内部生产加工这一阶段的物流进行管理,其内容主要是根据生产组织形式,认真进行工厂总平面布置和车间布置,对各个生产环节和工序间的生产能力进行平衡,合理制订在制品定额,降低在制品占有量,减少流动资金占用量,降低物流成本,使各工序生产保持连续性、比例性、均匀性。

(3)环境管理。环境管理指对现场空间的管理,即在企业内创造一个安全、文明、有序、美好、舒适的环境。一般指安全生产、文明生产和定置管理。

2. 生产现场管理的基本要求

(1)物流有序。物流有序要求生产流程井然有序地进行,使生产活动保持连续性、比例性、均匀性、均衡性。

(2)生产均衡。生产均衡要求工艺布局、劳动组织合理,生产条件准备充分,按工艺流程、期量有节奏地进行生产。

(3)设备良好。设备完好要求遵守设备操作、维护、检修规程,各类设备保持完好、整洁。

(4)信息准确。信息准确要求对各种原始记录、台账、报表的填写要符合规范,字迹工整,数字准确,传递及时等。

(5)纪律严明。纪律严明要求规章制度、工艺规程、操作规程和安全规程等齐全、合理并得到严格执行,员工持证上岗,严格遵守劳动纪律。

(6)环境整洁。环境整洁要求对各种设备、物品进行定置管理,工厂和车间地面整洁,道路畅通,标记明显,生产环境达到作业要求,环卫符合国家规定,消除现场"脏、乱、差"状况,保持文明整洁的生产环境。

通过生产现场管理,可以形成良好的生产现场。生产现场管理的方法主要有定置管理、5S活动和目视管理,下面分别进行介绍。

二、定置管理

(一)定置管理的概念

定置管理是对生产现场中的人、物、场所三者之间的关系进行科学的分析研究,使之达到最佳结合状态的一种科学管理方法。定置管理是以生产现场为研究对象,通过整理、整顿,把与生产现场无关的物品清除干净,把需要的物品放在规定的位置,以物品在场所中的科学定置为前提,以定置的信息系统为媒介,使各生产要素有机结合,达到生产现场管理的科学化、规范化和标准化。

(二)定置管理的原则和实施程序

1. 定置管理的原则　定置管理有如下原则:

(1)定置必有图。即在开展定置管理时,必须有定置图来辅助进行。

(2)有图必有物。要把生产现场存在的各种物品都反映在定置图上。

(3)有物必有区。划区进行管理堆放,区域明确。

(4)有区必挂牌。发挥信息媒介的作用,让各区都有鲜明标志,并使信息标准化,标牌的颜色、规格、文字、数字的字体大小,全厂要统一规定。

(5)有牌必挂牌。将同一类别的物品放在各自一定的区域内,按类存放,不能乱放,做到各就各位,并且不能占用通道。

(6)账(图)物一致。各类台账或定置图与实物一致。

2. 定置管理的实施程序　定置管理的实施主要经过准备阶段、设计阶段、实施阶段和巩固提高阶段四个阶段。

(1)准备阶段。成立组织,明确职责。制订定置管理标准,发动群众实施管理工作,组织定置管理的考核、奖惩,协调解决在定置管理工作进行中出现的重大问题。

(2)设计阶段。设计阶段是定置管理的关键阶段,设计的好坏,会直接影响到定置管理的效果,生产现场中人、物、场所的结合状况,其内容包括以下三方面。

①现场调查,分析问题,制订工作计划。

②制订定置标准。

③绘制定置图。

(3)实施阶段。这一阶段要依靠全体员工整理、整顿生产现场,把生产现场无用的物品清除干净,将有用的物品严格按定置标准、定置图规定进行科学定置,在实施过程中,还要不断地自查验收,反复对照定置标准、定置图,高标准地完成定置管理任务。

(4)巩固提高阶段。保证定置管理工作长期有效地坚持下去,还要开展经常性教育工作,让这种意识永久地留在员工头脑中,尽可能地形成自觉行为。另外还要坚持开展日常考核工作,推进定置管理的持续进行。

三、5S 管理

(一)5S 管理的来源与定义

5S 管理是指对生产现场各生产要素(主要是物的要素)所处的状态不断地进行整理

（seiri）、整顿（seition）、清扫（seiso）、清洁（seiketsu）、提高素养（shitsuke）的活动。此5个词日语中罗马拼音第一个字母都是"S"，所以简称5S活动。5S活动起源于日本，指的是在生产现场中对人员、机器、材料、方法和环境等生产要素进行有效的管理的方法。1955年，日本5S的宣传口号为"安全始于整理整顿，终于整理整顿"，当时只推行前2S。其目的仅为了确保作业空间和安全，后因生产控制和品质控制的需要，而逐步提出后续3S。即"清扫、清洁、提高素养"，从而其应用空间及使用范围进一步拓展。1986年，首本5S著作问世，从而对整个日本现场管理模式起到了冲击作用，并由此掀起5S热潮。

日本企业将5S活动作为工厂管理的基础，使企业的经济效益有了明显的提高，为日本后来成为经济大国奠定了基础。5S活动对于塑造企业形象、降低成本、准时交货、安全生产、严格的标准化、完美的工作场所等现场改善方面的巨大作用逐渐被各国管理界所认识。随着世界经济的发展，5S现已成为各国工厂管理的一种重要管理方法。

5S引进中国后，据企业进一步拓展的需要，有的企业在原5S的基础上增加了安全（safety）形成6S，有的企业加上节约（save）形成7S。也有的企业加上习惯（syukanka）、服务（service）及坚持（shikoku）形成10S。但是，最根本的还是5S。

（二）推行5S管理的目的和作用

1. 推行5S管理的目的

（1）提高工作和生产效率。良好的工作环境和工作气氛、物品摆放有序可使员工工作积极性高，效率也自然提高。

（2）改善产品的品质。优良的品质来自良好的工作环境，不断优化工作环境能保证设备的性能和效率，提高产品的品质。

（3）保障企业安全生产。如果工作场所井然有序，生产事故的发生率就会降低。

（4）减低生产成本。实施5S后，能减少各类浪费，从而降低生产成本。

（5）缩短生产周期，确保交货期。由于提高了工作和生产效率，改善了产品的品质，因此缩短了生产周期，确保了交货期。

（6）改善了员工的面貌，提高了企业的形象。

2.5S管理的作用 有些教材里把5S的作用归纳为八个"零"即亏损为零、不良为零、浪费为零、故障为零、切换产品时间为零、事故为零、投诉为零、缺勤为零。实践证明，企业通过5S管理，往往能够快速成长，而且能够使投资者、客户、雇员、社会四方面都满意。

（三）5S管理的内容

1. 整理（seiri） 整理是指明确区分完成工作必要与不必要物品，丢弃或处理不必要的物品，管理必要的物品，并将必要的数量降到最低程度，放在一个方便的地方。它是一个永无止境的过程。

（1）整理的原则。整理必须按下列原则进行。

①环境必须没有垃圾。

②不应有不属于现场所使用的物品。

③明确每一项物品的用处、用法、使用频率，据此加以分类。

④将不要的物品清除后,留下的物品一定要编制成册。

(2)整理的作用。整理的作用较多,主要体现在以下几方面。

①改善和增大作业面积。

②现场无杂物,道路畅通、提高工作效率。

③减少磕碰的机会,保障安全,提高质量。

④消除管理上的混放、混料等差错事故。

⑤有利于减少库存,节约资金。

⑥使职工心情舒畅,工作热情高。

(3)推进整理的步骤。推进管理包括如下三个步骤。

①现场检查。

②区分必需品和非必需品。

③清理非必需品。

2. 整顿(seition) 所谓整顿就是将必需之物分门别类放置,进行标识、定置和定位,使其容易取放,使任何人都能立即了解其位置。其目的是让物品各安其位,可以快速、正确、安全地取得所要的物品,实现寻找零时间,使工作更有效率。这项工作深入下去,就是"定置管理"。

通过整顿应达到以下要求。

(1)合理规划现场空间和场所。在清理的基础上合理规划现场的空间和场所,并按规划安顿好必需的每一样物品。

(2)物品摆放地点要科学合理。科学地设计物品摆放地点与作业点的距离,按使用频率高低的顺序摆放,常用的放近些,偶尔使用或不常用的则应放远些。

(3)物品摆放要做好必要标识。物品要按一定的规则进行定量化摆放,过目知数,不同物品采用不同的色彩和标记。

3. 清扫(seiso) 清扫是指清除工作场所内的脏污,使岗位及四周无垃圾、无灰尘、干净整洁,将设备保养到光洁完好状态,消除污染源,防止污染的发生,持续改进。

清扫又可称为点检,员工在清扫时,可以发现许多不正常的地方。如果机器布满灰尘、碎粉、碎屑或由排水、排烟和排气带来的污垢,就难以发现潜在的问题。反之,在清扫机器的时候,作业员工就能轻易地检查出漏油之处、外盖裂痕或者是螺丝松动之处,从而排除故障。

清扫过程中要注意以下问题。

(1)自己使用的物品自己扫,清扫时间可以是每天开始作业前或结束作业后几分钟,或者是每周、每月一次几十分钟。清扫工作不是由特定人员来承担,而是每个员工自主进行的工作。

(2)对机器设备、工具、模具、量具的清扫,着眼于对它们的维护保养。

(3)清扫是为了改善,发现缺陷及时改进。

4. 清洁(seiketsu) 清洁不单是干净、整洁的意思,而且是指维护和巩固前三项活动而获得的成果,将整理、整顿和清扫实施责任化、制度化和规范化,长期保持生产现场任何时候的整齐、干净,并防止污染源的产生,创造一个良好的工作环境,使职工能愉快地工作。

5. 素养(shitsuke) 素养即教养,指努力提高人员素质,养成自觉严格遵守规章制度的习惯和作风,形成企业文化。素养是5S管理的核心,没有人员的高素质,各项管理就不能顺利开展,即使开展了也坚持不了,所以开展5S管理始终要着眼于提高人员素质。

前面四个阶段,都有各自遵守的手册与规定,到了素养阶段则需要培养全员改善的责任,让每一个人自动自主地不断改善。

5S管理开展起来比较容易,可以搞得轰轰烈烈,也能取得一定的效果,但要一贯坚持、不断优化就不太容易,素养不是一朝一夕所能够养成的,应耐心、反复地进行教育。同时我们必须认识到,开展5S管理一定要全体员工参与进来,强调员工的自觉参与,而不是被动要求员工完成。5S管理是一个按整理、整顿、清扫、清洁、提高素养的顺序依次进行、不断循环的过程,其核心是提高素养,每经过一轮循环,素养就得到一次提高,如此循环往复,使企业的素养得到不断的提高,形成团队精神和企业文化。

四、目视管理

(一)目视管理的概念

目视管理是指针对眼睛观察的情况,及时调整行动、方式、方法来进行现场管理。目视管理是一种管理手段,尽量让各种管理状况"一目了然""一看便知",全体员工容易明白,易于遵守,减少差错。简单易行,效果显著,在纺织企业广泛使用,用于对物品、作业、设备、品质、安全等方面的管理。

(二)目视管理的作用

1. 目视管理可以让问题和异常暴露出来 生产现场的运行状态有两种情况,一种是正常状态,另一种就是异常状态。生产现场中每天都会发生各种不同的异常情况,要发现和排除这些异常状态,在管理过程中可以通过目视管理,标示出"正常状态",一旦达不到此状态就意味着异常,存在问题,这样可及早发现,早做处理。纺织企业的目视管理运用于原料、设备、操作、工艺、温湿度和班组管理等各方面。

2. 目视管理可使管理人员快速获得生产现场信息 一般企业大部分现场生产的信息是逐一向上传送的,要经过一段时间后才到达最高管理人员,在逐级传送过程中,信息会越来越失真,偏离真实情况。然而在实施目视管理的场所,管理人员只要一走进现场,通过眼睛观察就能正确地把握企业的生产现场运行状况,判断工作的正常与异常,就能看出问题的关键所在,而且可以在当时、当场下达指示命令,提高工作效率。

(三)目视管理的应用

1. 纺织品定置的目视管理 纺织品的目视管理是对工具、容器、专用设备、备用零件、原材料、在制品、成品等各种物品进行管理。目视管理的目标就是知道"什么物品、在哪里、有多少"及"必要的时候,必要的物品,无论何时都能快速地放入取出"。

为了达到上述目标,进行目视管理时首先要明确各物品的不同名称(代号)和用途,用一定的分类标志加以标示,如用各种带颜色的标示物、标示牌;其次决定物品的放置场所,可采用标识和划分不同颜色的区域线加以区分;再次考虑物品的放置方法要方便放入和取出,符合先入先出的原则;最后还要标志出每一种物品的合理数量,尽量使生产现场既保存足够的数量又防止缺货。作出一系列标示后,就可以使生产现场物品的状况一目了然,一清二楚。

2. 运转操作的目视管理　通过运转操作的目视管理,能容易地了解车间生产现场原料使用管理状况、交接班状况、清整洁状况、容器使用和管理、回花下脚及疵零布的管理、固定供应状况、品种翻改和操作管理状况、轮班管理和生产计划执行状况、产品质量管理状况、空调和设备运行状态及是否有异常情况发生。作业的目视管理要注意以下两点。

(1)了解作业计划进度,利用一些图表或管理板来检查实际进度与计划是否一致。

(2)掌握原料、设备、操作、工艺、温湿度、产品质量和班组管理的现场标准,能正确判断显示出的异常。

3. 设备的目视管理　设备的目视管理是以能够正确、高效地实施清扫、加油、检修等日常保养工作为目的,以求达到设备的"零"故障目标。

设备的目视管理要做到清楚明了表示出应该进行维护保养的机器部位,如锭子、罗拉等;标示出计量仪器的正常范围、异常范围;通过目视设备的运转状态发现设备的异常,如设备磨损异常、维护保养不到位、工艺调整不到位等。

4. 产品质量的目视管理　品质的目视管理可有效地防止一些人为影响因素,提高产品质量。纺织企业流水线生产中,原料、设备、操作、工艺、温湿度和管理都影响产品质量。

产品质量的目视管理要做到纺织原料和半成品及在制品按工艺管理要求使用和管理、发现成品质量反映出的质量问题、工人按操作规程操作及质量把关等。可以将产品按合格品与不合格品分开摆放,用标识或专区存放加以区分,合格还是不合格一目了然。

5. 安全的目视管理　安全的目视管理是将不安全的事、物予以暴露,刺激人的视觉,提高人的安全意识,防止发生事故、灾难。

安全的目视管理要做到以下几点。

(1)设备的安全防护到位。各工种的安全操作规程要上墙,电器设备的接地要有明显的标志,高温、低温、高压、禁火、坑洞、地面凸出物、轨道、烟尘、有机溶剂、高空掉落物、车道等危险区域要加以危险标示;设备靠近走道的凸出部分、外露齿轮等要有防护网罩。

(2)操作者用劳动防护用具时,防护要到位(如电工的绝缘防护),工人按安全操作规程操作。

(3)安全色和安全标志使用正确。

①安全色。安全色是表达安全信号的颜色,表示禁止、警告、指令、提示等意义。应用安全色使人们对威胁安全和健康的物体和环境快速作出反应,以减少事故的发生。安全色用途广泛,如用于安全标志牌、交通标志牌及电器部位等。安全色应用红色、蓝色、黄色、绿色四种,其含义和用途见表4-1。

表4-1　安全色含义及用途

安全色	相应对比色	含义	用途举例
红色	白色	禁止	禁止标志:机器和设施禁止人们触动的部位
		停止	停止信号:机器、车辆上的紧急停止手柄和按钮
		红色也表示防火	

续表

安全色	相应对比色	含义	用途举例
蓝色	白色	指令,必须遵守的规定	指令标志:如必须佩戴个人防护用具交通指示牌上指引行人和车辆行驶方向的指令(只有与几何图形同时使用时才表示指令)
黄色	黑色	警告 注意	警告标志:如当心火灾,行车道中线
			警戒标志:如危险机器和坑池边周围的警戒线
绿色	白色	提示,安全状态通行	提示标志:车间内安全通道,行人和车辆通行标志,消防设备和其他安全防护设备的位置

②安全标志。安全标志是由安全色、几何图形和形象符号构成,用以表达特定的安全信息,是一种国际通用信息。使用安全标志的目的在于提醒人们注意不安全的因素,防止事故的发生,起到保障安全的作用。安全标志分为禁止标志、警告标志、指令标志和提示标志四类。纺织企业常见的消防安全标志如图4-4所示。

(a) 禁止标志 (红色)

(b) 警告标志 (黄色)

(c) 指令标志 (蓝色)

(d) 提示标志 (绿色)

图 4-4 纺织企业常见的安全标志

项目 4-4 安全管理

纺织企业分工复杂,从业人员多而杂,作业环境普遍有待改善,安全生产管理任务繁重。且随着我国经济体制改革的深化和企业经营体制的转变,纺织企业的管理模式同其他行业一样,已经发生了明显变化,企业的安全管理工作出现了许多新情况、新问题,有的已成为企业当前安全管理工作中的难点。加强安全教育、增强职工安全意识、消除各种安全隐患,是纺织企业搞好经营管理、完成各项目标任务的重要前提。本模块主要介绍了安全管理的基本内容和制度,"安全第一、预防为主"的生产管理思想。

一、安全管理的内涵

1. 安全管理的概念 安全管理是纺织生产管理的一项重要的内容,它是指安全生产、安全经营所进行的决策、计划、组织、指挥和控制等方面的活动。其主要运用现代安全管理原理、方法和手段,分析和研究各种不安全因素,从技术上、组织上和管理上采取有力的措施,解决和消除各种不安全因素,保护员工在生产经营中的安全和健康,防止事故的发生,保护财产不受损失,确保生产经营的正常运行。它关系到企业经营状况的好坏和企业整体形象,是企业发展的一项重要工作。

2. 安全管理的基本原则 安全管理有以下基本原则:

(1)管生产的同时必须管安全。安全管理是生产管理的重要组成部分,在实施过程中,安全与生产存在着密切的联系,存在着进行共同管理的基础。

(2)坚持安全管理的目的性。有效地控制人的不安全行为和物的不安全状态,消除或避免事故,达到保护劳动者安全与健康的目的。

(3)必须贯彻预防为主的方针。即"安全第一、预防为主"。

(4)坚持"四全"动态管理。即生产活动中必须坚持全员、全过程、全方位、全天候的动态安全管理。

(5)安全管理重在控制。对生产因素状态的控制,与安全管理目的关系更直接,显得更为突出。因此,对生产中人的不安全行为和物的不安全状态的控制,是动态的安全管理的重点。

(6)在管理中发展、提高。适应变化的生产活动,消除新的危险因素,不间断地摸索新的规律,总结管理、控制的办法与经验,指导新的变化后的管理,从而使安全管理不断地上升到新的高度。

(7)安全管理要做到"四到位"。即认识到位、责任到位、措施到位、督察到位。

3. 安全管理的基本内容 纺织企业安全管理其实就是一个安全管理标准化建设,强化安全生产基础,建立安全生产长效机制,做到安全管理标准化、设施设备标准化、作业现场标准化和作业行为标准化,不断提高企业本质安全水平。具体说来,安全管理是从战略到战术、从宏观到微观、从全局到局部,作出周密的规划协调和控制,以及安全管理的指导方针、规章制度、组织机构,对职工的安全要求、作业环境、教育和训练、年度安全工作目标、阶段工作重点、安全措施项目、危险分析、不安全行为、不安全状态、防护措施与用具、事故灾害的预防等。具体有四点:一是编制安全劳动保护措施计划,二是制订和贯彻安全规章制度,三是开展安全教育,四是进行事故管理。纺织企业的生产设备设施或作业场所安全管理的具体内容如下。

（1）所有可能发生机械伤害的机械设备危险部位以及所有可能发生烫伤的蒸汽管道、箱体、排气装置等设备或装置均应当装设齐全、完整、可靠、有效的安全防护装置和安全标志。

（2）纺织专用设备设施应当具备齐全、完整、可靠、有效的安全防护、连锁、信号、报警、保险等装置，做到有轴必有套、有轮必有罩、有轧点必有挡板、有特危必有连锁，有洞必有盖，有台必有栏。

（3）各类用电设施、设备或者场所，应当采取保护措施，并在配电设施、设备装设防水、防潮、防漏电和漏电保护装置，并有效接地。

（4）凡是能够产生静电引起爆炸或火灾的工序、设备、容器或场所，必须设置消除静电的装置，并对易产生静电的部位、静电消除器及静电接地状况进行定期检测，并及时将检测结果整理归档。

（5）纺织企业原料、成品储存库房要符合消防管理规定，库区和库内应设置足够的消防设备和器材。麻纺织工厂严禁设置地下或半地下麻库，其他各类仓库要符合仓库防火安全管理规则及有关安全管理规定，达到防火等要求。

（6）纺织企业的防火、防爆条件或措施，应符合现行国家标准《建筑设计防火规范》（GB 50016）、《爆炸和火灾危险环境电力装置设计规范》（GB 50058）和纺织企业有关防火防爆标准的规定。

（7）涉及可燃性粉刺爆炸危险的场所、设施、设备采用惰化、抑爆、阻爆、泄爆等措施防止粉尘爆炸，现场管理措施和条件符合《粉尘防爆安全规程》（GB 15577）等国家标准或行业标准的要求。

（8）纺织企业的燃气站、除尘器、压力容器、压力管道、电缆隧道（沟）、原料及成品仓库等重点防火防爆部位，采取有效、可靠的监控、监测、预警、防火、防爆、防毒等安全措施。安全附件和连锁装置不得随意拆弃和解除，声、光报警等信号不得随意切断。

（9）纺织企业应当在有危险因素的场所和有关设施、设备上设置明显的安全警示标志，张贴安全操作规程。

（10）应当定期对安全设备设施和安全防护装置进行检查、维护、校验，并做好记录。对超过使用年限或不满足使用要求的，及时予以报废或改造。对于特种设备以及储存危险化学品的容器、运输工具，要按国家有关规定进行定期检测、检验和维护。未经检验检测或检验检测不合格的特种设备禁止使用。

（11）纺织企业原料及成品仓库必须符合建筑设计防火规范的要求，并应与生产、生活区分开设置。新建、改建、扩建原成库以及在库区附近新建的建筑物，必须经公安消防监督机关批准和验收，否则不得施工和交付使用。纺织企业仓库内的电气装置和使用的设备必须符合国家规定的《电气装置安全工程施工及验收规范》。

（12）纺织企业生产、储存、使用危险物品的车间和仓库周边的安全防护应符合国家有关规定，不得与员工宿舍在同一座建筑物内，与员工宿舍保持规定的安全距离。

纺织企业生产作业场所和员工宿舍应当设有符合紧急疏散通道、标志明显、保持畅通的安全出口，不得以任何理由和任何方式封闭生产场所的疏散通道或堵塞员工宿舍的安全出口。

（13）纺织企业涉及生产、存储和使用危险化学品的，必须符合《危险化学品安全管理条例》

和国家有关安全生产的法律、法规、标准和相关行政规章要求,根据危险化学品的种类和特性,在生产、存储和使用场所采取相应的安全监测监控和防护措施。

纺织企业严禁从业人员佩戴手套操作纺织专用设备旋转部位,严禁不佩戴专用防护用品接触腐蚀性、危险性的部位进行操作,严禁在设备运转未停妥时处理机械故障。

二、安全生产

(一)安全生产方针

安全生产指在劳动生产过程中,要努力改善劳动条件,克服不安全因素,防止伤亡事故的发生,使劳动生产在保证劳动者安全健康和国家财产安全的前提下顺利进行。2002年6月通过的《中华人民共和国安全生产法》(下简称《安全生产法》)第3条规定"安全生产管理,坚持安全第一、预防为主的方针"。也就是说当生产与安全发生矛盾时,生产要服从安全,坚决杜绝冒险作业,克服侥幸心理,宁肯停产不冒险。要实现安全生产,就必须加强管理,采取有效措施,消除事故隐患,要在预防上下工夫,才能收到"安全第一"的效果。

(二)劳动保护

劳动保护是根据国家法律、法规,依靠技术进步和科学管理,采取组织措施和技术措施,消除危及人身安全健康的不良条件和行为,防止事故和职业病,保护劳动者在劳动过程中的安全与健康。内容包括劳动安全、劳动卫生、女工保护、未成年工保护、工作时间和休假制度。

(三)个人防护

个人防护是指职工必须按规定和要求合理应用劳动防护用品。劳动防护用品是指劳动者在劳动过程中为免遭或减轻事故伤害或职业危害所配备的防护装备。劳动防护用品分为一般劳动防护用品和特殊劳动防护用品。

特殊劳动防护用品是经国家认定的生产中必不可少的职工个人特殊劳动防护用品,它必须根据特定工种的要求配备齐全,并保证质量。包括安全帽、安全带、绝缘护品、防毒面罩、防尘口罩、耳塞等。

对特殊劳动防护用品应当建立定期检验制度,不合格的、失效的一律不准使用。

发放防护用品应按照"三同"(同工种、同劳动条件、同标准)原则执行。无论是实习生、临时工、轮换工、多工种工人,还是深入生产现场的管理人员,都应在"三同"条件下发放或借给。

(四)安全操作规程

安全操作规程是工人操作机械、电气设备、调整仪器仪表以及从事其他作业时必须遵守的程序和注意事项。安全操作规程一经颁布,必须认真贯彻执行,不得随意违反。安全操作规程主要包括岗位安全技术知识和注意事项、正确使用个人防护用品的方法、预防事故的紧急措施、设备维修与保养和其他五个部分。

三、安全管理制度

我国现行的安全生产管理体制是行业管理,企业负责,国家监察,群众监督,劳动者遵守。其安全生产制度的主要内容有安全生产责任制、安全生产教育制度、安全生产检查制度、安全生产监察制度四个部分。

（一）安全生产责任制

1. 安全生产责任制的概念 纺织企业安全生产责任制是企业中最基本的一项安全制度。它根据"管生产必管安全"的原则,综合各种安全生产管理、安全操作制度,对企业各级领导、各职能部门、有关工程技术人员和生产工人在生产中应负的安全责任作出明确的规定。

2. 安全生产责任制的地位 纺织企业安全生产责任制在整个安全生产规章制度中处于核心地位,是一个中心环节。所有规章制度中的各种要求,只有通过安全生产责任制,才能分解到各岗位的工人、各级领导、各横向职能部门及其工作人员身上。安全生产责任制与企业奖惩制度的结合,使安全生产责任制的贯彻有了保证。

3. 主要负责人的安全生产责任 《安全生产法》明确规定生产经营单位主要负责人对本单位安全生产全面负责;建立健全安全生产责任制;组织制订安全生产规章制度和操作规程;保证安全生产投入;督促检查安全生产工作,及时消除生产安全事故隐患;组织制订并实施生产安全事故应急救援预案;及时如实报告生产安全事故。

（二）安全教育制度

1. 安全教育制度的概念 纺织企业安全教育制度是企业安全管理制度中一项重要的管理制度。企业通过安全教育制度的实施,使全体职工牢固树立安全第一的思想,掌握必要的安全知识和技能,确保安全上岗。

2. 安全教育的内容和形式 安全教育的主要内容有安全思想和安全意识教育、遵纪和守法教育、安全技术和安全知识教育、安全技能和专业工程技术训练等。

安全教育的主要形式有公司各级经理和管理人员的安全教育、生产岗位员工安全教育、外来人员安全教育、安全活动、日常安全教育和特殊安全教育等。

3. 职工安全培训 《安全生产法》明确规定了生产经营单位从业人员必须经过安全生产教育和培训;未经安全生产教育和培训的,不得上岗作业。生产经营单位主要负责人和安全生产管理人员必须具备相应的安全生产知识和管理能力,生产经营单位的特种作业人员必须经过专门培训,取得特种作业操作资格证书,方可上岗作业。

纺织企业应当定期对从业人员进行安全生产教育和培训,保证从业人员具备必要的安全生产知识,了解有关的安全生产法律法规,熟悉规章制度和安全技术操作规程,掌握本岗位的安全操作技能。

纺织企业应当对新录用、季节性复工、调整工作岗位、离岗半年以上重新上岗的从业人员进行安全生产教育和培训。纺织企业在新工艺、新技术、新材料、新设备投入使用前,应当对有关操作岗位人员进行专门的安全教育和培训。未经安全生产教育培训合格的从业人员,不得上岗作业。

（三）安全检查制度

1. 安全检查的概念 安全检查是指对生产经营作业现场的不安全因素或事故隐患的检查,以达到如下两个目的:一是查出事故隐患和不安全因素,然后组织整改,消除隐患,做到防患于未然;二是了解企业安全生产管理状况,发现生产现场的不安全行为以及潜在的职业危害,并采取措施及时纠正,改善劳动条件,防止伤亡事故和职业病的发生。

2. 安全检查的内容与形式 安全检查的主要内容包括思想、制度、纪律、隐患、措施等的检查。

安全检查要坚持"五同时"的原则,即在生产经营计划、布置、检查、总结、评比的同时计划、布置、检查、总结、评比安全工作。

企业安全检查的形式主要有经常性的安全检查、定期性的安全检查、专业性的安全检查和日常安全检查等,检查的对象主要是人、物、环境、管理四因素,企业安全检查发现的隐患要立即整改。如纺织企业的日常检查包括定期对作业场所、仓库、设备设施、从业人员持证、劳动防护用品配备和使用、危险化学品管理情况进行检查,对检查中发现的问题应当立即整改;不能立即整改的,应当制订相应的防范措施和整改计划,限期整改。检查应当做好记录,并由有关人员签字。

对查出隐患不能立即整改的,要建立"登记整改检查消项制度",要坚持定整改项目、定完成时间、定整改负责人。

在隐患没有消除前,必须采取可靠的防护措施,如有危及人身安全的紧急险情,应立即停止作业。

(四)安全监察制度

1. 安全监察概念 安全生产监督制度是安全管理部门及其监督检查人员对纺织企业安全生产的监督检查,对违反有关安全生产、职业健康法律、法规、规章、强制性标准和本规定的违法行为,依法实施行政处罚的管理方法。

2. 安全监察 地方安全生产监管部门应当将纺织企业纳入年度执法工作计划,明确检查的重点企业、关键事项、时间和标准,对检查中发现的重大事故隐患实施挂牌督办。

纺织企业集中的地方安全生产监督管理部门每年至少开展一次纺织企业安全专项执法检查,并结合实际经常开展纺织企业安全生产暗查抽查工作。

3. 安全监察人员的能力要求 安全生产监督管理部门应当对监督检查人员加强纺织制造方面的专业知识培训,并提高其行政执法能力。

执法人员在现场执法过程中应按规定佩戴必需的防护装备,避免不安全事故,并做好检查的文字、图片、音像等资料记录,进入危险作业地点、环节检查时,必须遵守安全生产有关法律、制度和规定要求。

项目 4-5 环境管理

一、环境与可持续发展

(一)环境和环境问题

环境是指影响人类生存和发展的各种天然的和经过人工改造的自然因素的总体,包括大气、水、海洋、土地、矿藏、森林、草原、野生生物、自然遗迹、人文遗迹、自然保护区、风景名胜区、城市和乡村等。环境是一个有机整体,并保持着一定的动态平衡。

现代工业文明给人们带来效益、舒适的同时,也给人们的生存带来了负面影响,突出的问题,一是环境问题,二是健康与安全问题。环境问题是指由于自然或人为活动使环境发生变化,从而带来不利于人类的结果。环境问题可分为环境污染与生态环境破坏两类。全球性环境问题表现有如下几点。

(1)温室效应与气候变化。全球变暖,到 2050 年气温可能升高 5~10℃,海平面上升 1m多,起因主要是温室气体 CO_2 等的过量排放。

(2)臭氧层破坏。臭氧变薄,南极上空有臭氧空洞紫外线伤人,起因为氯氟烃(CFC)等。

(3)酸雨。pH 低于 5.6 的降水越来越多,腐蚀环境,起因为 SO_2、NO_2 等的过量排放。

(4)水资源危机。淡水缺少且被污染,淡水占总水量的 2.48%,每年 10 亿人因喝污水生病,约 300 万人死亡。

(5)生物多样化丧失。生物多样化丧失,每天灭绝一个物种,破坏生态系统,起因于捕杀与农药滥用。

(6)海洋生态危机。被污染的江河水归流海洋,从而污染海洋;海洋垃圾倾倒、危险废物泄漏,造成赤潮、鲸鱼集体自杀、海产品携带病菌、巨无霸毛蟹吃人、鱼类死亡。

(7)危险废物越境转移。破坏生态环境,损害发展中国家人的健康。

(8)城市环境问题。噪声、城市垃圾、汽车尾气、厨房油烟、热岛效应、城市整体下陷。

综上所述,环境问题是关系到人民生命安危的大问题,是关系到经济可持续发展的大问题,也是关系到社会稳定的政治性大问题。

(二)环境污染与可持续发展

1. 环境污染 环境污染是指人类活动产生的污染物或污染因素,进入环境的量,超过环境容量或环境自净能力时,就会导致环境质量恶化,出现环境污染。

2. 可持续发展 可持续发展是指满足当代人的需要,又不对后代人满足其需要的能力构成危害的发展。其包含两点含义:一是"需要",即发展必须满足世界上所有人的基本需求,并不断提高生活质量;二是"限制",即对环境满足当前和将来需求的能力加以限制,维护对自然资源的持续利用。

可持续发展是一种发展方式,这种发展方式包括两个重要的概念:一是促进环境保护与经济建设的协调发展;二是改变传统的生产方式与生活方式。为了人类和社会的可持续发展,人类必须进行环境管理。

二、环境管理

当今,在经济迅猛发展的同时也带来了资源枯竭、环境污染、生态失衡和企业社会责任丧失等诸多问题。纺织企业在其生存发展过程中也会造成一定的环境污染,环境管理已成为纺织企业管理的重要内容。

环境管理就是将环境与发展综合决策及微观执法监督相结合,运用经济、法律、技术、行政、教育手段,限制人类损害环境质量的活动,通过全面化规则使经济发展与环境相协调,达到既要发展经济满足人类的基本需要,又不超出环境的允许极限。

（一）纺织企业环境管理目标

纺织企业环境管理的主要目标有以下几个方面。

(1)全面规划、合理布局,正确处理发展生产与环境保护的关系,使两者互补促进,保证企业的可持续发展。

(2)加强治理,通过建立规章制度,给员工创造良好的生产与生活环境。

(3)积极采取措施节资降耗和废弃物综合利用,一方面可减少对环境的污染,另一方面可防止对自然资源的浪费和破坏,以避免或延缓资源枯竭危机的到来,利于自然资源的持续利用。

(4)通过开展环境科学技术研究和环境教育工作,为企业提供技术和人才,以利于生产的发展和环境保护工作的开展。

（二）企业环境管理的原则与体制

1. 企业环境管理的原则　企业环境管理有以下原则:

(1)环境与经济协调发展的原则。企业必须要把企业的经济活动和环境意识、环境责任联系起来,作为企业管理的重要目标,做到全员教育、全程控制、全面管理。

(2)符合国家和区域环境政策。企业必须遵守国家和企业的环境政策,包括环境战略要求、环境管理的总体目标和环境标准等规范。企业环境管理的目的是改善区域环境质量,因而企业环境管理必须符合区域环境规划的要求。

(3)"预防为主,管治结合"的原则。企业必须最大限度地控制和减少污染物的发生量,并且对排放的污染物进行达标排放的净化处理;推行清洁生产技术。

(4)综合运用各种手段的原则。企业要有效地运用技术、宣传、管理、经济等手段。其中,提高全员的环境意识和素质是企业环境管理的首要条件,依靠科技是企业环境管理的基础条件,健全组织和各种经济责任制是企业环境管理的保证条件。

2. 企业环境管理的体制　企业环境管理体制是指企业内部为了实施有效的环境管理,从企业领导、职能科室到各层单位,对其在环境管理方面的职权范围、责任分工、相互关系的结构和规定。

企业环境管理体制要体现如下特点:一是企业生产的领导者同时也必须是环境保护的责任者;二是企业环境管理要与企业生产经营管理紧密结合;三是中企业环境管理具有突出的综合性、全过程性及专业性等特点;四是企业环境管理的基础在基层。

（三）环境管理的内容

1. 组织全企业贯彻执行环境法规、方针和政策　国家和地方各级政府制定的各项环境保护方针、政策、法规、标准、制度和实施办法等都是实现环境目标的法律依据和措施。企业必须认真贯彻和实施,并结合自己的具体情况,制订出环境规划以及相应的专业管理制度和实施办法,以保证国家和地方政府的各项环境保护法规的要求得以贯彻实施。

2. 推进综合防治,减少和消除环境污染　治理企业现有的污染是环境保护管理工作中一项最重要的任务。坚持以防为主的原则,从改革生产工艺、原材料和产品结构入手,着眼于通过系统的综合防治来保证生产过程少排放或不排放废弃物和污染物。

3. 掌握企业的环境质量状况,监督环境质量的变化 随着生产工艺技术的进步和生产规模的扩大,企业排放的污染物日趋增多和复杂。要通过掌握企业污染物排放情况及其对环境要素和生态系统的影响程度,来预测环境质量的变化趋势,控制企业生产排污状况,满足环境保护的要求。

4. 控制新建、扩建、改建工程项目对环境的影响

(1)筹划立项阶段。环境管理的主要任务是妥善解决建设项目的合理布局,制订恰当的环境对策,选择有效地减轻对环境不利影响的措施。其主要内容如下。

①依据国家、政府或主管职能部门的政策和法律规定进行企业建设项目的环境保护审查。

②进行企业建设项目环境影响评价,把环境影响评价纳入到企业建设发展管理的全过程。

③在企业建设项目的环境审查和环境影响评价基础上,政府职能部门对企业建设项目的选址及污染防治措施等环境对策的实施原则,提出明确的审查意见。

(2)设计阶段。企业环境管理工作的中心任务是将建设项目的环境目标和环境污染防治对策转化成具体的工程措施和设施,进行环境保护设施的设计,一是在生产工艺设计中,要体现清洁生产和产品生命周期分析的思路,尽量选用高效率、少排污的先进工艺和设备,采用无害无毒或低害的原料路线和产品路线;二是在环保设施设计方面,要保证生产排放的污染物净化或处理效果达到排放标准,环境保护设施无害化、能长期稳定运行和综合利用。

(3)施工阶段。一是督促检查环境保护设施的施工,二是注意采取行之有效的防护措施。

(4)验收阶段。环境保护设施必须与主体工程一起进行验收,环境保护部门必须参与。

5. 组织开展环境教育和研究,创建清洁工厂 具体内容见企业清洁生产。

(四)企业清洁生产

1. 清洁生产的概念 清洁生产主要包括清洁的生产过程、清洁的产品和清洁的服务三方面的内容。对生产过程,要求节约原材料和能源,淘汰有毒原材料,削减所有废弃物的数量和毒性;对产品,要减小从原材料提炼到产品最终处置的全生命周期的不利影响;对服务,要求将环境因素纳入设计和所提供的服务中。

2. 清洁生产的内涵 清洁生产主要包括以下四方面含义:一是清洁生产强调预防;二是清洁生产的基本手段是改进工艺技术、强化企业管理,主要方法是排污审计和生命周期分析,用消耗少、效率高、无污染、少污染的工艺和设备替代消耗高、效率低、产污量大、污染重的工艺和设备;三是防止污染物的转移;四是清洁生产是生产者、消费者、社会三方面谋求利益最大化的集中体现。清洁生产是不断持续的过程。清洁生产与末端治理在环境治理的指导思想和效果上有很大的差别,其差别见表4-2。

表4-2 清洁生产与末端治理

项目	清洁生产	末端治理
指导思想	污染物消除在生产过程中,在生产和产品生命周期实行全过程控制	污染物产生后再处理,污染物达标排放控制
产生时代	20世纪80年代末期	20世纪70~80年代

续表

项目	清洁生产	末端治理
控制效果	比较稳定	受产污量影响处理效果
产污量	污染生成量明显减少,排污减少	可以削减污染排放
资源利用	资源消耗减少,资源利用率增加	资源消耗增加,资源利用率无显著变化
产品产量	增加	无显著变化
产品成本	降低	增加(治理污染费用)
经济效益	增加	减少(用于治理污染)
治理污染费用	减少	随排放标准严格,费用增加
污染转移	无	有可能
目标对象	全社会	企业及周围环境

3. 清洁生产的主要途径　清洁生产有以下主要途径:

(1)合理布局,调整和优化经济结构和产业产品结构,以解决影响环境的"结构型"污染和资源能源的浪费。同时,在科学划区和地区合理布局方面,进行生产力的科学配置,组织合理的工业生态链,建立优化的产业结构体系,以实现资源、能源和物料的闭合循环。

(2)在产品设计和原料选择时,优先选择无毒、低毒、少污染物原辅材料替代原有毒性较大的原辅材料,以防止原料及产品对人类和环境的危害。如积极采用如下禁用染化料的替代技术。

①逐步淘汰和禁用织物染色后在还原剂作用下,产生22类对人体有害芳香胺的偶氮型染料。

②严格限制内衣类织物上甲醛和五氯酚的含量,保障人体健康。

③提倡采用易降解的浆料,限制或不用聚乙烯醇等难降解浆料。

(3)改革生产工艺,开发新的工艺技术,采用和更新生产设备,淘汰陈旧设备。主要表现在如下节水工艺减少污染排放工艺方面。

①节约用水工艺。转移印花(适宜于涤纶织物的无水印花工艺)、涂料印花(适宜棉、化学纤维及其混纺织物的印花与染色)、棉布前处理冷轧堆工艺(适宜棉及其混纺织物的少污染工艺)等。

②减少污染物排放工艺。纤维素酶法水洗牛仔织物(适宜棉织物的少污染工艺)、高效活性染料代替普通活性染料(适宜棉织物的少污染工艺)、淀粉酶法退浆(适宜棉织物的少污染工艺)等。

(4)节约能源和原材料,提高资源利用水平,做到物尽其用。如纺织废品的回收利用、超滤法回收染料(适宜棉织物染色使用的还原性染料等)、丝光淡碱回收(适宜棉织物的资源回收及少污染工艺)、洗毛废水中提取羊毛脂(适宜毛织物的资源回收及少污染工艺)、涤纶仿真丝绸印染工艺碱减量、废碱液回用(适宜涤纶织物的生产资源回收及少污染工艺)等。

（5）开展资源综合利用,尽可能多地采用物料循环利用系统,如水的循环及重复利用。

（6）依靠科技进步,提高企业技术创新能力,开发、示范和推广无废、少废的清洁生产技术装备。

（7）强化科学管理,改进操作。

（8）开发、生产对环境无害、低害的清洁产品。

4. 清洁生产的工具

（1）清洁生产审计。清洁生产审计是对企业现在的和计划进行的工业生产进行预防污染的分析和评估,是企业实施清洁生产的前提和核心。包括对企业生产全过程的重点或优先环节、工序产生的污染进行定量监测,找出高物耗、高污染的原因,然后提出对策、制订方案,减少和防止污染物的产生。

清洁生产审计的总体思路是确定废弃物的产生部位、分析废弃物的产生原因、提出减少或消除废弃物的方案。

（2）生态设计。生态设计也称绿色设计或生命周期设计或环境设计,是指将环境因素纳入设计之中,从而帮助确定设计的决策方向。它要求在产品开发的所有阶段均考虑环境因素,从产品的整个生命周期减小对环境的影响,最终引导产生一个更具有可持续性的生产和消费系统。生态设计活动主要包含两方面含义,一是从保护环境角度考虑,减小资源消耗、实现可持续发展战略;二是从商业角度考虑,降低成本、减小潜在的责任风险,以提高竞争能力。

（3）清洁生产公告制度。清洁生产公告制度是指企业自愿申请,经清洁生产审计进行整改后,由国家权威部门验收。如符合标准,则由国家环保总局向全国公告其为清洁生产企业,同时公告其资源消耗和排污信息。

（4）产业生态学和生态产业。产业生态学是一门研究社会生产活动中自然资源的源、流和汇的全代谢过程,组织管理体制及生产、消费、调控行为的动力学机制、控制论及其与生命保障系统相互关系的系统科学。

生态产业是按生态经济管理和知识经济规律组织起来的基于生态系统承载能力、具有高效的经济过程及和谐的生态功能的网络型、进化型产业。它通过两个或两个以上的生产体系或环节之间的系统耦合,使物质、能量能多级利用、高效产出,资源、环境能系统开发、持续利用。

（5）循环经济。循环经济是对物质闭环流动型经济的简称,是以物质、能量梯次使用为特征的,在环境方面表现为低排放,甚至零排放。其基本含义包括通过废弃物或废旧物资的循环再生利用来发展经济,同时包含消费过程减少投入,实施清洁生产等内容。其目标是资源投入最少,排放废弃物最少,对环境的危害或破坏最小,产品功能具有延续性。循环经济要求以"减量化、再使用、再循环"为经济活动的准则（称为3R原则）。即减量化原则（reduce）要求用较少的原料和能源投入来达到既定的生产目的或消费;再使用原则（reuse）要求产品和包装容器能以初始的形式被多次使用;再循环原则（recycle）要求生产出的物品在完成其使用功能后能重新变成可以利用的资源而不是无用的垃圾。

（6）清洁生产诊断。清洁生产诊断是一种预防污染的、系统化和科学化的分析和评估程序,与清洁生产审计的不同在于,清洁生产诊断的分析和评估对象是国民经济计划的编制过程、政策的制定过程及区域或区域性组织。

清洁生产诊断是一套综合性很强的程序,其使用的手段包括生命周期评估、物料平衡、环境影响评价及情景模拟、方案对比等。

(五)纺织企业环境管理主要指标

1. 耗水量 百米布(吨纱)耗水量指生产100m布(或生产1t纱)所消耗的新鲜水量。

耗水量(t/百米布或吨纱)= 年生产消耗新鲜水量(t)/年产量(百米布或吨纱)

2. 废水产生量 废水产生量包括主要生产、辅助生产和附属生产的废水产生量。单位产品的废水产生量是在进入废水处理场之前一年的废水产生量之和除以一年的生产产量。

废水产生量(t/百米布或吨纱)= 年废水产生量(t)/年产量(百米布或吨纱)

3. 化学需氧量 COD 产生量或生物需氧量 BOD 产生量

(1)化学需氧量 COD 产生量。COD 产生量指生产过程排放废水中的 COD 的量,各个生产车间产生的废水在进入废水处理车间之前 COD 的测定值。其浓度监测方法采用重铬酸盐法(方法标准 GB 11914—89)。

$$COD 的浓度(mg/L) = \frac{\sum COD 的月平均浓度值(mg/L)}{12}$$

$$COD 年产生量(kg/n) = \frac{COD 的浓度(mg/L) \times 年废水产生量(吨)}{10^3}$$

(2)生物需氧量 BOD 产生量。BOD 产生量指生产过程排放废水中的 BOD 的量,各个生产车间产生的废水在进入废水处理车间之前 BOD 的测定值。

$$BOD 的浓度(mg/L) = \frac{\sum BOD 的月平均浓度值(mg/L)}{12}$$

$$BOD 年产生量(kg/n) = \frac{BOD 的浓度(mg/L) \times 年废水产生量(t)}{10^3}$$

4. 声音强度分贝 分贝是声强级的一个单位,用于表示声音的大小。适宜的生活环境不应超过45分贝,不应低于15分贝。根据国家噪声污染标准,城市各类区域环境噪声标准值见表4-3。

表4-3 城市各类区域环境噪声标准值

适用区域	昼间(分贝)	夜间(分贝)
特殊住宅区	45	35
居民、文教区	50	40
一类混合区	55	45
二类混合区、商业中心区	60	50
工业集中区	65	55
交通干线道路两侧	70	55

5. 粉尘浓度　粉尘浓度是空气污染的重要指标,指单位体积空气中所含粉尘的量。用质量浓度表示,单位为 mg/m³,用数量表示为粒/cm³。

$$粉尘浓度 = \frac{粉尘质量(mg)}{空气的体积(m^3)}$$

$$粉尘浓度 = \frac{粉尘颗粒数(粒)}{空气的体积(cm^3)}$$

(六)纺织污染管理

纺织企业污染管理是一项非常复杂的工作,根据不同的情况,排污、治污管理方式也不同。本教材从废水、噪声两个方面作介绍。

1. 废水污染管理

(1)纺织废水应根据棉纺、毛纺、丝绸、麻纺等印染产品的生产工艺和水质特点,采用不同的治理技术路线,实现达标排放。

(2)取缔和淘汰技术设备落后、污染严重及无法实现稳定达标排放的小型印染企业。

(3)纺织废水治理工程的经济规模为废水处理量 $Q \geq 1000t/$ 日。鼓励纺织集中地区实行专业化集中治理。

(4)纺织废水治理宜采用生物处理技术与物理化学处理技术相结合的综合治理路线,作为稳定达标排放治理流程。

2. 噪声污染管理

(1)规划时把生产区与居民区分开,把高噪声车间与办公室、宿舍分开,在车间内部,把噪声高的机器与噪声低的机器分开。

(2)研制先进设备,改进生产加工工艺,提高机械设备的加工精度和装配质量,使发声体变为不发声体,或者大大降低发声体的辐射声功率,如以无梭织机代替有梭织机。

(3)平时注意检修、保养,减少撞击和摩擦,正确地校准中心,做好动平衡,适当地提高机壳的刚度。

(4)建立绿化带。绿化不仅能改善企业的环境,而且一定密度和宽度的树木、草坪具有降低噪声的作用。

(5)把辐射噪声的管道引向上空或野外以改变噪声传播的方向。

三、环境管理国际标准体系 ISO 14000

(一)ISO 14000 产生的背景

20 世纪 80 年代起,美国和欧洲的一些企业为提高公众形象,减少污染,率先建立起自己的环境管理方式,这就是环境管理体系的雏形。1992 年在巴西的里约热内卢召开的"环境与发展"大会,1992 年在巴西召开环境问题首脑会议,102 位国家首脑参加,通过《里约环境与发展宣言》《21 世纪议程》《关于森林问题的原则声明》《气候变化框架公约》《生物多样性公约》,提出了"可持续发展战略"。1993 年 6 月,ISO 国际标准化组织成立了环境管理技术委员会(ISO/TC 207)。着手制定与实施一套环境管理国际标准,来减少人类活动所造成的环境污染,旨在节约资源,改善环境质量,促进社会可持续发展。

(二) ISO 14000 环境管理体系在纺织企业的实施

1. ISO 14000 标准采用情况 1996 年 9 月和 10 月国际标准化组织发布了环境管理体系规范及使用指南六个标准。我国于当年 12 月就将其等同转化为如下标准:GB/T 24001—ISO 14001《环境管理体系 要求及使用指南》;GB/T 24004—ISO 14004《环境管理体系 原则、体系和支持技术通用指南》;GB/T 24010—ISO 14010《环境审核指南 通用原则》;GB/T 24011—ISO 14011《环境审核指南 审核程序 环境管理体系审核》;GB/T 24012—ISO 14012《环境审核指南 环境审核员资格要求》;GB/T 24050—ISO 14050《环境管理 术语》。

2. ISO 14000 标准的推行情况

(1)全世界已有 100 多个国家实施了此标准,有数万家企业通过了 ISO 14001 标准的认证。

(2)中国 1997 年成立了中国环境管理体系认证指导委员会,28 个部门为委员单位,如环保局、技术监督局、经贸委等。

(3)2002 年 8 月国家认监委对环境管理体系认证实行统一管理。

(4)至 2003 年 12 月 31 日,中国已有 5064 家企业通过了环境管理体系认证。

(三) 实施 ISO 14000 标准的意义和要求

1. 对社会的意义

(1)有利于提高全社会的环境意识,树立科学的自然观和发展观。

(2)有利于提高人们的遵规守法意识,促进环境法规的贯彻实施。

(3)促进组织制定并实施以预防为主、从源头抓起、全过程控制的管理措施。

(4)促进组织对资源和能源的合理利用,有利于保护稀缺资源。

(5)有利于实现经济与环境协调统一,有利于实现可持续发展。

(6)有利于实现各国间环境认证的双边和多边互认,有利于消除技术和贸易的"绿色壁垒"。

(7)有利于推动经济由消耗高、浪费大、效率低、效益差的粗放式经营向集约化经营转变。

2. 对组织的意义

(1)获取国际贸易的"绿色通行证"。

(2)有利于提高员工的环保意识和守法的主动性、自觉性。

(3)有利于增进组织与周围居民、社区和相关方的相互了解,改善相互关系。

(4)树立组织的良好社会形象,提高组织信誉和知名度,减少来自政府的压力。

(5)有利于吸引投资,有利于产品销售和市场开拓,赢得市场机遇。

(6)改进产品性能,制造"绿色产品"。

(7)污染预防,环境保护。

(8)改革工艺设备,实现节能降耗,保证员工身心健康。

(9)减小环境风险,实现企业持续经营和发展。

总之,实施 ISO 14001 可取得良好的社会效益和经济效益,见表 4-4。

表 4-4 实施 ISO 14001 取得的效益

序号	企业名称	运行时间	经济效益(万元/年)	主要途径
1	北京松下公司	2 年	1500	工艺改进、加强节能管理、废物综合利用
2	科龙集团	1.5 年	659	加强节能管理、改进设备
3	美菱	1 年	600	优化设计、加强节能管理
4	苏州精细化工	1 年	4000	提高糖精收率
5	厦门松下音响	1 年	100	加强节能管理、提高包装材料利用率
6	嘉陵	6 个月	1320	降低原辅材料、废物综合利用
7	施贵宝制药	6 个月	316	包装改进、降低包衣过剩量 10%
8	海尔冰箱	2 年	1400	辅助材料节省 34.96%、单台冰箱生产能耗降低 27.60%
9	上海大众	1 年	1720	节能、提高材料利用率

3. 要求

(1)建立文件化的环境管理体系。

(2)制定环境方针,作出环境保护承诺。

(3)识别企业的环境因素,制定目标指标以改善环境状况。

(4)预防污染,持续改进,遵守法律法规。

(5)针对企业重要环境岗位,建立作业程序加以控制。

(6)注意各方面的信息沟通。

(7)对紧急突发事件,建立应急和响应计划。

(四)ISO 14000 标准介绍

ISO 14000 是国际标准化组织(ISO)为保护全球环境,促进世界经济持续发展,针对全球企业、政府部门、非营利团体和其他用户;汇集全球环境管理及标准化方面的专家,在总结全世界环境管理科学经验基础上制定并于 1996 年正式颁布的环境管理体系标准。涉及环境管理体系、环境审核、环境标志、生命周期评价等国际环境领域内的诸多焦点问题,其旨在指导各类组织(企业、公司)取得和表现正确的环境行为。减少现代工业对社会造成的负面影响,以维护全球生态平衡。该 ISO 14000 系列标准共预留 100 个标准号,见表 4-5。该系列标准共分七个系列,其标准号从 14001 至 14100,共 100 个标准号,统称为 ISO 14000 系列标准。

表 4-5 ISO 14000 系列标准号分配表

代号	名称	标准号
SC1	环境管理体系(EMS)	14001~14009
SC2	环境审核(EA)	14010~14019
SC3	环境标志(EL)	14020~14029
SC4	环境行为评价(EPE)	14030~14039
SC5	生命周期评估(LCA)	14040~14049
SC6	术语和定义(T&D)	14050~14059
WG1	产品标准中的环境指标	14060
备用	备用	14061~14100

按标准的功能,ISO 14000 结构如图 4-5 所示。

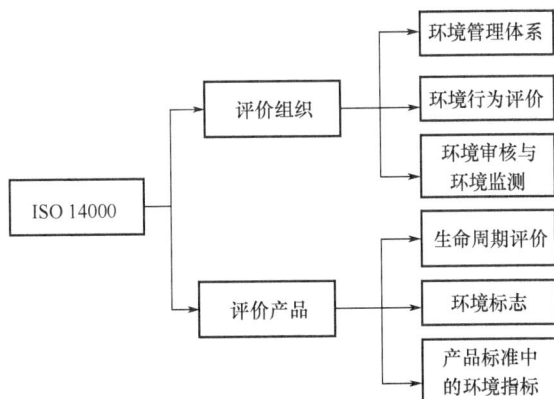

图 4-5 ISO 14000 系列标准结构图

该系列标准融合了世界上许多发达国家在环境管理方面的经验,是一种完整的、操作性很强的体系标准,包括为制定、实施、实现、评审和保持环境方针所需的组织结构、策划活动、职责、惯例、程序过程和资源。

其中 ISO 14001 是环境管理体系标准的主干标准,它是企业建立和实施环境管理体系并通过认证的,依据 ISO 14000 环境管理体系的国际标准,目的是规范企业和社会团体等所有组织的环境行为,以达到节省资源,减少环境污染,改善环境质量,促进经济持续、健康发展的目的。

环境管理体系标准是一个管理上科学、理论上严谨、系统性强的管理体系,具有自我调节、自我完善的功能。从总体上看,ISO 14000 系列标准的精神主要体现在如下四个方面。

(1)评价组织机构的行为对环境造成的影响及对负面影响的控制。

(2)组织机构对环境的负面影响控制在法律所许可的范围。

(3)组织机构应合理设计对突发性事件的处理程序。

(4)组织机构具有持续改善对环境负面影响的义务。

有一点必须说明的是,由于 ISO 是非政府组织,因此,其颁布的诸多标准的效力是采取自愿的非强制性原则。

(五)ISO 14000 标准适用范围

本标准规定了对环境管理体系的要求,使一个组织能够根据法律法规和它应遵守的其他要求,以及关于重要环境因素的信息,制定和实施环境方针与目标。本标准适用于组织确定其能够控制的、或能够施加影响的那些环境因素。但标准本身并未提出具体的环境绩效准则。本标准适用于任何有下列愿望的组织。

(1) 建立、实施、保持并改进环境管理体系。

(2)使自己确信能符合所声明的环境方针。

(3)通过下列方式证实对本标准的符合。

①进行自我评价和自我声明。

②寻求组织的相关方(如顾客)对其符合性的确认。

③寻求外部对其自我声明的确认。

④寻求外部组织对其环境管理体系进行认证(或注册)。

(六)ISO 14000 标准和 ISO 9000 标准的关系

ISO 9000 质量体系标准与 ISO 14000 环境管理体系标准对组织(公司、企业)的许多要求是通用的,两套标准可以结合在一起使用。世界各国的许多企业或公司都通过 ISO 9000 系列标准的认证,这些企业或公司可以把在通过 ISO 9000 体系认证时所获得的经验运用到环境管理认证中去。新版的 ISO 9000 标准更加体现了两套标准结合使用的原则,使 ISO 9000 标准与 ISO 14000 系列标准联系更为紧密。

虽然 ISO 9000 体系与 ISO 14000 体系有相似之处,ISO 9000 体系的一些方面经过部分修改就可与 ISO 14000 体系共用,但是 ISO 14000 体系与 ISO 9000 体系又有本质的不同,以下几个方面的内容是 ISO 9000 体系没有的,也是每一个企业都不可能通用的。

(1)识别环境因素。

(2)评价重要环境因素。

(3)制订环境目标、指标、方案。

(4)运行程序对重要环境因素进行控制。

(5)识别并获取适用本企业的环境法律法规,并定期评价遵循情况。

项目 4-6　企业社会责任

在发达国家,对任何一个企业的评价都是从经济、社会和环境三个方面出发。人们对企业的期望,已经不仅仅是解决就业、赚取利润和缴纳税收,更希望企业能在推动社会进步、关心环境和生态、维护市场秩序、扶助弱势群体、参与社区发展、保障员工权益等一系列社会问题上发挥作用,市场要求贸易与社会责任挂钩,无论是从法律还是社会道德要求上,企业都必须承担起对等的社会责任。企业作为市场的经营主体,它的一切资源都来自于社会,企业有责任也有义务对社会负责。

一、企业社会责任简介

(一)企业社会责任的定义

企业社会责任(Corporate Social Responsibility)是指在市场经济体制下,企业在为股东创造最大利润的同时,主动承担对企业利益相关者的责任。利益相关者是指影响和受影响于企业行为的各方的利益企业产品的消费者、员工、供应商、社区、民间团体和政府等。其中员工利益是企业社会责任中最直接和最重要的内容。

(二)企业社会责任的内容

企业承担一定的社会责任应是企业组织应尽的义务。而企业到底应该承担哪些责任,实际上在不同的国家、同一国家不同的历史时期和社会经济发展阶段有不同的内容,通常理解凡是能影响企业活动或被企业活动所影响的人或团体者是利益相关者。一般来说,企业社会责任含义广泛、内容复杂、企业应当承担的社会主要责任内容如下。

1. 企业对消费者的社会责任 企业对消费者的社会责任是指要对消费者履行在产品质量或服务质量方面的承诺,保证其产品和服务能使消费者满意,重视消费者的长期福利,致力于社会效益的提高,不得欺诈消费者和牟取暴利。如注意消费品安全、强调广告责任和维护社会公德等。

2. 企业对员工的社会责任 企业对员工的社会责任是指企业在生产经营活动中要对聘用的员工承担起保护员工人身安全、身体健康,培养和提高员工政治、文化和技术素质,保护员工合法权益等方面的责任。

3. 企业对政府的社会责任 企业对政府的社会责任是指企业要按照政府有关法律、法规的规定,合法经营、照章纳税和承担政府规定的其他责任义务,在社会上形成良好的公众形象,并接受政府的依法干预和监督。

4. 企业对社会的社会责任 企业对社会的社会责任主要指企业要承担支持社会公益事业和社会慈善事业,要维护生态环境以适应经济社会的可持续发展,节约和保护自然资源,防止对环境的污染和破坏,整治被企业污染破坏了的环境等方面的责任。

5. 企业对债权人的社会责任 企业对债权人的社会责任就是指要按照债务合同的要求,到期按数还本付息,为债权人提供借贷安全。

6. 企业对投资者的社会责任 企业对投资者的社会责任是指为投资者提供较高的利润和企业资产的保值与增值,以确保投资者在企业中的利益。

(三)纺织行业企业履行社会责任不能忽视的问题

1. 劳资关系问题 尽管我国《劳动法》等法律法规对劳工权益的保护有比较具体的规定,但由于存在管理滞后、劳动力市场供求关系失衡等多方面原因,我国一些企业违反《劳动法》,侵害职工权益的行为还时有发生。如有些纺织企业非法雇佣童工、收取职工押金、侵犯工人人身权利、超时加班加点、拖欠职工工资,有些企业为了逃避员工职业病造成的法律责任,采取短时间内频繁换用员工的做法,职工的身体健康和生命安全没有保障。

纺织企业的劳动强度大,岗位吸引力较差,常常发生劳资纠纷的问题,如下岗补偿的问题等。

2. 生产安全、职业健康问题 纺织生产工人在纺织生产劳作过程中长期处在棉屑、粉尘、飞花和高湿度环境中,化纤、印染和色织的劳作环境还涉及使用化学品、染料和各种印染助剂,直接对工人健康造成危害,员工如果长期处于布满粉尘和化学试剂的工作环境中,很容易导致各种职业疾病。

3. 工时和加班问题 纺织企业普遍存在工时和加班问题,一般纺织企业三班倒,而有的企业实行两班倒,使工人工作时间长达 12h,在合同外附加条件,从而逃避了加班工资的问题。

4. 妇女权益保障问题 纺织企业是一个女工集聚的群体,纺织生产是连续性的,所以在保护妇女权益方面做得不是很好,如女工孕期保护问题等。

5. 环境问题 纺织是一个劳动密集型、产品附加值较低的产业,造成的环境问题主要是污水、粉烟尘和噪声,特别是污水处理成本较高,使得有些企业为了降低成本,维持经营,排放未经处理或处理不达标的污水,造成环境污染和破坏的现象还时有发生。

(四)纺织企业履行社会责任的意义

对纺织企业而言,履行社会责任在更大程度地满足消费者需求,提高企业产品国际竞争力,为投资者带来更多的长期利益,推动企业可持续发展,改善劳资关系,培养员工对企业的忠诚度等诸多方面有积极意义。

1. 更大程度地满足消费者需求　企业履行社会职责,产品的生产从消费者利益出发,从原料到产品做到清洁安全,重视消费者的长期福利,让消费者满意,避免消费者抵制,而且使消费者对纺织企业及产品更加信赖。

2. 提高企业产品国际竞争力　企业履行社会责任,促进企业加大投入力度以改善企业生产经营环境,消除企业出口新的技术性贸易壁垒,增强消费者信心,同时可减少国外客户对供应商的第二方审核,保守商业秘密,提高产品的国际竞争力。

3. 推动企业可持续发展　企业履行社会责任,既可获得良好的社会效益,还可获得长远的商业利益。从长远来看,可以推动企业深化改革,加强管理,加快设备的更新改造和产品的转型升级,增强了企业竞争力,推动企业可持续发展。

4. 改善劳资关系,培养员工对企业的忠诚度　企业履行社会责任,加强了社会良知对资本权力的制约,促使企业树立"以人为本"的管理思想,多关心和爱护员工,改善比较紧张的劳资关系,增强企业员工的归属感,减少员工流失。

5. 促进企业科学发展　企业履行社会责任,可促进企业把人本管理、商业道德和精神文明等内容指标化,使关心人、理解人、尊重人、保护人有了可操作的量化标准,从而促进企业的科学发展。

二、企业社会责任国际标准 SA 8000

(一)SA 8000 标准产生的背景

20 世纪 90 年代初,美国服装制造商 Levi Strauss & Co 在类似监狱一般的工作条件下使用年轻女工的事实被曝光。为了挽救其公众形象,该公司草拟了一份公司社会责任守则(也称生产守则)。随后媒体披露耐克公司设在印度、孟加拉国等发展中国家的工厂大量使用童工时,许多消费者自愿组织起来,抵制耐克产品,使该公司不得不开始制定社会责任守则。2002 年,沃尔玛遭遇迄今为止最大的劳工诉讼案件,涉及职工 50 万人,该公司随后也制定了社会责任守则。该案对推广 SA 8000 标准产生了全球性的影响力。

近年来,随着经济全球化带来资源的全球配置和资本的全球化流动,国际社会已逐步达成共识,呼吁在全球化经济活动中,企业应承担起社会责任,特别是欧美国家企业;同时这也是国际市场上竞争格局失衡的产物。虽然道德规范和国际贸易分属两个完全不同的领域,但"冷战"结束后,世界的政治、经济格局发生了巨大变化,新兴工业化国家的起飞导致发达国家在传统产品的国际市场上失去优势,在诸多领域,新兴工业化国家已成为发达国家的竞争对手。为遏制发展中国家提高竞争力的手段和途径,某些发达国家便寻求构筑起社会责任贸易保护和非关税壁垒,以削弱发展中国家的相对优势。

(二)SA 8000 标准的宗旨

社会责任国际标准体系(Social Accountability 8000 International Stand-and,SA 8000)是一种基于国际劳工组织宪章(ILO 宪章)、联合国儿童权利公约、世界人权宣言而制定的,以保护劳动环境和条件、劳工权利等为主要内容的管理标准体系。SA 8000 是全球首个道德规范国际标准,其宗旨是确保供应商所供应的产品符合社会责任标准的要求。SA 8000 标准适用于世界各地任何行业、不同规模的公司。其与 ISO 9000、ISO 14000 一样是可被第三方认证机构审核的国际标准。

(三)SA 8000 的主要内容

SA 8000 标准的内容形成的结构体系如图 4-6 所示。

(1)童工。公司不应使用或者支持使用童工,应与其他人员或利益团体采取必要的措施确保儿童和应受当地义务教育的青少年接受教育,不得将其置于不安全或不健康的工作环境或条件下。

(2)强迫性劳动。公司不得使用或支持使用强迫性劳动,也不得要求员工在受雇起始时缴纳"押金"或寄存身份证件。

(3)健康与安全。公司应具备避免各种工业与特定危害的知识,为员工提供健康、安全的工作环境,采取足够的措施,最大限度地消除工作中的

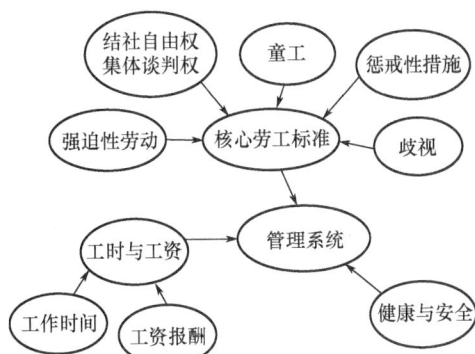

图 4-6 SA 8000 的系统结构图

危害隐患,尽量防止意外或伤害的发生;为所有员工提供安全卫生的生活环境,包括干净的浴室、厕所,可饮用洁净水,安全的宿舍,卫生的食品存储设备等。

(4)结社自由和集体谈判权。公司应尊重所有员工自由组建和参加工会以及集体谈判的权利。

(5)歧视。公司不得因种族、社会等级、国籍、宗教、身体、残疾、性别、性取向、是否工会会员、政治归属或年龄等而对员工在聘用、报酬、培训机会、升迁、解职或退休等方面有歧视行为;公司不得干涉员工行使信仰和风俗的权利以及满足涉及种族、社会阶层、国籍、宗教、残疾、性别、性取向和政治从属需要的权利;公司不能允许强迫性、虐待性或剥削性的性侵扰行为,包括姿势、语言和身体的接触。

(6)惩戒性措施。公司不得从事或支持体罚、精神或肉体胁迫以及言语侮辱等行为。

(7)工作时间。公司应遵守适用法律及行业标准有关工作时间的规定,标准工作周不得经常超过 48h,同时员工每 7 天至少要有 1 天休息时间,所有加班工作应支付额外津贴,任何情况下每个员工每周加班时间不得超过 12h,且所有加班必是自愿的。

(8)工资报酬。公司支付给员工的工资不应低于法律或行业的最低标准,并且必须满足员工的基本需求,以及提供一些可随意支配的收入并以员工方便的形式(如现金或支票)支付;对工资的扣除不能是惩罚性的,并应保证定期向员工清楚详细地说明工资、待遇构成;应保证不采取纯劳务性质的合约安排或虚假的学徒工制度,以规避有关法律规定的对员工应尽的义务。

(9)管理系统。高层管理阶层应根据本标准制订公开透明、各个层面都能了解并实施的符合社会责任与劳工条件的公司政策,要对此进行定期审核;委派专职的资深管理代表具体负责,同时让非管理阶层自选出代表与其沟通;建立并维持适当的程序,证明所选择的供应商与分包商符合本标准的规定。

(四)SA 8000 标准认证应用领域及对纺织企业的影响

1. SA 8000 标准的应用　SA 8000 标准自 1997 年问世以来,受到了公众极大的关注,在欧美工商界引起了强烈反响,在全球所有的工商领域均可应用和实施 SA 8000,但其认证的主要领域为零售业、跨国制造企业的采购商和劳动密集型产业的国际供应商。中国出口到欧美国家的纺织服装、玩具、鞋类、家具、日用五金等产品均受到 SA 8000 的约束。

2. SA 8000 标准对纺织企业的影响　SA 8000 标准对我国纺织企业的影响既有积极的一面又有消极的一面。

(1)积极面。积极的一面表现在如下几点:

①引导企业树立"以人为本"的管理思想,改善比较紧张的劳资关系。

②使企业获得良好社会效益和长远商业利益的同时,推进企业深化改革,也推动企业可持续发展。

③企业通过实施 SA 8000 标准,增强了消费者的信任,提高了企业产品的国际竞争力。

(2)消极面。消极的一面主要表现在如下几点:

①SA 8000 标准具有贸易保护的性质,有可能成为我国出口面临的新的技术性贸易壁垒。

②我国部分纺织企业利润较薄,还存在着职工工作时间较长、福利较低、生活环境较差等现象,如达到 SA 8000 标准,会增加企业成本,降低出口产品的国际竞争力。

③实施 SA 8000 标准,我国劳动力优势就会大打折扣甚至可能会丧失,从而降低我国纺织产品的比较优势。

三、中国纺织企业社会责任管理体系 CSC 9000T 简介

(一)CSC 9000T 的诞生

2005 年 5 月,中国纺织工业协会颁布了中国第一个企业社会责任指导准则《中国纺织企业社会责任管理体系 CSC 9000T》,并于 2006 年 3 月开始在全国 10 家企业和 1 个产业集群进行试点。2007 年,中国纺织工业协会实施了"10 +100 +1000 项目",即选择 10 个产业集群作为 CSC 9000T 试点地区,100 家骨干企业建立 CSC 9000T 管理体系,并对 1000 家中小企业进行基础培训,同时建立了 CSC 9000T 执行企业社会责任绩效数据库,使之成为针对供应链利益相关方和社会公众的推介平台,以真正构建起负责任的供应链。

(二)CSC 9000T 主要内容简介

CSC 9000T 主要内容有管理体系、劳动合同、童工、强迫或强迫劳动、工作时间、薪酬与福利、工会组织与集体谈判权、歧视、骚扰与虐待、职业健康与安全十个方面。

CSC 9000T 是基于相关中国法律法规和有关国际惯例,符合中国国情的纺织企业社会责任管理体系,采用与 ISO 9000 管理体系相同的 PDCA 循环的管理模式,便于企业将 CSC 9000T 社

会责任管理体系纳入企业的整体管理体系中去,使其管理绩效更高。

CSC 9000T 的核心是建立以人为本的社会责任管理体系。考虑到国内企业安全生产的现状,CSC 9000T 管理体系特别加强了职业健康与安全的管理规范,以帮助企业切实改进管理,在为员工健康与安全着想的同时,降低企业的运行风险。另外,与 SA 8000 相比,CSC 9000T 增加了对劳动合同的规定,意图通过有效合法的劳动合同,督促企业遵守合同的规定,帮助员工切实维护自己的权益。

(三)CSC 9000T 的特点

CSC 9000T 主要有如下特点。

(1)CSC 9000T 的建设旨在使中国纺织工业能更好地融入国际产业链和供应链,以适应经济全球化的需求。

(2)我国纺织企业社会责任建设已进入企业主动建设阶段。

☞ 项目知识检测

1. 简述纺织产品工艺设计的要求。

2. 为什么要进行工艺研究和工艺试验?

3. 纺织生产工艺为什么要进行上机检查?检查情况如何描述?

4. 有哪些费用是随着库存增加而增加的?

5. 有哪些费用是随库存量增加而减少的?

6. 简述经济订货批量模型的假设条件。

7. 何谓库存的 ABC 管理?

8. 概述环境管理的主要内容。

9. 何谓清洁生产?清洁生产的主要途径有哪些?

10. 纺织企业的主要环境指标有哪些?

11. ISO 14000 包括哪些内容?其主要宗旨是什么?

12. 纺织企业的安全管理包括哪些内容?

13. 简述企业社会责任的含义及内容。

14. 简述纺织企业履行社会责任的意义。

15. SA 8000 有哪些主要内容?对纺织企业有哪些影响?

16. 何谓物资管理?何谓消耗定额?其由哪几项构成?

17. 现场管理有什么基本要求?

18. 何谓定置管理?何谓目视管理?

19. 为什么说素养是 5S 管理的核心?

20. 环境管理国际标准体系 ISO 14000 内容与实施的意义?

21. 某厂为了满足生产的需要,定期地向外单位订购一种零件。这种零件平均日需求量 $d = 100$ 个,每个零件一天的存储费 $k = 0.02$ 元,订购一次的费用 $k = 100$ 元。假定不允许缺货,求最优订购量 Q、最优订购间隔期 t 和单位时间总费用 C(假定订购后供货单位能即时供应)。

22. 设某工厂生产某种零件,每年需要量为18000个,该厂每月可生产3000个,每次生产的装配费为500元,每个零件每月的存储费为0.15元,求每次生产的最佳批量。

☞ 项目活动训练

训练一　案例分析《企业的社会责任》

国外许多著名采购商委托国内企业生产纺织品时都会提出"验厂"要求,他们打着的旗号是国际采购商都认可的规则,其中就有一条企业社会责任管理(SA 8000)要求。

宁波一家专做服装贸易的公司哭诉道:"现在由于欧美的采购商每次下单都要设限并提出'验厂',所以我们每年都要接受几十次验厂要求,企业的负担太重,简直苦不堪言。如果我们也能实行采购商认可的社会责任管理体系,就可以节约很多成本,还能保守商业秘密。"

问题:

(1)你知道企业应该承担哪些社会责任吗?

(2)纺织企业存在哪些企业社会责任问题?

训练二　某纺织有限公司的备件管理

2011年3月下旬的一个上午,某纺织有限公司的会议室内气氛热烈,针对公司最近一段时间来,在备件供应方面存在高库存、低服务水平的问题,公司主管生产的副总经理召集来自生产部、采购部、物资管理部和设备中心的主管,正在商讨对策。生产部部长反映,由于发生故障的设备得不到及时维修,常常导致停产,影响生产效率;设备中心主任则强调,不能及时修复设备是因为维修备件常常短缺,不能保证供应;而物资管理部部长则抱怨备品品种太多,仓储条件差,难以管理,而且采购的备件迟迟不能交付;采购部部长也抱怨,备件请购订单太急,零星请购单多,给采购工作带来很大影响。一个上午过去了,还是没有对策。

1. 公司背景　该纺织有限公司位于苏州河畔,是江苏的重点企业。公司始建于1986年,1987年7月建成投产,年产布1000万m,纱8000万t,1996年5月组建集团公司,2002年2月改制为有限责任公司。公司在发展过程中,经历了多次技改扩建,到1998年,年生产能力已达布1500万m,纱9000万t。

公司有一支年轻、高素质的职工队伍,有员工3000多人,其中工程技术人员800多人,技术力量雄厚。公司下设办公室、财务部、销售部、生产部、采购部、物资管理部、品质管理部等部门和酿造分厂等生产单位,其组织结构如图4-7所示。公司纱、布产品品种达数百个。公司从德国、日本、意大利等国引进了先进的生产线。

公司坚持"真情奉献社会,科技竞争未来"的经营理念,注重质量控制,推行质量指标的量化考核,以有效地提高员工的质量意识。公司通过了ISO 9001质量管理体系、ISO 14001环境管理体系。质量意识深入人心,质量水平不断提高。

在提高和稳定产品质量的同时,大力进行产品创新,开发适销对路的新产品。公司的亚麻、天丝等系列产品被评为国家绿色免检产品。

近年来,公司销售量逐年递增,利润率也快速增长,经济指标增长速度居苏州前10位,成为当地政府的利税大户,被评为全国质量管理先进企业、全国守合同重信用企业。

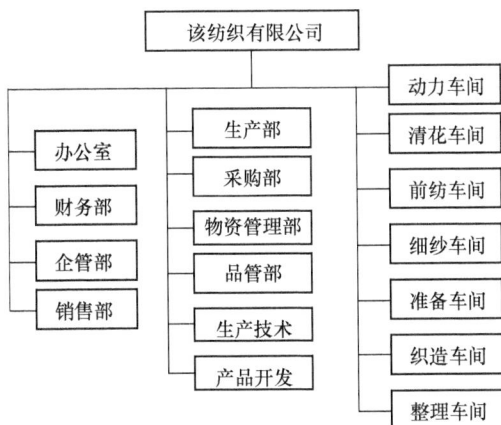

图4-7　该纺织有限公司组织结构图

公司是典型的资产密集型企业,设备检修、备品备件的采购、仓储与供应属于公司的核心业务。

2. 设备维修系统　公司的生产系统为典型的流程式生产,主要生产设备包括清梳联设备(或开清棉设备和梳棉设备)条卷设备、精梳设备、并条设备、粗纱设备、转杯纺纱设备、自动络筒机、倍捻机、整经机、浆纱机、喷气织机及整理设备,既有国产的也有进口的。设备的安全、可靠、稳定的运行是公司生产高效率的重要保证,因此,设备维修工作非常重要。公司采用的维修模式有日常维护保养、事故抢修、大修、小修和技改。在维修过程中,一般都会用到纺织器材和备件。如果是计划检修,根据维修性质和维修项目,可预测备件的需用量,结合仓库中的可用量,维修工程师可以就是否重新采购备件做出计划。对于事故抢修,要用到维修备件时,由维修工程师填写申请,经审批后到仓库领用;如果仓库缺货,则由工程师填写紧急请购单,由采购部紧急采购。备件的有效供应对设备维修、保证设备的正常运作至关重要。

3. 备件供应系统　公司的备件供应由采购部和物资管理部负责,采购部负责公司各种物资(包括备件)的采购,物资管理部负责公司所有物资的仓储保管和领用工作。

4. 物资分类　公司物资品种繁多,为便于管理,将物资进行了分类。首先将物资分成生产性物资与非生产性物资两大类,生产性物资指生产过程中直接用于生产消耗的原材料、辅助材料、化工材料、添加剂、燃料和相关的外包装材料;非生产性物资指维护正常生产所需的纺织器材、备件、水暖、电焊、电缆、工具、劳保用品和办公用品等。依据各分厂设备的不同,进一步将备品备件分成酿造分厂备件、包装分厂备件、动力分厂备件、进口备件、轴承、阀门、五金、紧固件、密封材料等类别进行管理。为便于信息管理和财务记账,采用财务科目号对所有物资进行了编码。

5. 仓库管理　公司有原材料库、辅助材料库、包装材料库、纺专器材库、成品库、备件库等13个仓库。过去,不同仓库分属不同部门,分别由相应部门管理。现在统一由物资管理部管理。仓库管理员要参与采购物资的验收;负责物资的上架、保管和领用;登记物资统计台账,统计物资领用和库存数据;参与库存物资的盘点;负责库存物资的报购等工作。

6. 维修备件的领用　为了规范备件的领用程序,公司制订了相应的物资领用制度,规定了领用备件应遵循的程序。

(1)备件领用的审批规定。为保证设备的正常维修和生产的连续性,公司规定所有的备件领用须根据备件的单项估价金额大小进行权限审批。单项金额低于2000元时,由使用部门车间主任审批,每周汇总一次,转设备管理中心审核,使用部门部长审批;2000元<单项金额<5万元时,由车间主任审核,使用部门副部长(含)以上审批;5万<单项金额<10万元,使用部门副部长(含)以上审核,分管副总经理审批;金额>10万元,由使用部门部长审核,总经理审批。

(2)维修备件领料流程。维修备件领料流程如下。

①车间开具领料清单。所有领用物资须由车间填写领料清单并由车间技术人员或车间主管审核,领料清单应注明领用物资详细的品种、型号规格(件号)、数量、维修机台名称。

②领料人员持完整的领料清单到仓库办理领料手续,仓库员应按领料清单填写领料单,办完领料单后领料人员将领料单送到财务部估价。

③仓库员根据审批完整的领料单发放物资。领料单第三联由车间或分厂统计员于次日取回统计。

④领料人员把领用物资交付使用人,并由使用人在领料清单上签字确认后把领料清单上交车间存档备案。

⑤夜间生产领用备件,由车间工段长或带班长先办理签收手续,当班调度审核,次日按程序补办手续。

⑥急料物资由车间副工段长(含)以上办理借用手续,当班调度审核确认后先领用,但须当天按程序补办完手续。

(3)技改项目的材料领用流程。技改项目的材料领用有以下流程:

①技改项目物资领用由技改项目技术员统一开具领料清单,并指定专人负责领料,领料单送财务估价后按规定权限进行审批,使用人须在领料清单上签字确认,领料清单上交项目负责人存档,作为决算依据。

②技改验收后,应办理决算手续,并送财务复核入账。

(4)维修备件的报购。备件报购由使用部门和仓储部门提出报购申请,经审核和审批后,由采购部执行具体采购工作。为规范备件报购程序,控制备件库存,减少积压,公司制订了相应的备件报购制度。

按照制度的规定,库存备件由仓库管理员根据核定的最高、最低库存量申请报购;设备大、中修配件和特殊储备物资由生产部设备管理中心根据检修计划和工具管理规定统一报购;技改项目物资由技改项目技术员根据工程、工料预算统一报购;非库存的零星物资由使用部门根据用量按时报购。报购流程如下。

①填写报购申请单。根据物资责任报购范围,由责任人填写物资报购申请单,并详细填写报购数量、型号规格、件号、到货日期要求。

②报购申请单的审核。报购申请单(特急物资外)统一送物管部分类、汇总后,交仓库管理员核对库存量后审核签字,并由财务部估价(新进物资由采购员询价)。

③根据估算金额,报购申请单按权限进行审批。

a. 金额<1万元,由物管部主管审批。

b. 1万元<金额<5万元,由公司副总经理审批。

c. 金额>5万元,由公司总经理审批。

④审批完整的报购申请单一式三联。一联由物管部统计员存档、编号,作为考核报购的依据;一联送采购部;一联送仓库作为存根。整个报购审批流程由物管部统计员在三个工作日内完成。

⑤特急报购物资由使用部门报购,公司总(副)经理审批后直接送物资采购部采购。

为制止盲目报购、降低库存资金,防范物资发生新的积压,公司授权物资部和财务部对物资报购进行考核。考核以物管部存档的物资报购申请单为依据,如果入库的物资在考核周期内的周转率低于规定的次数,则视为积压,报购人必须承担积压责任。考核结果报送公司处理。

7. 备件供应系统存在的问题　公司目前在备件供应方面高库存、低服务水平,进而影响生产设备的维修和公司的经营绩效,这是备件供应系统不完善导致的结果。综合起来,目前公司的备件供应系统存在以下问题。

(1)缺乏统一规范的物资编号。长期以来,公司内部将财务上的科目号作为物资编号,造成了管理上的混乱。财务上,物资科目号分三级,长度为9位。前6位已固定,反映物资的大类和小类,后3位用来反映具体的物资。而3位编码不足以唯一地区分种类繁多的维修用备件、辅助材料,因而造成一码多物、一物多码,而且未能表示有关物资的规格型号,与设备的关联程度也较弱,给物资的管理和领用造成困难。

(2)仓库没有库位管理。目前,仓库没有划分区域,货架没有分层编号。物资入库时没有记录存放地点,仓库保管员只能按科目号查询物品,造成了领料的困难。

(3)仓库较为分散,库容有限。物资管理部管辖的五金库、电器库、麦芽库、礼品库、纸箱库等仓库,过去分属于不同部门和分厂,在地理上较为分散,不便于集中管理,造成仓库保管人员多,领料流程复杂。五金库较其他仓库更为拥挤、混乱,亟待改进库容库貌。

(4)物资的期量标准不完善。库存不能低储报警、高储提示,原因是企业需要进一步整理和完善各种物资的最高库存、最小库存、安全库存、采购提前期、经济批量、订货点等基础性数据,采购人员和仓库保管人员无从了解库存低储和高储情况。

(5)信息获取手段较落后。企业信息化建设较为落后,目前只用了财务管理系统,物资管理、设备维护、生产管理等核心功能缺乏计算机支持,而且财务系统相当弱。这样使得企业内部不能信息共享,各部门人员得不到及时、有用的信息,影响决策,延误工作。

副总经理清楚地知道,如果再不解决这些问题,将会严重影响公司的经营绩效。

试问:该怎样完善公司的备件供应系统呢?下一步该怎样做呢?请你为副总经理出谋划策。

项目五 纺织设备管理

❋ **本项目知识点**

1. 纺织设备的类型和特点。
2. 纺织设备管理的概念、内容和任务。
3. 设备选择原则及技术和经济评价。
4. 设备磨损规律和寿命。
5. 设备合理使用、检查、维护、修理和评价。
6. 计划综合维修及全员生产修理制。

纺织设备是纺织企业进行生产的物质基础,是构成企业生产力的重要因素之一,也是纺织企业固定资产主要组成部分。设备状态的好坏直接影响纺织企业的生存与发展,因此纺织设备管理是企业生产管理的一个重要组成部分。

项目 5-1 纺织设备管理的内容

一、纺织设备的相关概念

(一)纺织设备

纺织企业的设备包括纺织生产中的主机、辅机、辅助设施、专用器材、仪器、仪表、工具、容器、衡器、运输器具以及机修、动力、照明、供汽、空调、管道、起重和交通运输等方面的全部机器和设施。下面主要介绍纺织生产中主机、辅机和辅助设备的管理。

(二)纺织设备的分类

对纺织企业来说,要完成纺织产品的生产,使用的设备的种类繁多,根据设备在纺织生产中的作用,可以把设备分为以下几类。

(1)生产设备。它是指直接改变原材料属性、形态或功能的各种工作机器或设施,如纺纱机、织布机等设备。

(2)动力设备。它是指生产用发电机、蒸汽锅炉、空压机、冷冻机、制冷机等。

(3)传导设备。它是指用于传送电力、热力、风力、气体、原料或成品的各种设备,包括电力网、传送带、各种管道等。

(4)运输设备。它是指上下班客车、原料和成品运输车辆、电瓶车等。

（5）试验研究设备。它是指各种度、量、衡器具,生产测试仪器等设备。

（6）管理用设备。它是指企业生产管理机构中用于生产经营管理的各种计算机、复印机、传真机和其他装置。

（三）纺织设备的寿命周期

纺织设备的寿命周期是指从设备的购买到使用,最后到设备的妥善处置的全过程。包括设备的选择、购置、安装、调试、使用、维修、更新或报废过程。

（四）纺织设备管理

纺织设备管理是指依据企业的经营目标,通过一系列的技术、经济和组织措施,对设备寿命周期内的所有设备物资运动形态和价值运动形态进行综合管理工作。设备管理工作涉及设备整个寿命周期。

设备价值运动形态的管理是指从设备的经济角度出发来进行的管理,包括设备投资费、维修费、折旧费和更新改造费的管理工作;设备物资运动形态是指设备的日常管理,对设备选择、购置、安装、调试、使用、维修、更新或报废全过程的技术管理。

二、纺织设备的特点与管理内容

（一）纺织设备的特点

随着科学技术的进步以及人们使用要求的提高,设备在自身的性能方面得到了很大发展,形成了许多与现代工业相适应的特点。

（1）工序多、机台多、品种多,设备和专用器材种类多、型号杂。

（2）生产连续性、节奏性、比例性强,设备连续运转时间长。

（3）纺织原料形态变动多、性能变化大,要求设备对原料的适应性高。

（4）设备的构件多,对各动作之间配合要求高。

（5）设备速度高,工作精度要求高,对设备维修保养要求也高。

（6）部分设备所处工作环境较差,也对设备维修保养要求高。

（7）设备机电气一体化、自动化、综合化日益提高,要求维修保养和操作人员掌握多种知识和技能。

（二）纺织设备的管理内容

纺织企业设备管理就是要选好、用好、管好和修好设备,确保设备始终处于良好的技术运转状态,在加强日常管理工作的同时做好现有设备的挖潜、改造和更新工作,使设备寿命周期全过程费用最少,综合效能最高。主要内容如下。

（1）依据纺织企业经营目标及生产需要制订设备规划。

（2）选择、购置、安装和调试所需设备,必要时组织设计和制造。

（3）正确、合理、高效地使用设备。

（4）精心维护保养和及时检修设备,保证设备正常运行。

（5）适时改造和更新设备。

项目 5-2　纺织设备的选择与使用

一、纺织设备的选择与评价

纺织设备由于品种繁多、规格多,市场多样化,而且随着科技的迅猛发展,设备越趋连续化、自动化、综合化,致使设备投资费用越来越高,设备的使用成本(折旧、税金、维修费用)在产品中的成本比重不断增加,所以选购设备时,要从企业的生产实际出发,在符合企业长远经营发展方向和工艺要求及确保产品质量的基础上进行技术、经济两个方面的分析和进行科学的评价。

(一)技术性评价

1. 设备设计的合理性　由于纺织设备使用期限较长,如果设备设计不合理,会给生产带来很大的影响;设备作为纺织产品的生产工具,没有好的设备就生产不出质量高的产品。所以保证设备设计的合理性,是设备在生产过程中正常运行的保证。

2. 设备的生产效率　设备的生产效率是指单位时间内能生产的产品数量,是衡量设备性能的重要指标。

3. 设备对产品质量的保证程度　设备性能、精度和可靠性,应能满足产品生产工艺要求,即使产品质量得到有效的保证,同时又能减少设备的故障。

4. 设备的可靠性　设备的可靠性是指在规定的时间条件下,完成规定功能的能力,通常指设备精度保持性、零配件的耐用性、设备对生产安全及人身安全的保障能力。

5. 设备使用和维修的方便性　设备使用性是指设备能适应不同的工作条件,加工不同产品,完成不同工作的能力;操作者使用方便灵活,能减轻操作者的劳动强度。设备维修的方便性是指设备结构简单,零部件组合标准合理,设备容易检查、拆装、维修和保养。这样可以缩短设备的修理时间,提高设备的利用率和减少设备的维修费用。

6. 设备的能源和原材料消耗程度　即设备的能源消耗量和原料加工利用程度,是衡量设备的重要指标,选用的设备利于节约能源和降低原材料的消耗。

7. 设备的配套性　即设备的配套水平。包括单机配套、机组配套、生产线配套和项目配置相应附属设备和配套工程。

8. 设备的环保性　它是指设备的噪声和排放的有害物质对环境的污染程度。主要包括减少噪声和"三废"。

(二)经济性评价

设备的购置或更新,对于企业来讲是一项投资活动,这项投资活动将来带来的效益如何,在经济上要进行认真的分析和评价。设备经济评价时,不仅要考虑设备的购置费用,还要考虑设备的使用费用。设备购置费用表现为在购买时的一次性投资。设备使用费用是设备使用后经常支出的日积月累的费用。设备经济性评价通常以设备寿命周期费用为依据,设备寿命周期费用具体项目如图 5-1 所示。

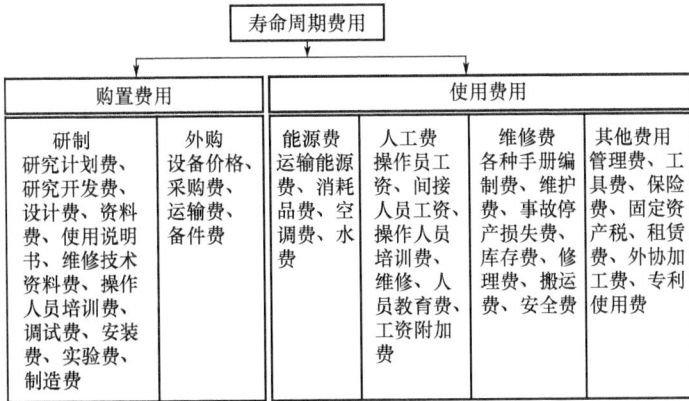

图 5-1 设备寿命周期费用构成图

设备寿命周期费用,是指设备在寿命周期内所支付各种费用的总和,主要包括购置费用和使用费用两大部分,在设备寿命周期内随时间变化而变化,其规律如图 5-2 所示。

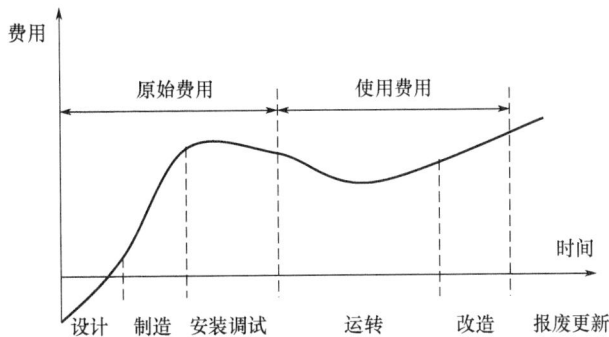

图 5-2 设备寿命周期费用曲线图

经济评价的方法主要有投资回收期法、费用换算法、年费用效率分析法等。

1. 设备综合效率评价法 设备综合效率也称设备的使用效率,指设备在整个寿命周期内设备的输入与输出之比,反映了设备使用的总成果。在没有考虑资金、时间价值的条件下,设备综合效率应大于100%,设备的投资才有效益;当然设备综合效率越高,投资回报率越高,投资风险越小。

$$设备综合效率=\frac{设备的寿命周期输出}{设备寿命周期输入}\times100\%$$

式中:设备寿命周期输入——设备寿命周期费用;

设备寿命周期输出——整个寿命周期内增加产量,提高质量,节约用工,保证交货期,降低原材料、能源的消耗以及减少停工损失的总和。

2. 投资回收期法 设备的投资回收期是指设备投资费用与设备增加净收入的比值。投资回收期越短表示投资收益越大,风险越小,所以选择投资回收期最短的设备为最佳。

$$设备的投资回收期=\frac{设备投资费用}{设备增加收入净额}$$

式中:设备投资费用——包括设备的价格、运费和安装费等;

设备增加收入净额——新设备使用后提高劳动生产率、提高质量、降低原材料、能源的消耗以及减少停工损失额之和。

以上两种方法都没有考虑资金的时间价值,所以在设备投资决策中,常常作为辅助评价指标。

3. 费用比较法 因为资金是有时间价值的,所以人们通常用费用比较法来评价设备的经济性,费用比较法有年费用法和现值法。

(1)年费用法。把设备购置费通过资金回收系数换算成每年的设备费用支出,加上每年的维护费用,求出设备的年费用,比较分析选择年费用最小的设备。计算公式如下:

$$F = K \frac{i(1+i)^n}{(1+i)^n - 1} + C$$

式中:F——设备年费用;

K——设备购置费;

i——贷款年利率,%;

n——设备使用年限;

C——设备每年的维护费用;

$\frac{i(1+i)^n}{(1+i)^n - 1}$——资金回收系数,可查表得。

(2)现值法。把设备每年的维修费用进行折现,加上设备的购置费,构成了设备总费用的现值,进行比较,选择费用较小的设备,在投资项目上净现值必须大于零才可以投资。计算公式:

$$p_w = K + C \frac{(1+i)^n - 1}{i(1+i)^n}$$

式中:p_w——设备总费用现值;

K——设备购置费;

i——贷款年利率,%;

n——设备使用年限;

C——设备每年的维护费用;

$\frac{(1+i)^n - 1}{i(1+i)^n}$——年金现值系数,可查表得。

纺织设备的经济评价就是通过对几种方案的对比、分析,选购经济性能最好的设备。具体方法见例1。

例1:某纺织企业因市场需求增加,准备扩大生产规模,购买20台紧密纺细纱机,现有国产和进口的两种设备可供选择,国产设备购置费(设备价格、采购费、运输费、备件费)1000万元,使用费用(人工费、能源费、维修费、其他费用)100万元/年,增加净收入500万元/年;而进口设备购置费2000万元,使用费用150万元/年,增加净收入600万元/年,银行贷款利率为10%,两种设备的寿命周期都为 10 年,试对两种设备进行选择评价。

解:(1)设备综合效率评价法。

$$设备综合效率 = \frac{设备的寿命周期输出}{设备寿命周期输入(设备寿命周期费用) \times 100\%}$$

$$国产设备综合效率 = \frac{500 \times 10 \times 100\%}{(1000 + 100 \times 10)} = 250\%$$

$$进口设备综合效率 = \frac{600 \times 10 \times 100\%}{(2000 + 150 \times 10)} = 171.5\%$$

(2)投资回收期法。

$$设备的投资回收期 = \frac{设备投资费用}{设备增加收入净额}$$

$$国产设备的投资回收期 = \frac{1000}{500} = 2(年)$$

$$进口设备的投资回收期 = \frac{2000}{600} = 3.3(年)$$

(3)年费用法。

$$F = K \frac{i(1+i)^n}{(1+i)^n - 1} + C$$

$$国产设备年费用 \ F_1 = 1000 \times \frac{10\% \times (1+10\%)^{10}}{(1+10\%)^{10} - 1} + 100$$

$$= 1000 \times 0.16292 + 100$$

$$= 262.92(万元)$$

$$进口设备 \ F_2 = 2000 \times \frac{10\% \times (1+10\%)^{10}}{(1+10\%)^{10} - 1} + 150$$

$$= 2000 \times 0.16292 + 150$$

$$= 475.84(万元)$$

(4)现值法。

$$p_w = K + C \frac{(1+i)^n - 1}{i(1+i)^n}$$

$$国有设备总费用现值 \ p_{W_1} = 1000 + 100 \times \frac{(1+10\%)^{10} - 1}{10\% \times (1+10\%)^{10}}$$

$$= 1000 + 100 \times 6.1466$$

$$= 1614.66(万元)$$

$$进口设备总费用现值 \ p_{W_2} = 2000 + 150 \times \frac{(1+10\%)^{10} - 1}{10\% \times (1+10\%)^{10}}$$

$$= 2000 + 150 \times 6.1466$$

$$= 2921.99(万元)$$

经过以上四种方法的分析,得出了一致的结论:国产设备好于进口设备。

以上各方面是相互联系、相互制约的,纺织企业在选择设备时,要统筹兼顾,全面权衡利弊,尽量做到技术与经济的统一。如果只考虑其一而不考虑其二,就会发生课后案例中《某些公司的困惑》同样的情况。

二、纺织设备的使用

(一)设备合理使用要求

纺织设备使用寿命的长短、生产效率和工作精度的高低不但取决于设备本身的结构和精度性能,也取决于它的使用情况。正确合理使用纺织设备,可以保持设备处于良好的技术状态,防止发生非正常磨损和避免突发性故障,延长使用寿命,减少修理次数,降低修理费,提高企业经济效益。为了使设备得到充分合理使用,必须做好以下几项工作。

(1)根据纺织产品特点合理配置和调整各种设备。

(2)根据各种设备的性能和特点,合理地安排生产任务,避免超负荷运转。

(3)为各类设备配备合格的操作人员,并能按操作规程进行操作。

(4)为设备创造良好的工作环境和条件,保证正常高效的运行。

(5)建立和健全各类设备使用责任制和设备综合管理规章制度,这是管好用好设备的重要保证。

(6)开展完好设备的竞争活动。做到奖罚分明,并总结和推广先进经验。

(二)设备合理使用的评价指标

1. 时间负荷指标

$$时间负荷指标=\frac{单位设备生产单位产品的实际工作时间}{单位设备生产单位产品的计划工作时间}$$

2. 强度负荷指标

$$强度负荷指标=\frac{单位设备在单位时间内实际完成的工作量}{单位设备在单位单间内计划完成的工作量}$$

3. 综合利用指标

$$综合利用指标=时间负荷指标×强度负荷指标$$

上述三项指标越接近1,说明设备使用越合理;反之,说明设备使用越不合理。总之,设备的使用要做到:"合理使用,防止滥用和舍不得用"。

项目 5-3 纺织设备的维护和修理

纺织设备的维护和修理是设备综合管理中工作量最大的环节,其目的是保持设备经常处于良好的技术状态,防止和减少设备事故的发生,降低维修费用,减少停工损失,延长使用寿命。

一、设备维修制度

设备管理从产生发展至今已有近百年的历史,经历了一个逐步发展与完善的过程,大致可以分为事后修理、预防维修、生产维修、维修预防和设备综合管理五个阶段。

(一)事后修理制度

事后修理是指设备发生故障后再进行修理,如图5-3所示。当设备性能劣化到一定程度B_1时,设备发生故障不能继续使用,才进行修理,修理后设备性能恢复到B_2点,设备又正常工作。设备这种修理方法,事先不知道发生何故障,缺乏修理前准备,设备修理停歇时间长,影响生产的连续性和生产计划的执行,影响交货期。往往借助如图5-3所示的设备故障周期来指导设备修理。目前在小型、不重要的设备中采用。

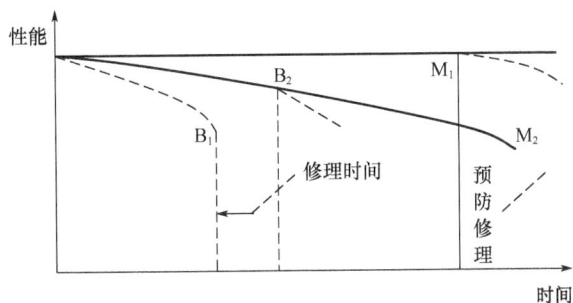

图5-3 修理对设备性能的影响示意图

(二)预防修理制度

随着设备日益复杂化,生产连续性加强,设备故障损失和维修费用不断增加,事后修理不能满足生产需求,人们提出了预防维修的概念。预防修理是指设备在发生故障之前,对容易磨损的零件及易发生故障的部位,进行有计划的维修或更换,预防设备故障的发生。如图5-3所示,M_2点是根据零部件磨损规律和检查确定的预测故障期,M_1点是计划修理期,在设备发生故障前,做好修理准备并进行了修理,预防了故障的发生,设备性能得到了恢复性提高,缩短了设备修理停歇时间,提高了设备利用效率。这一阶段有两大学派,一是前苏联的计划预修制度,二是美国的预防维修制度。

1. 计划预修制度 我国纺织企业从20世纪50年代起,一直采用前苏联的周期计划维修模式,即定期大、小平车。维修周期按照设备类型确定,一经制订,就多年不变,为防止事故发生,到期(计划修理周期图表)采取强制预修手段。其特点在于预防性与计划性,即在设备未曾发生故障时就有计划地进行预防性的维修。缺点是易造成迟修或过剩维修的现象。

(1)计划预修制的内容。其主要包括对设备的维护和计划修理,其中设备的维护主要工作内容有日常维护、定期清洗加油、定期检查和计划修理;计划修理的主要内容有大平车、小平车和部分保全(局部保养)。大修、小修和部分保全的安排可遵循修理周期结构,如图5-4所示。

(2)计划预修制的方法。计划预修制的方法主要有以下三种。

①标准修理法。设备的修理日期、类别和内容,都按标准预先作出计划,并严格按计划进行

K—O—M—O—M—O—C—O—M—O—M—O—C—O—M—O—M—O—K

检查间隔期

—修理间隔期

修理周期

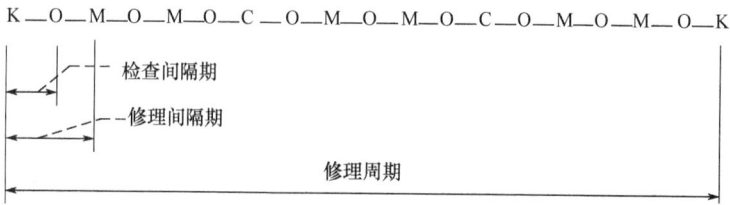

图 5-4 修理周期结构示意图

K—大平车　C—小平车　M—部分保全　O—检查

修理。利于修理前准备,缩短修理时间,保证设备正常运行。设备过剩修理,费用较高。

②定期修理法。根据设备的使用情况,初步制订设备修理的计划日期和修理工作量。确定的修理日期和内容,根据每次修理前的检查再作详细规定。利于修理前准备,缩短修理时间,充分利用零件的使用期限,修理费用较低。

③检查后修理法。事先只规定设备的检查计划,而每次修理的时间和内容,根据检查结果及以前的修理资料来决定。充分利用零件的使用期限,修理费用较低。

2. 预防维修制　预防维修制是以对设备进行日常点检和定期点检为基础,依据点检出的缺陷,及时编制维修计划,对设备进行修理,排除隐患,恢复设备性能。其特点是依据设备运行状态安排修理计划。优点是可把出现的故障和性能劣化消灭在萌芽状态,防止过修或欠修;缺点是定期点检工作量大。

(三)生产维修制度

预防修理虽说可以缩短修理时间,提高设备利用效率,但使维修工作量增加,造成过分保养,维修费用增加。为此,以美国为代表的西方国家提出了生产维修,突出了维修方法的灵活性。即根据设备的重要性选用维修方法,重点设备采用预防修理,对生产影响不大的一般设备采用事后修理。集中力量做好重点设备的维修工作,节省维修费用。近年来,纺织企业设备更新改造步伐加快,设备整体水平提升,有些设备在设计时就考虑了"无维修",对一些关键设备或设备的关键机部件采用计划预修,对那些影响不大的设备采用事后修理。

(四)维修预防制度

人们在设备维修中发现,设备的维护、保养和修理对减少设备故障,提高设备利用效率固然重要,但设备本身的质量往往对设备的使用和修理有着决定性的作用。因此,1960 年出现了设备维修预防的设想。维修预防是指在设备的设计、制造阶段就考虑维修问题,提高设备的可靠性和易修性,以便在以后的使用中,最大可能地减少或不发生故障,一旦故障发生,能使维修工作顺利地进行。

预防维修是一种以设备状态为基础的预防维修,在设计上广泛采用监测系统;在维修上采用高级诊断技术,根据状态监视和诊断技术提供的信息,判断设备的异常,在故障发生前进行适当维修。由于维修时机掌握得及时,设备零件的寿命可以得到充分的利用,避免过修或维修不足,是一种最合理的维修方式。但进行状态监测、设备诊断费用较高,此方式在纺织企业一般用于重点或关键设备的维修。

(五)设备综合管理制度

1. 设备综合管理制度 在维修预防的基础上,从行为科学、系统理论的观点出发,1971 年在英国又形成了设备综合管理概念,即从经济角度出发,以无维修设计为方向,以追求最低成本为目标,把设备因性能劣化、故障停机所造成的损失与维修费用相比较,使维修费用与停产损失费用的综合费用最低。如图 5-5 所示,设备故障所造成的停机损失与设备维修程度成反比,即维修程度越高,停机损失越少;而维修费用与维修程度成正比,即维修程度越高,维修费用越高;维修

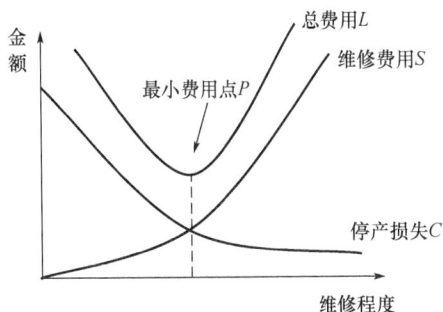

图 5-5 设备经济的维修程度图

费用 S 加上停机损失 C 之和称为综合总费用 L。曲线最低点对应的维修程度,即最小费用点 P,也是计划综合维修的最佳维修方案。日本在引进学习的过程中,结合生产维修的实践经验,创造了"全员生产维修制度"。

2. 全员生产修理制(total productive maintenance, TPM) TPM 是日本企业界在生产维修制的基础上,根据英国人创立的设备综合工程学,在 1971 年提出了动员全企业人员参加的更为全面的"生产性维修"。TPM 的提出可以说是现代设备管理渐趋成熟的一个标志。

(1)TPM 的基本思想。概括起来就是"全效益、全系统和全员参加"。

①全效益。设备的寿命周期费用最小,输出最大,即设备综合效益最高。

②全系统。从设备设计、制造、使用、维修、改造到更新的设备一生的管理,又称全过程管理。

③全员参加。凡是和设备的规划、设计、制造、使用、维修有关的部门和人员都参加到设备管理行列中来。

(2)TPM 的主要内容。其主要内容如下。

①日常点检。制订点检卡,操作工人按点检卡内容逐项检查,维修人员逐台看点检卡,对不良记录机台,立即处进行处理。

②定期检查。维修人员按计划定期对重点设备进行的检查,要测定设备的劣化程度,确定设备性能,调整设备等。

③计划修理。按日常点检和定期检查的结果所提出的修理委托书或维修报告,编制计划定期进行修理(恢复性)。

④改善修理。对设备某些结构进行改进性修理,主要用于经常发生故障的设备。

⑤故障修理。设备突然发生故障或由于设备原因造成废品时必须立即进行抢修,它直接影响停机时间。

⑥维修记录分析。把各项维修作业的发生时间、现象、原因、所需工作时间和停机时间做记录形成分析表,找出故障点多、时间间隔短、维修工作量大、对生产影响大的设备和部件,作为维修保养的重点对象。企业很重视"平均故障间隔时间"。

⑦开展 5S 活动。5S:整理(seiri)、整顿(seiton)、清洁(seisoh)、清扫(seiketsu)、教养(shitsuke)。

二、设备的磨损与故障

设备的使用就意味着设备要发生磨损而老化或损坏,设备维修要掌握设备的磨损规律,有计划地进行维修,从而做到既经济又高效地使用设备。设备的磨损可分为两大类,即有形磨损和无形磨损。

(一)设备的磨损过程

1. 设备的有形磨损 设备的有形磨损是指设备在使用过程中因震荡、摩擦、腐蚀、疲劳或在自然力作用下造成的设备实体的损耗,也称物质磨损。它又可以分成以下两种磨损。

(1)第Ⅰ种有形磨损。设备在使用过程中,由于摩擦、应力及化学反应等原因造成的有形磨损,又称使用磨损。表现为零部件尺寸变化、形状变化、公差配合性质改变、性能精度降低和零部件损害等。

(2)第Ⅱ种有形磨损。此种磨损是指设备在使用过程中,不是由于使用而产生的,而是源于自然力的作用所发生的有形磨损,又称自然磨损。

(3)设备的有形磨损曲线规律。设备的有形磨损呈现如图5-6所示的规律。

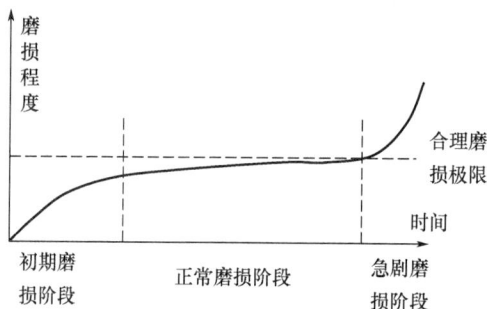

图5-6 零件磨损示意图

①第一阶段。初期磨损阶段:磨损速度快,时间跨度短;对设备无危害;为必经阶段,也称作"磨合"或"跑合"。

②第二阶段。正常磨损阶段:最佳运行状态,磨损速度缓慢,磨损量小,曲线呈平稳状态。

③第三阶段。急剧磨损阶段:磨损速度非常快,丧失精度和强度,事故概率急升。

2. 设备的无形磨损 所谓设备的无形磨损,不表现为实体的变化,却表现为设备原始价值的贬值,又叫精神磨损。有如下两种情况。

①第Ⅰ类无形磨损。由于设备制造工艺的不断改进,劳动生产率不断提高,致使生产同种设备所需要的社会平均劳动减少,成本降低,从而使原已购买的设备贬值,不影响设备功能。

②第Ⅱ类无形磨损。由于社会技术的进步,出现性能更完善和效率更高的新型设备,致使原有设备陈旧落后,丧失部分或全部使用价值,又称作技术性无形磨损。其后果是生产率大大低于社会平均水平,因而生产成本大大高于社会平均水平。

(二)设备的故障

1. 设备故障 设备的故障是指设备在其寿命周期内,由于磨损或操作使用等方面的原因,使设备暂时丧失其规定功能的状况。可分为以下两种状况。

(1)突发故障。突然发生的故障。发生时间随机,较难预料,设备使用功能丧失。

(2)劣化故障。由于设备性能的逐渐劣化所引起的故障。发生速度慢,有规律可循,局部功能丧失。

2. 设备故障规律 纺织设备的故障率随使用时间的推移有明显变化,呈现如图5-7所示的曲线规律。由于典型故障曲线的形状与浴盆相似,故又称"浴盆曲线"。

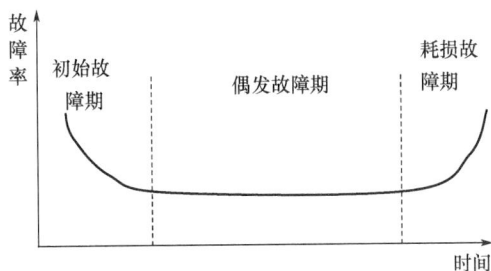

图5-7 设备故障曲线

(1)初始故障期。故障率由高而低,主要由材料缺陷、设计制造质量差、装配失误、操作不熟练等原因造成。

(2)偶发故障期。故障率低且稳定,主要是维护不好或操作失误造成,是设备最佳工作期。

(3)耗损故障期。故障率急剧升高,磨损严重,有效寿命结束。

三、设备的维护保养

由于纺织设备长时间连续运转,且处高湿度、飞花杂物多的工作环境,设备在运转过程中,零部件会磨损,螺丝会松动,设备精度会下降,因此会影响设备的使用寿命、使用效率和产品质量。所以要加强对设备的维护保养,使设备长期处于零部件磨损、螺丝松动少、设备精度高的良好状态,延长设备使用寿命和确保产品质量。

1. 揩车 揩车的目的是保持设备的清洁和运转正常,主要工作是周期性清除设备的飞花杂物和油污,并对部分零部件进行检查、修理和更换,保持良好的设备运转状态。

2. 加油 加油的目的是保持设备润滑状态良好,减轻设备的磨损程度,节约动力消耗。纺织设备的加油是根据设备运转速度和负荷情况定时、定点(按规定的油眼)、定质、定量加油,保证油路畅通,设备运转灵活。

3. 经常检修 经常检修是按一定巡回路线和工作方法有计划地周期性进行检查零部件的磨损和螺丝松动情况,调整某些部件之间的相对位置,或调换或修理即将损坏或不正常的零件或部件等,以达到经常保持设备良好运转状态的目的。这种检修内容分重点检修和运转检修,重点检修有些工序又分日班检修和运转检修。如细纱机的牵伸、加捻卷绕、剑杆织机的剑头和剑带等部分的检修都属于重点检修内容。

4. 专业检修(专业保养) 专业检修又称专业保养,是对主机的专用器材或专用零件进行定期保养,从而保证这些专用零件和器材处于良好的技术状态,以满足产品质量要求。如细纱锭子、皮辊和罗拉、织机的钢筘、综丝等实行整修。

四、纺织设备的检查与修理

(一)纺织设备检查

纺织设备检查指对设备的运行情况、技术状况、工作精度、磨损程度进行测量和校验。分为日常例行检查、交接班检查和定期检查。

(二)纺织设备修理的种类

纺织设备修理,是指修复由于日常磨损、震动或不正常的原因而造成的设备损坏和精度劣化。通过修理更换磨损、老化零部件,校正部件工差,以达到设备性能得到恢复的目的。其修理方法有如下三种。

1. 大修理　大修理俗称"大平车",是对设备进行全面的修理,需要将设备全部拆开,校正和调整整个设备,检查校正机架水平,更换所有的磨损零部件,以全面恢复原有的安装精度、性能和生产效率,达到整旧为新,包括外形的油漆整形。

2. 小修理(俗称"小平车")　小修理俗称"小平车",是对设备进行局部的修理,更换或修复个别磨损较快、不能保证连续使用到下次大修理的易损零件和个别套件,拆装部分机件,将其揩拭干净,检查各零件的配合情况。

3. 部分保全　部分保全是在两次小修理之间针对设备的某一易损部位或部件进行修理或更新,对部分易走动的隔距加以校正。如梳棉机调磨盖板、细纱机敲锭子、织机自动部分检修等。

(三)纺织设备维修的四大日常管理

纺织企业对设备传统的四项重要管理工作是周期管理、质量检查、交接验收和考核评价。

1. 周期管理　修理周期是指相邻两次大(小)修理之间的时间间隔。纺织设备维修的周期管理是指对设备进行有计划的定期维护与修理,以预防为主。纺织主机、辅机等保全保养项目均有规定的周期,并订出周期计划,到期停车修理。如大修理 3 年一次,小修理 6 个月一次,部分保全 3 个月一次。

2. 设备修理质量的检查　为了保证设备维修工作达到规定的质量标准,必须对设备维修质量进行检查,检查要全面,有时要结合产品质量,对影响产品质量的项目进行一些专项检查,如零部件的磨损程度、安装公差等。设备的检查分为自查、互查或逐级逐项检查、抽查和复查。查出问题要分析原因,及时修复以达到维修标准,并做好记录和存档保管。

3. 交接验收　为了分清维修和使用责任、相互促进、提高设备的维修质量和使用质量,对维修的设备进行交接验收。验收工作分为初步交接验收和最终交接验收。

(1)初步交接验收。大小修理后的设备,在设备修理部门内部进行质量检查并经试车合格后,由保全组长交给保养组长或检修工。没有进行初步交接验收的设备,不准投入生产使用。一般大修理须经 9 个班的运转查看期,小修理须经 3 个班的运转查看期。

(2)最终交接验收。在初步交接验收后的 7 天内,由保全组长、保养组长或轮班长检查设备缺点修复情况和工艺测定结果,按照交接技术条件评等评级,办理最终交接验收手续。

4. 考核评价　对设备维修质量除了进行严格的检查和交接验收外,还要对大小修理的质量评价考核,以评等评级方式进行,评价考核的主要指标如下。

(1)设备完好率。

$$设备完好率=\frac{完好设备台数}{检查设备台数}\times100\%$$

完好的设备应具备两个条件:一是达到技术交接条件,即设备完整、安装规格符合标准,运转状态良好,无不正常震动、响声、发热、漏油、漏气、漏风、漏浆等现象;二是符合工艺要求,生产效果良好。

(2)大小修理准期率。

$$大小修理准期率=\frac{实际完成修理台数}{周期内计划修理台数}\times100\%$$

(3)大小修理一等一级车率。

$$大小修理一等一级车率=\frac{一等一级车台数}{实际修理台数}\times100\%$$

评等是对机械安装质量而言,凡是全部达到技术交接条件的评为一等,有一项不能达到者评为二等;评级是对工艺标准而言,全部达到工艺要求者评一级,有一项不能达到者评二级。

(4)大小修理计划完成率。

$$大小修理计划完成率=\frac{月度实际完成初交台数}{月度修理作业计划台数}\times100\%$$

(5)设备故障率。

$$设备故障率=\frac{设备故障停台时间}{设备生产运行时间}\times100\%$$

(6)单位产品维修费用。

$$单位产品维修费用=\frac{设备维修总费用}{产品总产量}$$

(7)维修费用率。

$$维修费用率=\frac{设备维修总费用}{生产总费用}\times100\%$$

项目 5-4　纺织设备的更新与改造

由于科学技术的高速发展,现有设备技术不断完善,设备无形老化的速度越来越快,设备的更新与改造是设备管理的重要内容之一。它侧重于设备的经济管理,设备的更新与改造的理论依据是设备的磨损理论和设备的寿命理论,前面章节介绍了设备的磨损理论,下面介绍设备的寿命理论。

一、设备的寿命

由于磨损存在,设备的使用价值和经济价值逐渐消失,因而设备具有一定的寿命。在设备管理运用中,设备的寿命有如下四种。

1. 自然寿命 设备的自然寿命也称物质寿命,是指新设备从投入使用到因物质磨损而报废所经历的全部时间。正确使用、合理保养,可以延长物质寿命。

2. 技术寿命 设备的技术寿命是指由于科学技术的发展,不断出现技术上、经济上更加先进合理的同类设备,使现有设备在物质寿命尚未完结之前就被淘汰,这一过程所经历的时间。设备技术寿命的长短,主要取决于技术进步的速度,而与磨损无关,通过技术改造,可以延长设备的技术寿命。

3. 经济寿命 当设备处于自然寿命后期,由于设备的磨损老化,磨损严重,要花大量的使用费用才能保证设备的正常使用,当使用费用高于继续使用设备所产生的效益时,就出现了设备的使用不经济的现象,这种由于设备使用不经济而被淘汰所经历的时间,称为设备的经济寿命。设备使用费用包括纺织设备的维修费用、使用过程中的故障损失、停机损失、资源多耗损失、废品损失等经营费用。

4. 折旧寿命 设备的投资通常是通过折旧逐年回收的。所谓折旧寿命是指设备开始使用到其投资全部回收所延续的时间。

二、设备的改造

设备改造是指把科学技术新成果应用于企业的现有设备,通过对设备进行局部革新、改造,以改善设备性能,提高设备的技术先进性和生产适用性,提高生产效率和设备的现代化水平。

(一)设备改造的类型

1. 设备改装 设备改装是指为了满足企业增加产量或加工要求的需要,对设备的局部结构的改变及容量、功率、体积和形状的加大或改变。如将设备以小拼大,以短接长,多机串联等。改装能够充分利用现有条件,减少新设备的购置,节省投资。

2. 设备的技术改造 设备的技术改造也称现代化改造。它是指把科学技术的新成果应用于企业的现有设备,改变现有设备在技术上的落后状态。如增添自动控制装置、安装精密检测装置等。技术改造可提高产品质量和生产效率,降低消耗和成本,全面提高经济效益。

(二)设备改造的原则

企业进行设备改造时,因设备的相关性强,必须充分考虑改造的必要性,做到设备改造的针对性强、适应性广、经济性好。必须坚持以下四个原则。

(1)以促进技术进步为基础的原则。即改造后的设备,在改善设备性能的同时,在技术上要有先进性。

(2)以产品开发为中心的原则。即改造后的设备要能提高企业产品的开发能力。

(3)以提高经济效益为目标的原则。即改造方案要由专业技术人员进行技术经济分析,并进行可行性研究和论证,做到"投资少、见效快、针对性强"。

(4)以内涵式扩大再生产为主的原则。即改造后的设备要与生产线上的其他设备配套,有利于企业产品质量、产量、成本、生产安全、能源消耗和环境保护等方面的提高,提高企业的综合效益。

(三)纺织设备改造的内容

纺织设备改造包括以下内容:

(1)提高设备自动化程度,实现数控化、联动化。

(2)提高设备功率、速度和扩大、改善设备的工艺性能。

(3)提高设备零部件的可靠性、维修性。

(4)将通用设备改装成高效、专用设备。

(5)实现加工对象的自动控制。

(6)改进润滑、冷却系统。

(7)改进安全、保护装置及环境污染系统。

(8)降低设备原材料及能源消耗。

(9)使零部件通用化、系列化、标准化。

三、纺织设备的更新

纺织设备更新是指用比较先进经济的纺织设备,来替代技术上不能继续使用或经济上不宜继续使用的纺织设备。

1. 纺织设备更新的形式　设备更新的形式一般有两种:

(1)设备的原型更新(也称简单更新)。是指用同类型的新设备代替旧设备。它适用于设备的技术寿命尚可但物质寿命已尽,或设备制造厂受技术水平限制不能提供新的机型的情况。

(2)设备的技术更新,是指用技术上更加先进、效率更高的先进设备来代替技术上不能继续使用,经济上不宜继续使用的陈旧设备。

2. 设备更新的条件　设备的更新应该满足如下条件。

(1)经过预测,继续大修理后技术仍不能满足要求和保证产品质量的。

(2)设备老化、技术性能落后、耗能高、效率低、经济效益差的。

(3)大修理虽然能够恢复精度,但不如更新经济的。

(4)严重污染环境,危害人身安全与健康,进行改造又不经济的。

(5)其他应当淘汰的。

3. 设备更新的原则

设备更新有如下原则:

(1)有利于提高企业的劳动生产力。

(2)有利于提高生产的安全程度,有利于减轻工人劳动强度,防止环境污染。

(3)有利于产品的转型升级和产品质量的提高。

(4)有利于经济效益的提高。

4. 设备最佳更新周期的确定　设备的最佳更新周期,是指设备从投入使用开始,到它每年平均分摊的设备投资费用和年度使用费用的总和达到最小时的使用年限,即设备的经济寿命。

确定设备最佳更新周期通常采用经济费用法和年费用最小两种方法。

（1）经济寿命法。设备在使用过程中，随着设备使用年限的增加，年平均运行费用逐年增加，而年平均折旧费用逐渐减少。假设年运行费用增长量为 λ，则 T 年的运行费用为：

$$C_T = C_1 + (T-1)\lambda$$

式中：C_1——设备第一年运行费用；

C_T——第 T 年设备运行的费用；

T——设备运行年数；

λ——设备年运行费用增长量。

T 年内运行费用的平均值为 $\overline{C}$：

$$\overline{C} = C_1 + \frac{(T-1)\lambda}{2}$$

每年分摊的折旧费为 A：

$$A = \frac{K_0 - K_L}{T}$$

式中：A——每年分摊的折旧费；

K_0——设备购置费；

K_L——设备残值。

年平均总费用为 $A+\overline{C}$：

$$A + \overline{C} = \frac{K_0 - K_L}{T} + C_1 + \frac{(T-1)\lambda}{2}$$

上式求导为零时为年费用最经济，求导得：

$$T = \sqrt{\frac{2(K_0 - K_L)}{\lambda}}$$

例2：若设备购置价值为 $K_0 = 10000$ 元，使用年限为 10 年，第一年运行费用为 1000 元，以后每年递增 400 元。求设备经济寿命（无残值）。

解：$T = \sqrt{\frac{2(K_0 - K_L)}{\lambda}} = \sqrt{\frac{2\times(10000-0)}{400}} = 7$

即设备在第 7 年更新最为经济。

（2）年费用最小法。当设备的年使用费增加额不以等值 λ 递增，而是各年均不相同时，可采用年费用最小法。以例 3 加以说明。

例3：某设备的原值为 15000 元，其各年度使用费及残值见表 5-1，求最佳更新年限。

表 5-1　某设备年度使用费用及残值一览表　　单位：元

年限	1	2	3	4	5	6	7	8	9
年使用费	800	1600	2400	3000	3600	4000	5000	6000	7000
残值	10000	8000	7000	6500	6000	5500	5000	4500	4000

解：根据表 5-1 数据，分别计算年使用费累计值、折旧费（设备原值减去残值）、年总运行费和年平均运行费用，见表 5-2 所示。年平均运行费用最低的年份，即为设备的最佳更新周期。

表 5-2　某设备年使用费、折旧费、年运行总费用一览表　　　　单位：元

使用年限	1	2	3	4	5	6	7	8	9
累计年使用费	800	2400	4800	7800	11400	15400	20400	26400	33400
折旧费	5000	7000	8000	8500	9000	9500	10000	10500	11000
年总运行费用	5800	9400	12800	16300	20400	24900	30400	36900	44400
年平均运行费用	5800	4700	4267	4075	4080	4150	4343	4612	4933

可见最小年运行费用为 4075 元，发生在第四年。

☞ 项目知识检测

1. 如何理解设备的有形磨损和无形磨损？
2. 简述设备的使用磨损规律。
3. 简述设备的故障规律。
4. 简述设备的综合管理。
5. 设备管理工作对企业竞争力有何重要意义？
6. 简述 TPM 的基本思想。
7. 什么是设备的寿命周期费用？它可以划分为哪几个部分？
8. 试比较预防性维修与事后修理。
9. 试从不同角度为设备维修进行分类。
10. 简述大修、小修的特点。

☞ 项目活动训练

训练一　案例分析《日本企业的故障修理法》

日本企业的设备开动率基本保持在 80%～90%，重要措施是狠抓设备的故障修理。其做法有三。

第一是根据设备磨损规律的不同故障期，采取不同的维修方法。设备的第一磨损期，即初期故障期，由于设备刚刚使用，性能不稳，故障率偏高。这主要是由于设计、制造和安装过程中的缺陷所致。应搞好严格试车验收的初级管理，加强改善维修。设备的第二磨损期，即偶发故障期，这个时期，设备性能基本稳定，故障率也趋于稳定，故障较少，且多是因操作人员的技术不熟练或操作失误而引起的。为此，要在搞好职工培训的同时，加强预防性检查，实行预防性维修。设备的第三磨损期，即磨损故障期，又称损坏期，设备多发事故，除了加强日常维护保养和预防维修外，还必须加强改善维修，促使设备故障率降低，延长使用寿命。

第二是发生事故及时维修,减少设备停歇时间。在日本一些工厂,设备一旦发生故障,操作工人立即打开设备故障红灯。维修人员便跑步赶到现场进行抢修,停歇超过 0.5h 以上的,必须报告主管课长处理。如日野公司在修理工人工位下面特地安装了故障停歇表,以便掌握因故障停机的时间。该公司十分注意加强维修人员的基本功训练,使维修效率和质量不断提高。

第三是合理安排生产工人和维修工人的工作时间。对于白班或两班生产的企业,跟班维修工人与操作工人同时上班,跟班维修;其他维修工人的班次和生产工人的班次交叉,较多地利用生产间隙时间进行维修,有些则安排在星期日或节假日进行维修,从而减少设备的停歇时间。

试分析:日本企业的故障修理法给我们进行设备的管理与维修有何启示。

训练二　案例分析《某些公司的困惑》

某公司设计采购了一条牛仔布生产线,其中有意大利、德国、日本、比利时、美国、中国台湾的设备,还有国内的设备,员工都戏称该线为"八国联军"。

由于设备间在使用范围、产品适应性、生产节拍等方面存在较大的差别,加上技术一时难以消化吸收,国内难以解决机配件,严重影响了公司正常生产,使该生产线一直处于修修停停状态。

片面追求设备的高精尖,耗资很大。设备投入大,产出不高。高昂的折旧费用、维修保养费用让公司苦不堪言。最后这条生产线在投产 3 个月后就宣布破产。

试分析:(1)该公司问题出在什么地方?

(2)你是公司负责人,应该怎么做?

项目六　纺织质量管理

✱ 本项目知识点

1. 质量的内涵。
2. 工程质量、工程能力指数概念与工程质量因素的内容。
3. 质量管理的概念、职能与反馈体系。
4. 全面质量管理的概念、特点及实施。
5. ISO 9000 的构成及开展 ISO 9000 认证的作用。
6. 七种质量统计方法的应用。
7. 质量成本的控制。

质量是社会生产、生活中的一个永恒的主题,产品质量是企业发展的生命线,是企业核心竞争力之一,是经济效益的源泉。坚持质量第一,提高质量意识,严格质量管理与控制,稳定和提高产品质量,是生产管理的基本职责之一。

项目 6-1　质量与质量管理

质量管理是制订质量方针、目标和责任,并通过质量体系中的质量策划、质量控制、质量保证和质量改进来使其实现所有管理职能的全部活动。质量是企业各项工作的综合反映。要保证和提高产品质量,就必须研究和掌握产品质量产生和形成的客观规律,实行科学的质量管理,不断提高质量管理水平,切实把质量问题当作一个中心问题来抓,在企业中建立起质量体系。

一、质量的相关概念

质量是指"一组固有特性满足要求的程度"。质量的概念最初仅用于产品,以后逐渐扩展到服务、过程、体系和组织,以及以上几项的组合。目前国际上已普遍采用广义质量概念。"广义质量"是相对于"狭义质量"(产品质量)而言的,指"反映产品或服务满足明确或隐含需要能力的特征和特性的总和"。主要包括产品质量、工程质量和工作质量。

(一)产品质量

产品质量一般包含产品质量指标和产品质量标准两方面内容。

1. 产品质量指标　产品质量是指产品或劳务能够满足社会和人们需要的某种属性或特性。凡是由产品使用目的提出的各项要求都属于这种特性。它包括尺寸结构、重量、精度、功率、强度、材质、性能等质量特性,还包括外观形状、色彩等外部质量特性。

不同产品有各自适用的要求,因此有不同的质量特性,通常用反映产品质量水平的质量特性值来表示,即产品的质量指标。产品质量指标种类繁多,但概括起来有以下五种类型。

(1)性能指标。即产品为满足使用目的所具备的技术特性。如汽车的载重量、速度,灯泡的光色、功率、发光效率。

(2)寿命与可靠性指标。产品寿命是指产品能够按规定的功能正常工作的期限。常用的指标有工作时间、工作次数等。产品可靠性是指产品在规定的时间和条件下,能完成规定功能的能力。常用指标有可靠度、故障率等。它们反映了产品的耐用度和稳定性。

(3)安全性指标。安全性是反映产品使用过程对使用者及周围环境安全、卫生保证的程度。如辐射、毒性、噪声、排污等方面的指标。

(4)经济性指标。经济性是反映产品生产及使用过程中所花费的经济代价的大小。如产品的设计加工、用料等生产费用和产品在使用过程中的动力、燃料等的消耗的维持费用。常用的指标有生产成本、使用成本、寿命周期总成本等。

(5)结构合理性指标。包括产品的可修性、零件的互换性等方面的指标,如操作方便、省力等。

产品的质量特性有的是可以直接测量的,但有的是难以直接定量的,如舒适性和操作方便性等。人们往往需要确定某些技术参数来间接地反映产品的质量特性。这些技术参数称为产品质量指标。

2. 产品质量标准　产品质量标准是指对反映产品质量特性的技术参数、产品品种、规格的客观要求及其检验方法所作出的具体技术规定。所以产品质量标准要求,其产品质量是不一样的,如合格奶粉中三聚氰胺允许含量,我国是欧洲的数倍,当然标准越先进,产品质量越好。产品质量标准包括产品标准和检验标准两个部分,我国纺织产品质量标准,有国家标准、行业标准和企业标准三级标准。但不代表级别越高就越先进。

(二)工程质量

1. 工程质量　在质量管理工作中,工程质量的含义是指企业为保证生产合格产品而具备的全部手段和条件所达到的水平。一般包括以下六个方面。

(1)人(Man):即人的素质,包括人的文化技术水平、操作熟练程度、组织管理能力、责任心等。

(2)机器(Machine):指设备和工具的质量,即设备和工艺技术装备的精度、适应程度和维护保养质量等。

(3)材料(Material):指原材料、辅助材料、燃料动力、毛坯、外购件、标准件的质量,即它们的物理、化学性能和几何形状等。

(4)方法(Method):指工艺方法、试验手段、操作规程和组织管理方法等。

(5)测量(Measurement):指测量器具、测量方法等。

(6)环境(Environment):包括环境的温度、湿度、清洁度、震动、噪声、美化程度以及生产对环境的污染和破坏程度等。

上述六方面因素,简称为5MIE,这些影响质量因素综合发生作用的过程就是产品质量产生的过程。因此,要提高产品质量首先必须提高工程质量。

2. 工程能力 工程能力又称工序能力,用工程能力指数 C_p 表示,是指该工序在5MIE正常的状态下,能稳定地生产合格品的实际加工能力。这种能力是以一定的质量特性值(如加工精度)的分布来表示的。在大多数情况下,质量特性值呈正态分布,如图6-1所示。根据正态分布理论,质量特

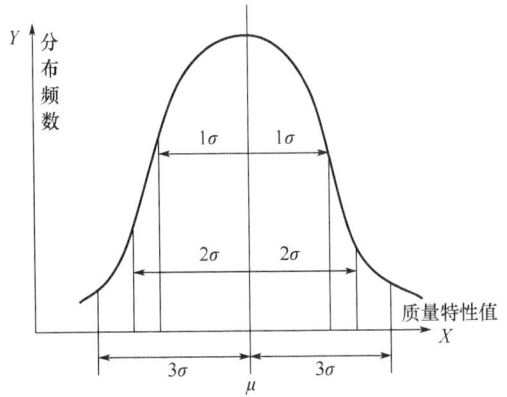

图6-1 正态分布曲线

性值处于 $\overline{X} \pm 3\sigma$ 范围内的概率是99.737,即有99.73%的产品质量特性是在 $\overline{X} \pm \sigma$ 范围内变动,超过 6σ 的概率不到0.3%。换言之,如果能保证合格品达到99.73%,就可认为该工序有足够的质量保证能力,能经济而稳定地进行产品加工。故通常以 6σ 来表示工序能力,即取 $B \pm 6\sigma$。

$\mu \pm 1\sigma$ 范围内的面积占68.26%; $\mu \pm 2\sigma$ 范围内的面积占95.45%; $\mu \pm 3\sigma$ 范围内的面积占99.73%; $\mu \pm 4\sigma$ 范围内的面积占99.99%。

标准偏差 (σ) 反映了质量特性值的分散性,决定了正常分布曲线图形的胖、瘦、高、矮。σ 越大,曲线越矮胖,表示数据分散,质量波动大;σ 越小,则曲线高瘦,表示数据集中,质量波动小。

工程能力主要取决于机器设备、材料、工艺、工艺装备的精度、工人的工作质量和其他技术条件,它与设计的质量标准(规格公差)无关。稳定的工序能力未必都能生产出满足质量要求的产品,所以要测算出实际工序能力,计算工序能力指数,判断工序能力对产品质量要求的满足程度。

工程能力的高低,用工序能力指数 C_p 来表示,是衡量工序能力能否满足质量要求的重要尺度。当产品质量特性值的实际分布中心与允许公差中心重合时,C_p 的计算式为:

$$C_p = \frac{T}{B} = \frac{T}{6\sigma}$$

式中:C_p——工序能力指数;

   T——公差范围;

   B——质量特性值的分布范围(实际加工精度);

   σ——该工序的标准偏差。

在实际计算时,可用子样标准差 S 近似地代替 σ,即 $B = 6\sigma \approx 6S$。

按工序能力指数的大小,可将工序能力分为五个等级,定量地判断工序能力的满足程度。

$C_p > 1.67$ 为特级加工。此时工序能力过剩,加工精度过高。可考虑放宽工艺要求,以降低工艺成本。

$1.33 < C_p \leqslant 1.67$ 为一级加工。此时工序能力比较宽裕,加工精度满足要求,而且允许一定范围内的异常性波动,产品质量检验可大大简化。

$1.00 < C_p \leqslant 1.33$ 为二级加工,此时工序能力尚可,加工精度一般满足要求。当 $C_p = 1.33$ 时,表示工序能力有适当的余地而又不浪费,为理想状态,当 C_p 接近1时,表示工序能力尚可但

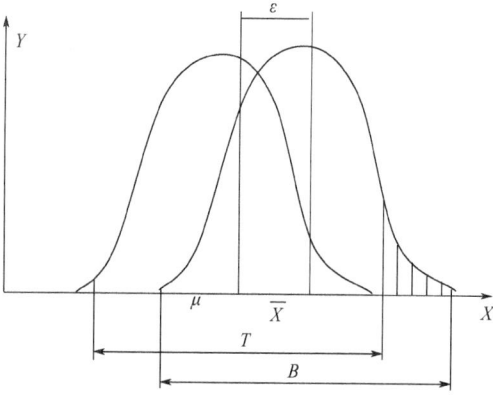

图 6-2 实际分布中心相对于公差中心的偏移

没有余地,稍有波动就可能出现不合格品。应严格控制工序,对产品质量进行抽样检查。

$0.67<C_p\leq1.00$ 为三级加工。此时工序能力不足,加工精度不够,可能出现少量不合格品,应进行全数检查并采取工艺性措施,缩小质量特性值的分散程度,或考虑放宽不重要公差。

$C_p\leq0.67$ 为四级加工。此时工序能力严重不足,加工精度太低,不能满足质量要求,已出现较多的不合格品。应对产品质量进行全面检查,并立即停止生产,查明原因,采取改进措施。

在测算工序能力指数的实践中,有时实际尺寸分布中心与公差中心有较大的偏移,如图6-2所示,虽然工序能力充分,但仍然出现不合格品,这是由于计算 C_p 时未考虑分布中心的相对偏移量。应先设法消除系统性误差,使两个中心重合,再计算 C_p 值:

$$C_{pk}=C_p\cdot K$$

式中:C_{pk}——修正后的工序能力指数;

C_p——偏移修正系数,$K=\left|1-\dfrac{2\varepsilon}{T}\right|$。

当质量标准只要求单向偏差时(如表面光洁度、形位公差等),工序能力指数可按下式计算。

$$C_p=\frac{T_u-\mu}{3\sigma}\qquad(只有上限公差\ T_u时)$$

$$C_p=\frac{\mu-T_i}{3\sigma}\qquad(只有下限公差\ T_i时)$$

(三)工作质量

质量环(图6-3)是指从最初识别市场对产品质量的要求,到最后满足用户需要的全部活动的总称。工作质量就是指质量环中这些为保证和提高产品质量的工作和活动的质量。

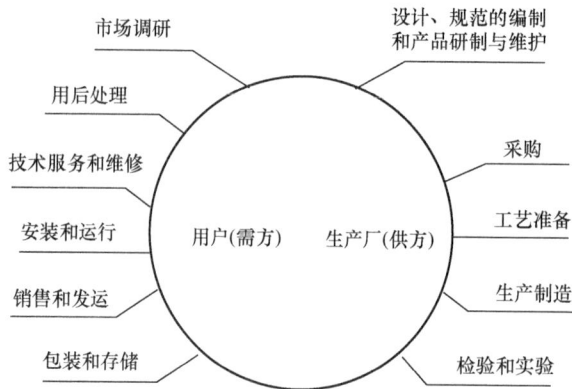

图 6-3 质量环

工作质量和产品质量是两个既有区别又有联系的概念。产品质量是企业各方面工作质量的综合反映,而工作质量是产品质量的保证和基础。

二、质量管理

(一)质量管理的概念

质量管理是企业全部管理活动的一个方面,是指"确定质量方针、目标和职责,并通过质量体系中的质量策划、质量控制、质量保证和质量改进来使其实现所有管理职能的全部活动"。

(二)质量管理的职能

质量管理的职能主要包括以下内容。

1. 制定质量方针和目标 质量方针又称质量政策,是指由某机构的最高层领导人正式颁布的总的质量宗旨和目标。如产品质量要达到的水平、对企业质量管理活动的要求、售后服务的总原则等,都属于质量方针范畴。质量方针是企业开展工作的指南。质量目标是企业按照质量方针所提出的一定时间内质量方面达到的预期成果。如一等品率、产品合格率、疵品率等。在实践中,应注意质量方针和目标具体化。

2. 建立质量体系 质量体系是指"为实施质量管理所需的组织结构、程序、过程和资源"。质量体系既包括了人力和物质资源的"硬件"内容,也包括了组织体制、程序等软件内容。建立质量体系时,应形成必要的体系文件,如质量手册、管理性程序文件、技术性程序文件、质量计划、质量记录等。因此,质量体系的意义不仅在于建立组织机构,更重要的是在于明确组织机构的职责范围和工作方式;不仅在于使企业各方面的质量工作有效地开展,更重要的是在于使这些工作相互协调,构成一个有机的整体,实现企业的整体质量的完善。

3. 开展质量控制和质量保证活动 质量控制是指为满足质量要求所采取的作业技术和活动。质量控制,就是根据质量标准,监视质量环上各环节的工作,使其在受控制状态下运行,及时解决质量问题,保证生产出满足质量要求的产品。

质量保证是指"为使人们确信某产品能满足质量要求,在质量体系内开展的有计划和有组织的全部活动"。质量保证包括两种含义:一是指企业对用户所做的一种质量担保,确保企业产品或服务质量满足其规定的要求,它是一种企业取得用户信任的手段;二是企业为了确保产品或服务的质量满足规定要求所进行的活动,因此,它是一种管理手段。

4. 进行质量改进 质量改进是指"为企业和其顾客提供更多的收益,在整个企业内所采用旨在提高质量活动的效益和效率的各种措施"。质量改进是无止境的,要不断地寻找问题,积极进行改进,这是企业提高质量和综合实力的法宝。

(三)质量反馈

质量反馈就是在质量保证体系的各环节、各工序之间,按反工艺顺序方向输送质量情报,也就是后续生产过程对前面环节或前道工序出现的质量问题,除迅速现场处置以外,还把信息反馈给前方工序,作为改进产品质量的依据。图6-4所示质量反馈把企业内外的各环节沟通起来,构成了一个完整的质量保证体系。

按来源以及信息流转的范围来看,质量反馈可以分为"厂内反馈"和"厂外反馈"。

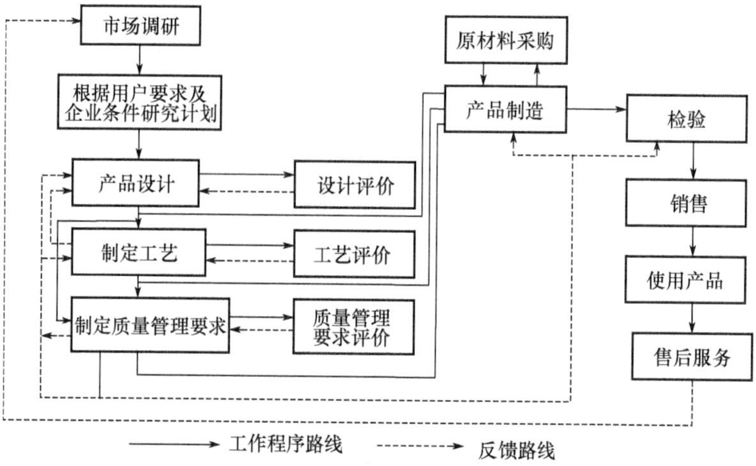

图 6-4　质量反馈示意图

1. 厂内反馈　即企业的内部反馈,厂内反馈来自于以下四个方面。

(1)工序质量测试反馈。作为指挥生产、消除质量异常情况的依据。

(2)生产现场动态反馈。为质量管理部门提供质量的有效动态资料。

(3)出厂成品检验反馈。它是企业分析、指挥和调整生产过程中质量问题的重要依据。

(4)质量基础资料反馈。如原材料、设备、操作工艺的动态变化的反馈资料。

2. 厂外反馈　厂外反馈是指产品进入流通领域或使用过程中,用户对质量问题的反映。厂外反馈来自以下五个方面。

(1)用户信息。

(2)竞争厂家的信息。

(3)行业信息。

(4)国内市场信息。

(5)国外市场信息。

项目 6-2　全面质量管理

一、全面质量管理的相关概念

(一)全面质量管理的概念

全面质量管理(total quality management,TQM)就是一个组织以质量为中心,以全员参与为基础,目的在于通过让顾客满意和本组织所有成员及社会受益而达到长期成功的管理途径。

(二)全面质量管理的特点

1. 全面的质量管理　全面的质量管理不仅包括质量管理,同时包括工作质量和工程质量的管理,用优质的工作质量和工程质量来保证产品质量。

2. 全过程的质量管理　产品质量始于设计,成于制造,终于使用。要保证产品质量,必须把产品质量形成的各个环节的有关因素都有效地控制起来,即从市场调查、产品设计、原材料采购、试制、生产、检验、仓储、销售到售后服务各个环节都实行严格的质量管理,并形成一个综合的质量管理体系。

3. 全员参与的质量管理　产品质量是企业各方面工作的综合反映。产品质量好坏涉及企业的所有部门和所有人员。它要求树立"质量管理,人人有责"的观念,通过落实岗位质量目标责任制和对全体员工进行质量意识教育,把全体员工的积极性和创造性集中到参与质量管理的工作上。

4. 方法灵活多样的质量管理　随着人们对产品的性能、精度和可靠性等方面的要求日益提高,检验测试的工作量成倍增加。另外,影响产品质量的因素日益复杂,因此对质量管理提出新的要求,即企业要广泛灵活地运用现代化的管理方法和手段,解决关键质量问题,达到提高产品质量的目的。

二、全面质量管理的实施过程

全面质量管理活动的实施过程,是产品质量形成的过程,这个过程的管理工作要按照 PDCA 管理程序,周而复始地循环进行。PDCA 是英文 Plan(计划)、Do(实施)、Check(检查)、Action(处理)四个词的第一个字母的缩写组合。是由美国质量管理专家戴明博士(W. E. Deming)首先提出的,所以也叫"戴明环"或"质量管理工作循环"。它包括四个阶段、八个步骤,如图 6-5 所示。

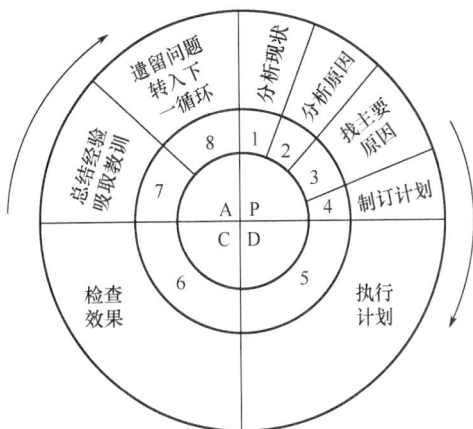

图 6-5　PDCA 管理循环图

(一)计划阶段

确定质量目标、质量计划、管理项目和措施方案。它分为以下四个步骤。

第一步,通过数据分析质量现状,找出存在的质量问题。

第二步,分析产生质量问题的原因。一般有人、机(设备、工具、工装)、料(材料、零配件)、法(工艺、方法、检测)、环境等因素。

第三步,借助质量分析工具,从各种原因中找出影响质量的主要原因,这是解决质量问题的关键。

第四步,针对影响质量的主要原因制订对策,拟定措施,提出执行计划和预计效果。在制订措施和计划的过程中应明确为什么要制订这一措施和计划,预期达到什么目标,在哪里执行这个措施和计划,由哪个单位或谁来执行,什么时间开始执行,何时完成,怎样执行等,即"5W1H"。

(二)实施阶段

第五步,按预订计划,组织实施。

(三)检查阶段

第六步,把实施的结果和计划的要求对比,检查计划的执行情况和实施的效果。

（四）处理阶段

第七步,总结经验教训、巩固成绩,把成功的经验和失败的教训都要纳入相应的标准、制度或规定之中,以巩固已经取得的成绩,防止重复出现已发生过的问题。

第八步,把未解决的问题转入下一个管理循环,作为下一个阶段的质量管理目标。

PDCA 管理循环不停地运转,原有的质量问题解决了,又会产生新的问题,需要继续解决,如此循环不止。这就是质量管理循环上升的过程,也是全面质量管理工作必须坚持的科学方法。

（五）PDCA 管理循环的特点

1. 大环套小环、小环保大环,互相促进 整个企业的质量管理体系构成一个 PDCA 管理循环,而各个部门、各级单位甚至每个员工又都有各自的 PDCA 管理循环,依次又有更小的 PDCA 管理循环,从而形成一个"大环套小环,一环扣一环,小环保大环,推动大循环"的综合管理体系,如图 6-6 所示。

2. 循环上升 如图 6-7 所示,PDCA 管理循环是螺旋式上升的,如同爬楼梯一样,每循环一次就前进、提高一步,循环往复,永无止境,质量问题不断解决,工作质量、管理水平和产品质量就不断提高。

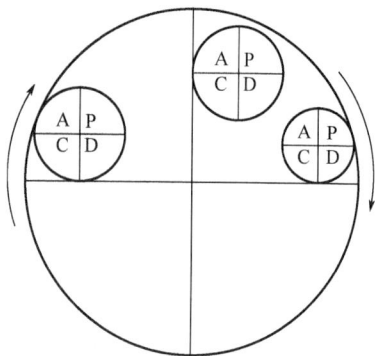

图 6-6　大循环套小循环示意图

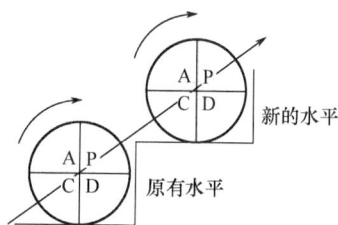

图 6-7　PDCA 管理循环逐级上升示意图

3. 处理阶段是关键 在这一阶段要总结经验,巩固成绩,纠正错误,吸取教训,并使质量管理工作制度化,使每经过一个工作循环,质量水平就能稳定到一个新的水平上。

项目 6-3　ISO 9000 简介

一、ISO 9000 的由来与组成

（一）ISO 9000 的由来

20 世纪 70 年代以来,质量已经成为工商业活动的重点,各个国家、地区或者企业在质量管理领域中,曾经各自制定出了许多的质量标准。由于分析角度、基本概念以及理论依据上的不同,这些标准在有关质量的细节性规定上存在很大的差异,这些差异极大地阻碍了贸易活动的

进行。国际标准化组织质量管理和质量保证技术委员会(ISO/TC 176)在多年努力协调的基础上,总结了各国质量管理和质量保证的经验,经各国质量管理专家近10年的努力工作,于1986年6月15日正式发布 ISO 9402《质量:术语》标准,1987年3月正式发布 ISO 9000 至 ISO 9004系列标准(以下简称 ISO 9000 系列标准)。这些标准的发布,使世界主要工业发达国家的质量管理与质量保证的概念、原则、方法和程序统一在国际标准的基础上,标志着质量管理和质量保证走向了规范化、程序化的新高度。

ISO 9000 系列标准自发布以来,在世界上产生了巨大的影响。目前,已经有80多个国家向国际 ISO 组织证实采用 ISO 9000 系列作为其贸易活动的国际标准;同时,在国际贸易发达的美国、日本以及欧盟等国家或地区,这些标准已经成为其最常采用的质量认证标准。我国于1988年宣布等效采用这些标准,并参照 ISO 9000 系列标准制定了国家标准:GB/T 10300系列标准。

(二) ISO 9000 系列标准的组成

ISO 9000 系列标准的工作范围涵盖了企业生产与经营的方方面面,包括了用户对产品和服务的绝大部分的质量要求,是许多企业建立其内部质量体系的主要依据。通常,我们所说的ISO 9000 系列标准包括以下六方面内容:ISO 8402—1986:质量管理和质量保证——术语;ISO 9000—1987:质量管理和质量保证——选择和使用指南;ISO 9001—1987:质量体系——设计、开发、生产、安装和服务的质量保证模式;ISO 9002—1987:质量体系——生产、安装和服务的质量保证模式;ISO 9003—1987:质量体系——最终检验和试验的质量合格证模式;ISO 9004—1987:质量管理和质量体系要素——指南。

其中,ISO 9000 标准是采用和选择 ISO 9000 系列标准的总指南,它阐述了 ISO/TC 176所制定的质量管理和质量保证标准中所包含的与质量有关的基本概念,即对主要质量目标的选择与受益者及其期望、质量体系要求和产品要求的区别、通用产品类别和质量要领的若干方面等问题作出了明确的解释,并提供了关于这些标准的选择和使用的原则、程序和方法。ISO 9004 标准提出并阐述了质量管理体系一般应包括的基本要素,企业应根据市场环境、产品类型、生产特点和用户需要等具体情况选择相应的要素。ISO 9001 ~ ISO 9003 主要用于合同环境下的外部质量保证,它们为供需双方签订有质量保证要求的合同提供了可供选择的三种不同的模式;选定的模式可作为供方企业质量保证工作的依据,也可作为需方或经供需双方同意的第三方对供方企业质量体系进行验收的依据。这五个标准是相互关联的有机整体,具体如图6-8所示。

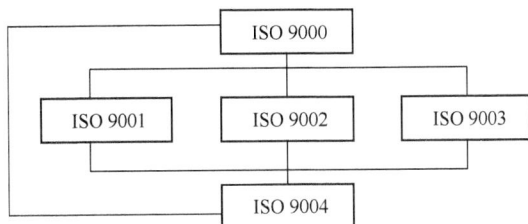

图6-8 ISO 9000 系列标准的组成示意图

二、ISO 9000 系列标准内容简介

ISO 9000 系列标准是在总结、协调各主要质量体系的基础上形成的,其概念和理论的有效实施会给供需双方带来好处。ISO 9000 系列标准的发布标志着质量管理和质量保证工作规范化、国际化和程序化,满足了当今国际贸易中工商业应用的需要,是各国企业进入国际市场的一张通行证。此外,各国还有些质量认证标准,如中国的方圆认证、长城认证等质量认证体系,但尤以 ISO 9000 影响最大、应用最广。ISO 9000 系列标准的内容,简要说明如下。

(一)ISO 9000

这个标准是 ISO 9000 系列标准使用的指导性标准。该标准阐明了 ISO 9000 系列标准涉及质量的主要概念及这些概念之间的区别与相互联系,为 ISO 9000 系列标准提供了选择和使用的指南。除 ISO 8402 中已明确定义过的概念之外,此标准进一步阐明了与商业活动有关的一些概念,如有关产品类型的硬件、软件、流程性材料的定义,涉及贸易双方的工业(经济)部门、受益者、供应链的定义,以及对 ISO 9000 系列标准范围的界定等。

(二)ISO 9001

这个标准是用于外部质量保证的三个涉及质量体系要求的标准。该标准阐述了从产品设计(开发)开始,直至售后服务的全过程的质量保证要求,以保证在包括设计(开发)、生产、安装和服务各个阶段符合规定的要求,防止从设计到服务的所有阶段出现不合格产品。它适用于顾客要求供方企业提供质量体系从合同评审、设计直到售后服务都具有能进行严格控制的能力的足够证据的情况。

(三)ISO 9002

这个标准是用于外部质量保证的三个涉及质量体系要求的标准中要求程度居中的一个标准。该标准阐述了从采购开始,直至产品售后服务的生产过程的质量保证要求,以保证在生产、安装阶段符合规定的要求,防止和发现生产与安装过程中的任何不合格,并采取措施以避免不合格重复出现。它适用于顾客要求供方企业提供质量体系具有对生产过程进行严格控制能力的足够证据的情况。

(四)ISO 9003

这个标准是用于外部质量保证的三个涉及质量体系要求的标准中要求最低的一个标准,该标准阐述了从产品最终检验至成品交付的成品检验和试验的质量保证要求,以保证在最终检验和试验阶段符合规定的要求。它适用于顾客要求供方企业提供质量体系具有对产品最终检验和试验进行严格控制能力的足够证据的情况。

(五)ISO 9004

这个标准是指导企业建立质量管理体系的基础性标准,就质量体系的组织结构、程序、过程和资源等方面的内容进行了说明,对产品形成各阶段的影响质量的技术、管理和人等方面的因素进行了分析,并就如何控制质量提供了全面的指导。

为了确保产品或服务质量完全符合 ISO 9000 系列标准的有关技术规范要求,取得通向国际市场的通行证,往往需要第三方机构对于生产者的质量体系进行认证。质量认证就是世界各

国对产品质量和企业质量体系进行评价、监督、管理的通行做法和认证制度。

三、ISO 9000 认证作用

（一）强化质量管理,提高企业效益;增强客户信心,扩大市场份额

ISO 9000 的认证机构都是经过国家认可机构认可的权威机构,对企业的质量管理体系的审核是非常严格的。这样促进企业严格按照 ISO 9000 体系开展质量管理工作,在企业内部极大地提高了企业质量管理绩效,保证了产品质量,从而提高企业的经济效益和社会效益。对于企业外部来说,当顾客得知供方通过了 ISO 9000 体系论证,并按 ISO 9000 标准实行管理,就会相信企业是能够稳定地生产合格产品的,从而放心地与企业订立供销合同,扩大了企业的市场占有率。可以说,在这两方面都收到了立竿见影的功效。

（二）获得了国际贸易"通行证",消除了国际贸易壁垒

许多国家为了保护自身的利益,设置了种种贸易壁垒,包括关税壁垒和非关税壁垒,其中 ISO 9000 质量管理体系的实施是重要的技术壁垒之一。特别是在"世界贸易组织"内,各成员国之间相互取消了关税壁垒,只能设置技术壁垒,所以获得认证是消除贸易壁垒的主要途径。

（三）节省了第二方审核的精力和费用

在国际贸易中,第二方审核已成为惯例,第二方审核会给生产企业带来诸多弊端:一是要花费大量的人力和精力;二是要花费大量的费用;三是不利于保守商业秘密。企业通过 ISO 9000 认证后,就没必要第二方介入审核,可以消除这样的弊端。

（四）产品质量永远立于不败之地

国际贸易竞争的手段主要是价格竞争和质量竞争。低价竞争不仅使利润锐减还会构成倾销受到贸易制裁,所以质量竞争已成为国际贸易竞争的主要手段,不少国家把产品质量作为贸易保护的重要措施。实行 ISO 9000,可以从质量管理体系上确保稳定地生产合格品和产品质量的改进与提高,使企业在产品质量竞争中立于不败之地。

（五）有利于国际间的经济合作和技术交流

按照国际间经济合作和技术交流的惯例,合作双方必须在产品质量方面有共同的语言、统一的认识和共守的规范,方能进行合作与交流。ISO 9000 认证正好提供了这样的信任,有利于双方迅速达成协议。

项目 6-4　质量统计分析方法

在纺织生产过程中,产品质量缺陷是多种多样的,而造成这些质量缺陷的原因更是错综复杂,使人们不易判明其主要因素。生产管理人员一般在工序质量管理中,常用分层法、排列图法、因果分析图法、相关图法等一系列统计图表作为工具和方法,对质量问题加以分析,找出主要问题,对症下药,使产品质量得到稳定和提高。

一、分层法

分层法又称"分类法",是把收集来的数据,依照使用目的和使用要求,按其性质、来源、影响因素等进行分层(类),把性质相同、在同一生产条件下得到的数据归并在一起,以分析影响质量原因的一种方法。

(一)分层法的标志

运用分层法时,要根据分层的目的,按照一定的标志,把性质相同、在同一生产条件下收集的数据进行分层、集中,使同一层中的数据波动幅度尽可能小,而层与层之间的差别应尽可能大,这是应用分层法的关键。一般按以下标志对数据进行分层。

1. 按操作者分层　根据不同工龄、年龄、性别、文化程度、技术等级或操作技术水平等进行分层。

2. 按机器设备分层　根据不同类别、型号、设备役龄或新旧程度、不同的生产线、不同的工艺装备等进行分层。

3. 按操作方法分层　根据不同工序或不同工作条件,不同操作规程、工艺参数等进行分层。

4. 按原材料分层　根据不同供应厂商、进货时间、批次、规格、成分等进行分层。

5. 按检验手段分层　根据不同检查人员、检查设备、仪器、检测方法等进行分层。

6. 按时间分层　根据不同季节、日期、班次等进行分层。

7. 按环境因素分层　根据不同地区、气候条件,不同的生产单位或顾客,不同的使用条件等进行分层。

8. 按质量缺陷分层　根据纺织品的疵点类型、断头率等进行分层。

(二)分层法的应用

例1:某纺织厂织布车间出现大量布面疵点现象,影响了产品的质量。为查明疵点原因,随机抽查了50台织机,结果发现有19台疵点率过高。仅有这一项数据,无法对产生的质量问题进行分析。经初步分析,认定产生疵点的原因有以下两点。

(1)操作者的操作方法存在差异。

(2)不同设备供应商提供的织机在性能上存在差异。

为进一步查清原因,应用分层法分别按操作者和织机供应商分层,统计分析见表6-1和表6-2。

表6-1　按操作者分层

操作者	不合格	合格	不合格率(%)
A	6	13	32
B	3	9	25
C	10	9	53
合计	19	31	38

表 6-2　按织机设备供应商分层

供应商	不合格	合格	不合格率（%）
甲	9	14	39
乙	19	17	37
合计	19	31	38

经分层统计后发现，操作者 B 的不合格率最低，乙供应商的不合格率较低。

依据这一统计结果，似乎可以得出这样的结论：选用乙厂商的织机，采用 B 操作者的操作方法，就可以实现降低不合格率。该厂在采取了上述措施后发现，不合格率不但没有降低，反而提高了，说明上述分层分析的结论本身出现了问题。这是因为，运用分层法进行数据分层时，往往可依据不同的标志而得出某一方面的结论。

当不同分层的数据间存在着有机联系时，如本例，供应厂商、操作者与操作方法间即存在相互作用时，孤立地就某一方面进行分层分析，得出的结论有时可能会出现"误导"现象，要克服这种现象，可将不同分层因素进行综合分析，力求找出影响产品质量的主要原因或主要因素。本例中该厂经过深入分析后认为问题出在没有考虑到操作法和织机供应商这两种差异间的相互作用，而是孤立地分别进行了分析；正确的分层方法是，对不同的操作者以及使用不同供应商织机的质量状况进行综合分析，见表 6-3。

表 6-3　综合分层

供应商 操作者	甲			乙		
	不合格	合格	合格率（%）	不合格	合格	合格率（%）
A	6	2	75	0	11	100
B	0	5	100	3	4	43
C	3	7	30	7	2	78
合计	9	14	39	10	17	37

从表的统计数据可以看出，采用甲商的织机，应采用 B 操作者的操作方法；而采用乙商的织机，应采用 A 操作者的操作方法。经综合分层后，采用了正确的改进措施，结果不合格率大幅度地降低。

二、排列图法

（一）排列图的概念

排列图又叫"巴雷特图（V. Pareto）曲线"或"主次因素分析图"，它是定量找出影响产品质量主要因素的一种简便有效的方法。1897 年由意大利经济学家巴雷特分析社会财富的分布状况时，发现了所谓"关键的少数和次要的多数"的关系而得名。1951~1956 年，美国的质量管理学家朱兰把它的原理应用于质量管理，作为改善质量活动中寻找主要因素的一种工具,如本项目例2中的图6-9所示。它由两个纵坐标、一个横坐标、多个直方形和一条曲线(折线)构成。左边纵轴表示频数,右边纵轴表示累计频率;横轴表示影响产品质量的各项因素,并按其影响大小,从左到右依次排列;直方形高度表示因素影响大小;曲线(折线)表示各项累计频率的连线。

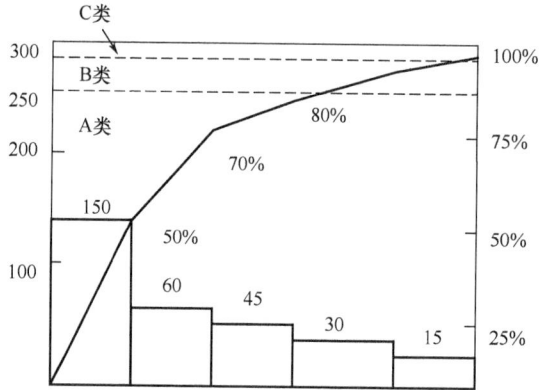

图6-9 主次因素排列图

(二)排列图的绘制

排列图的画法如例2中图6-9所示。

例2:某纺织厂对J9.8tex产品浆纱出现轻浆不合格的现象进行了分析,一周的浆纱质量问题统计见表6-4。

表6-4 浆纱质量问题统计表

原因	操作	工艺	动力供应	设备	其他	累计
频数	150	60	45	30	15	300
频率	50%	20%	15%	10%	5%	100%

排列图(图6-9)的绘制步骤如下。

(1)收集一定期间的某一质量特性值的数据,如不合格品的统计数。

(2)把以上数据根据形成不合格品的原因项目,统计其重复出现的次数(即频数),计算其频率。

(3)以一定的比例绘图,左方纵坐标为频数,右方纵坐标为累计频率。

(4)横坐标,按频率的大小,依次将不合格品的原因项目用直方形表示出来,成为几个由左向右下降排列起来的图形,即排列图。

(5)将直方形端点的累计数(将各项频率依次累加起来),用一条折线连起来形成一条由左向右上升的曲线,即巴雷特曲线。

通常按照累计百分数把影响质量的因素分为三类:累计频率在0~80%的划为A类,这是为数极少(往往只占项目数的5%~10%)的主要因素;累计频率在80%~90%的划为B类,为次要因素;累计频率在90%~100%的划为C类,为一般因素。抓住了主要因素就可以集中力量加以解决,从而达到控制和提高产品质量的目的。

三、因果分析图法

(一)因果分析图的概念

因果分析图又称"特性要因图""树枝图"和"鱼刺图",在质量管理中主要用于整理和分析产生质量问题的因素及各因素与质量问题之间的因果关系。因果分析图由质量问题和影响因素两部分组成,图中主干箭头指向质量问题,主干枝上的大枝表示影响因素的大分类一般为操作者、设备、物料、方法、环境等因素,中枝、小枝、细枝等表示诸因素的依次展开,构成系统展开图。

(二)因果分析图的绘制与分析

因果分析图的画法如例 3 中图 6-10 所示。

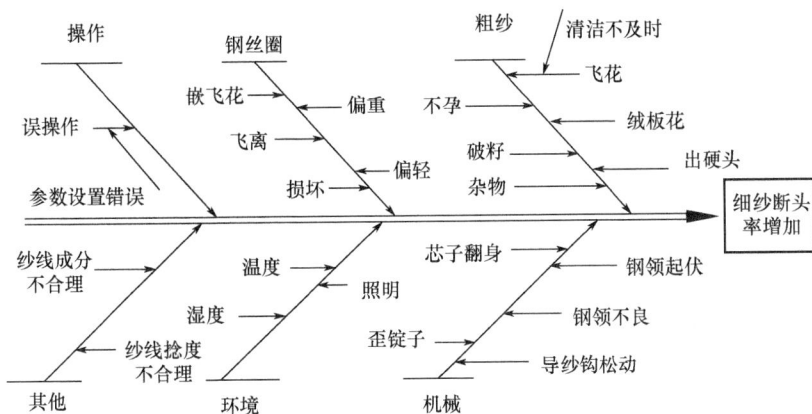

图 6-10 某纺织厂细纱断头率因果分析图

例 3:某纺织厂为降低细纱断头率,分析如图 6-10 所示。影响细纱断头的主要原因是粗纱因素、机械因素、钢丝圈因素、环境因素、操作因素和其他因素六项。每个大的影响因素下又有诸多小的影响因素,影响粗纱质量问题的因素有绒板花、飞花、杂物、不孕、破籽、出硬头等,而造成飞花影响的原因又可能是清洁不及时;影响机械问题的因素有歪锭子、芯子翻身、钢领起伏、钢领不良、导纱钩松动等;影响钢丝圈的原因有嵌飞花、飞离、损坏、偏重、偏轻等因素;影响环境的因素有温度、湿度、照明等;影响操作的因素有误操作;其他影响因素包括纱线成分不合理、纱线捻度不合理等。在实际生产中可针对上述问题采取相对措施解决。

因果分析图法是从产生的质量问题出发,从大类因素开始分析,一直展开到中因素、小因素直至找到最终原因。然后针对根本原因,制定行之有效的对策。显然因果分析图法是一种系统分析方法。

四、相关图法

(一)相关图的概念

"相关图"也称散布图,是分析因素间相关关系的工具。它的方法是将多组相关因素数据标在一个或几个坐标系中,形成散布坐标点群。分析这些点之间的关系,寻找反映事物自身或事物之间发展变化的规律性。

相关分析时经常会遇到两种情况：一是已知两因素有相关性，如空气相对湿度（%）与纱线断头率（%），在这种情况下研究相关性多是研究两者在数量上的规律性；二是事先不知道两个因素之间是否有相关性，如纺织品密度是否与染色后的干燥性能有关，此种情况下需要研究工艺理论，同时也要对相关图进行分析。

凡坐标点群大致形成直线或曲线趋向者，表示两因素之间具有相关性。反之坐标点群无法形成一定形状，反映了因素之间不存在相关性。

（二）相关图的绘制与分析

例 4: 布机断头率与空气的相对湿度有关，经实际仪器测量得到以下数据，见表 6-5。

表 6-5　布机湿度、断头率表

测量序号	1	2	3	4	5	6	7	8	9	10	11	12	13	14
相对湿度	60	61	62	63	64	65	66	67	68	69	70	71	72	73
布机断头率	1.3	1.1	1.0	1.3	1.1	1.0	1.0	0.9	1.0	0.8	0.8	0.7	0.8	0.7

上项数据可画成如图 6-11 所示的相关图，具体画法步骤如下。

（1）列表记录相关因素的数据。

（2）确定 X 轴与 Y 轴含义及单位长度表示的数值量。

（3）每对数值标出一个相关点。

（4）对个别距点群远的点要反复检查记录或者复测。

（5）进行散布分析。

观察相关图的数据分布，可以初步得出各个因素之间的函数关系，如直线、抛物线、指数、对数等。如果是直线（正相关、负相关），则可以用以下数学方法得到直线方程。

（1）由各组 x、y 坐标点数值，求 $\bar{x}$、$\bar{y}$ 的数值。

（2）求 x^2、xy 的数值。

（3）求 $\dfrac{\left(\sum x^2\right)^2}{n}$、$\dfrac{\left(\sum y^2\right)^2}{n}$ 和 $\dfrac{\left(\sum x\right)\left(\sum y\right)}{n}$ 的值。

（4）求 $L_{xx}=\dfrac{\sum x^2}{n}-\dfrac{\left(\sum x\right)^2}{n}$，$L_{xy}=\sum xy-\dfrac{\left(\sum x\right)\left(\sum y\right)}{n}$ 的值。

（5）求 $a=\bar{y}-b\bar{x}$，$b=\dfrac{L_{xy}}{L_{xx}}$ 的值。

（6）将 a、b 值代入方程，$y=a+bx$ 即为直线的方程。

（7）作图（图 6-11）。

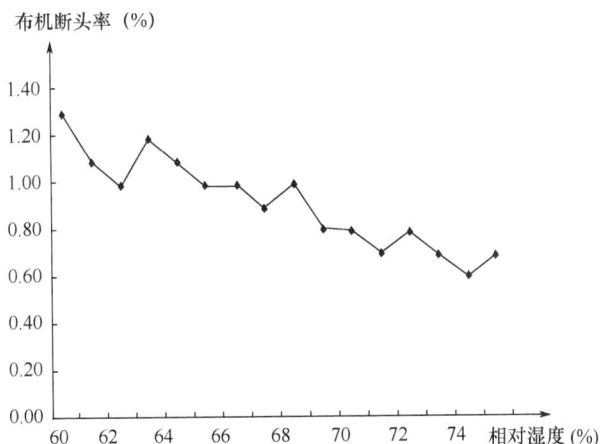

图 6-11　相对湿度与布机断头率相关图

五、调查表法

(一)调查表法的概念

调查表法又称"统计表法"或"检查表法",它是利用一定格式的图表形式,进行初步的质量数据整理和对原因作粗略分析的方法。调查表是一种为了便于收集和整理数据而设计成的空白表格,在检查产品时只要在相应的栏目或部位填上数据或记号即可。表格的样式可以根据产品和工序的具体要求来灵活设计和确定,常用的有缺陷位置统计表、不良项目分类统计表和不良原因统计表。

(二)调查表的类型

1. 缺陷工序和名称统计表　纺织企业工序生产中,当调查产品缺陷情况时,可将产品的缺陷按不同工序和名称画在调查统计表上。

2. 不良项目分类统计表　一道工序或产品不能满足标准要求的质量项目称为不良项目,又称不合格项目或缺陷项目,如捻度不匀率、断头率、上浆不匀率。为了减少生产中出现的各种不良项目,需要采用不良项目统计表,调查不良项目发生的种类以及它们的比率大小。

3. 不良原因统计表　要弄清楚各种不良项目的发生原因,可按设备、操作者、时间等标志进行分类调查,填写不良原因调查统计表。

六、直方图法

(一)直方图的概念

直方图又称质量分布图,是反映产品质量数据分布状态和波动规律的统计图表。直方图的主要用途是判断工序的稳定性、推断工序质量满足标准的程度。

直方图能形象、直观地表示产品质量的分布情况,用以整理质量数据,找出规律,通过对它的观察来分析、判断和预测产品质量的好坏,并进行适当地改进,解决其存在的问题。

(二)直方图的绘制

绘制直方图,将抽样检查得到的一批(一般不小于 100 个)质量数据,编制频数分布表,具体工作包括找出该批数据的最大值和最小值,将数据按大小顺序分组,计算出组距、各组组界、各组的组中值,统计各组的数据个数,以组距为底边,以频数为高作出一系列直方形连接起来形成的图形。

例5:浆纱回潮率是浆纱的一个重要质量指标,其好否影响织造的断头率,某企业一品种最近布机断头增加,要分析浆纱回潮率对断头的影响,于是开展了以下工作。

(1)收集数据。经测试获得某号纱线浆轴回潮率(%)的数据如下(一般要求不少于100个数据,本例为了计算方便,采用了50个数据)。

6.6　6.4　6.5　6.6　6.4　6.4　6.4　6.5　6.5　6.3　6.2　6.4　6.5　6.5　6.5
6.5　6.4　6.4　6.3　6.4　6.4　6.4　6.3　6.1　6.4　6.7　6.4　6.4　6.3　6.1
6.2　6.4　6.6　6.3　6.3　6.4　6.5　6.4　6.5　6.4　6.5　6.5　6.4　6.3　6.2
6.3　6.3　6.4　6.4　6.4

(2)计算平均数: $\bar{x} = \dfrac{\sum x_i}{n} = \dfrac{6.6+6.2+\cdots\cdots6.4}{50} = 6.4$。

(3)计算极差: $R = x_{max} - x_{min} = 6.7 - 6.1 = 0.6$。

(4)确定分组数 K 和组距 h:K 取 7,则组距 $h = \dfrac{R}{k-1} = \dfrac{0.6}{(7-1)} = 0.1$。

(5)决定分组点。分组点的精度一般应比实验数据的精度多取一位小数,以防止有数据刚好落在分组边界上。

第一个分组点 $= x_{min} - \dfrac{h}{2} = \dfrac{6.1-0.1}{2} = 6.05$;

第二个分组点 = 第一个分组点+组距 = 6.05+0.1 = 6.15;

第三个分组点 = 第二个分组点+组距 = 6.15+0.1 = 6.25;

……

(6)作频数分布表,见表6-6。

表6-6　频数分布表

分组	频数计算	频数
6.05~6.15	//	2
6.15~6.25	///	3
6.25~6.35	//////////	10
6.35~6.45	////////////////////	20
6.45~6.55	///////////	11
6.55~6.65	///	3
6.65~6.75	/	1

(7)以组距为底边,以频数为高画图,如图6-12所示。

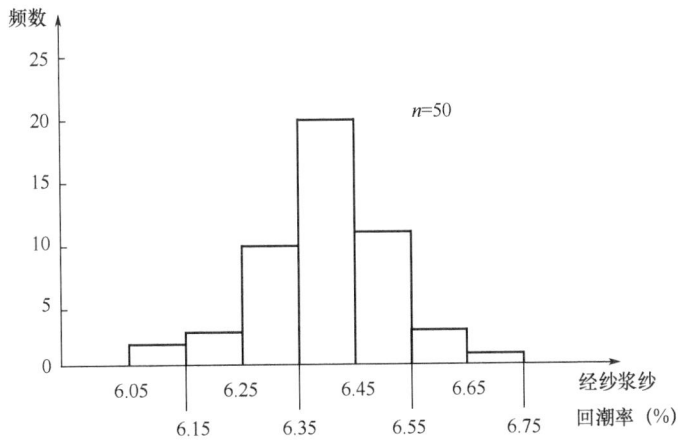

图 6-12 浆轴回潮率(%)直方图

(三)直方图的分析

利用直方图分析质量一般分两步。先绘制直方图,再观察和分析直方图。观察直方图主要是为了对形态进行观察和分析,正常直方图必须满足下列三个条件。

(1)图形分布要中间高、两边低、左右对称。

(2)图形中心与数据中心重合。

(3)图形分布与标准上、下限之间有一定的余量。

凡不同时具备正常直方图的三个条件者即为非正常直方图。非正常直方图的出现说明产品质量或生产过程已经处于非控制状态。常见的直方图类型见表6-7的分析。

表 6-7 直方图形状分析

类 型	分 析
A正常型	以中间为峰,向左右对称分布,符合正态分布状态
B偏态型	偏态分布状态,不正常,应予改进,如不良的操作习惯可能会引起测定值偏态
C双峰型	测定来自不同设备、操作者或企业,应予以调整

续表

类 型	分 析
D锯齿型	作图过程有差错或测定过程有差错,应查明原因,重新作图分析
E平顶型	生产过程中有缓慢变化的因素起作用,如刀具磨损等
F孤岛型	测定错误或生产过程有异常,应查明原因,采取措施

值得注意的是在观察分析直方图的整体形态的同时,还要将直方图与质量标准(规格公差)对比,借以判断工序对标准的适应能力和改善的余地。直方图分布范围与公差比较,如图6-13所示。图中 B 是质量特性的实际分布范围,T 是质量标准的范围。

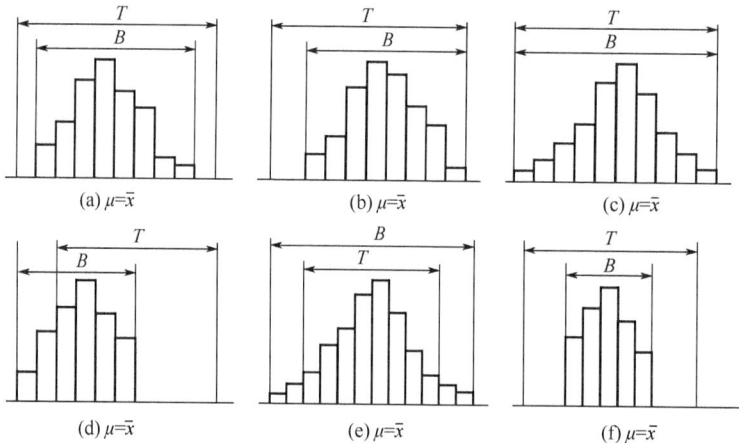

图6-13 直方图分布范围与公差比较图

图(a)中,B 在 T 中间,平均值又正好与公差中心重合,两侧有一定余地,表明工序质量稳定,不会出废品。图(b)中,B 虽在 T 内,但过于偏向一侧,有超下公差的危险,如加工条件稍有变动,就会出现不合格品。图(c)中,B 与 T 重合,表示工序能力毫无余地,存在两侧超差的危险。图(d)中,B 的中心与 T 的中心偏离太大,表示实际尺寸分布过于偏离公差中心,已经单边超差,出现不合格品。图(e)中,B 大于 T,虽然两中心重合,但两侧超差。表明工序能力太小,加工精度过低,尺寸的实际分布范围过大,超过了公差范围,必然出现不合格品。图(f)中,B 与 T 的中心重合,但两侧余地太大。表明工序稳定,但工序能力过于宽裕,经济性差。

七、控制图法

(一)控制图的概念

控制图又称管理图,是用于分析、判断工序是否处于稳定状态所使用的带有控制界限的统计图表。直方图只是对已经完工的一批产品的整体分布状态进行静态的观察分析,未能动态地考察工序质量的变化。实际上影响工序质量的各类因素(5MIE 等)在整个工艺过程中总是随时间而变的,所以工序质量也随之波动。这种波动是否正常,工序是否稳定,要通过控制图来分析、判断。

(二)控制图的制作与分析

控制图的基本形式如图 6-14 所示,纵坐标表示质量特性值,横坐标表示取样时间或样本顺序号;图中的三条线,中间一条点画线为控制中线(标准值),用符号 CL 表示,上部一条虚线为控制上限,用符号 UCL 表示,下部一条虚线为控制下限,用符号 LCL 表示;图中的折线是在生产过程中,每隔一定时间或生产一定数量的产品,从中随机抽取一个或几个产品为样本,对样本进行检测,将检测数据整理按顺序编号圈点在图表上,再用线段把圈点连接起来而得到的。它反映了质量特性值随时间推移而发生波动的情况。根据点子排列情况,可以判定生产过程是否稳定正常。当表明生产出现不正常时,则可以及时采取措施,使之恢复正常,从而使工序处于正常的受控状态。

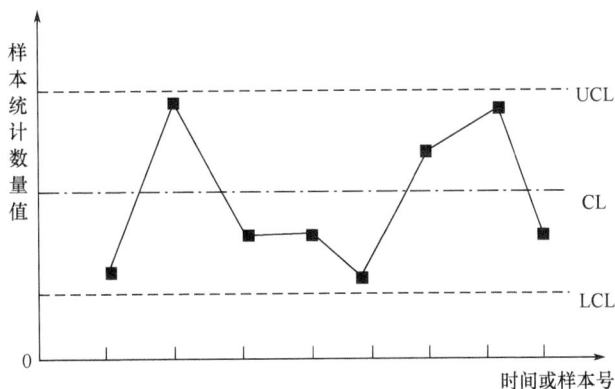

图 6-14　控制图的基本形式

控制图原则上取 $\pm 3\sigma$ 作为上、下控制界限。在有限次数的取样检查中,如果发现有某些数据超过这个控制范围,就判定工序存在异常性因素。

控制图中上、下控制界限之间为安全区,控制界限与公差限之间为警戒区,超出公差限的为废品区。在实际工作中,往往不画出公差界限,以避免混淆。

绘制分析控制图的重要意义,在于控制工序方面的应用。生产管理者应充分利用控制图所提供的质量情报,判断工艺过程的稳定性。一旦发现失控,立即查明原因,采取组织技术措施,消除异常性因素,预防不合格品的发生,进而改进工艺管理,提高产品质量和管理水平。控制图多用于重要的关键工序或工序管理点,一般常与直方图及工序能力指数的测算结合运用。

项目 6-5　质量成本控制

企业所进行的一切管理活动都必须考虑其经济性问题。ISO 9000 系列标准中明确指出"用财务项目来衡量质量体系的有效性是重要的。有效的质量体系对企业的盈利和亏损的影响是至关重要的"。由此,我们应深入地了解质量成本,分析质量成本体系,最终在自己职责范围内完成质量成本管理。

一、质量成本

质量成本是指"为保证和提高产品的质量而引起的费用及没达到质量而造成的损失"。它表明了与质量有关的成本,是产品质量经济性的重要表现。

质量成本按性质一般可分为内部运营质量成本和外部活动质量成本两大类。

(一)内部运行质量成本

内部运行质量成本是指为达到和保持所规定的质量水平所支付的费用和因质量问题而造成的经济损失,包括预防成本、鉴定成本、内部故障成本和外部故障成本等。

1. 预防成本　预防成本是指为预防故障所支付的费用,具体包括质量培训费、质量管理活动费、质量改进措施费、质量评审费、质量管理人员工资及福利基金等内容。其中,质量培训费是企业为强化职工的质量意识、提高职工的质量管理的知识和业务水平而进行质量管理培训所支付的费用,如有关书籍资料费、文具费、场地租用费、授课补助费等。质量管理活动费是企业推行质量管理,制订质量政策、目标和质量计划,编制质量手册和各种文件等一系列活动所支付的费用,以及质量管理部门的办公费,如质量管理咨询诊断费、QC 小组活动费、质量体系建设费、质量奖励费、质量情报费等。质量改进措施费是指为保证或改进产品质量所支付的费用,如购置质检设备和改进检测手段的研究费、产品创优和整顿措施费等。质量评审费是企业进行产品质量审核和质量体系评审所花费的资料费、会议费及有关费用等。

2. 鉴定成本　鉴定成本是指为评价质量是否满足需求而进行试验、检验和检查所支付的费用,具体包括试验检验费、质量检验部门办公费及质量检验工作人员的工资和福利基金、检测设备维修折旧费等内容。其中,试验检验费是对外购原材料和零部件、生产过程中的在制品、半成品、产成品按质量要求进行试验、检验所支付的费用,如外部检验委托费、检验的材料和能源费、破坏性试验消耗费等。

3. 内部故障成本　内部故障成本是指由于产品在交付前不能满足质量要求所造成的损失,具体包括报废损失、返修费、降级损失、停工损失、产品质量事故处理费等内容。其中,报废损失是企业因生产运作过程中的在制品、半成品和产成品达不到质量要求,且无法修复或在经济上不值得修复造成报废的损失,以及外购原材料、零部件在采购、运输、仓储过程中因质量问题所造成的损失。返修费是企业为修复不合格品并使之达到质量要求所支付的人工费、更换原材料和零部件的费用。降级损失是企业因产品质量达不到规定要求等级而降级销售的损失。产品质量事故处理费是处理内部产品质量事故所发生的费用,如不合格品的重复检验费用、重新筛选费用等。

4. 外部故障成本　外部故障成本是指由于产品在交付使用不能满足质量要求所造成的损失。具体包括索赔费、退货损失、保修费和折价损失等内容。其中,索赔费是企业因产品质量未达到要求而对顾客提出的申诉进行处理和赔偿所支付的费用。退货损失是企业因质量问题造成用户退货、换货所损失的包装费、运输费和退回产品的净损失等。保修费是企业根据保修有关规定为用户提供修理服务所支付的一切费用,如保修人员工资及福利、差旅费、更换零件费用、维修工具运输费等。外部故障成本未考虑因质量问题造成的企业声誉受损、市场份额下降等间接效果。

(二)外部活动质量成本

外部活动质量成本是指按合同要求,为向顾客提供所需要的客观证据所支付的费用,包括特殊的附加的质量保证措施、程序、数据、证实试验和评定的费用。

二、质量成本分析

一般采用质量成本法对企业内部运行质量成本进行分析,目的是为了将质量控制在一个适宜的水平上,以使质量成本最低,从而取得最佳的经济效果。

故障成本、鉴定成本、预防成本之间是有内在联系的,其联系如图 6-15 所示,企业在质量管理方面的投入越多,即预防成本和鉴定成本越大,产品质量越有保障,而随着产品质量的提高,内部和外部保障成本相应减少,反之亦然。可见,预防成本、鉴定成本和产品质量水平呈相同方向变化,故障成本和产品质量水平呈反方向变化。因此,预防及鉴定成本与故障成本之和所构成的质量成本,必然会在某一特定水平上达到最小,此时所对应的质量成本即为最佳质量成本,对应的质量水平也为最合理的质量水平。

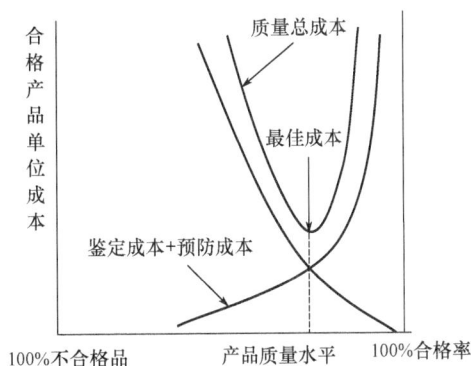

图 6-15　质量成本关系图

由于准确地定量描述质量水平与各种质量成本之间的关系比较困难,在实际工作中常根据经验统计结果进行产品质量成本分析,并以此为基础进行改进,如图 6-16 所示。当质量成本总额中故障成本达到 70% 以上,而预防成本低于 10% 时,质量成本总额一般很高,且产品质量水平很低,因此,应着手改进质量,增加预防、鉴定方面的投入;当故障成本占到质量成本总额的 50% 左右,而预防成本占 10% 左右时,质量成本总额往往接近最佳质量成本值,这时如不采取适宜的改进措施,则应把工作重点放在控制上,努力保持这种最适宜状态;当故障成本低于质量成本总额的 40%,而鉴定成本高于 50% 时,产品质量虽很理想,但质量成本总额过高,因此,此时应研究降低鉴定成本的措施,使质量成本总额降下来,一般可考虑原质量标准是否要求过高,能否放宽标准或减少检验量。

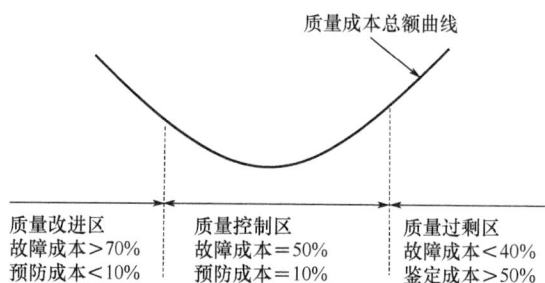

图 6-16　质量成本优化示意图

但必须强调的是,现代质量管理理论认为高质量绝不意味着高成本,追求高质量的同时,成本投入要能够比由于产品和服务的内在缺陷所造成的损失少;质量改进不仅要具有社会效益,而且要具有经济效益。

质量成本矛盾的根源在于传统的管理方式,因此,要改造传统的管理方式,把改善质量作为一个渐进的、持续努力的过程,而不是强化检验和加大技术投入的短期行为。

三、质量成本管理

质量成本管理是对质量成本进行预测、计划、核算、分析、控制和考核等一系列组织和活动的总和。它是全面质量管理的重要组成部分。

质量成本管理是以质量与经济性相结合作为出发点来开展质量管理,从经营角度用货币语言来描述和反映质量情况,说明质量对成本、利润的影响,从而把经营工作与质量问题联系起来,为质量决策提供依据。通过质量成本管理,不仅可以提高产品质量,而且可以降低成本,提高企业经济效益。

质量成本管理也是从经济角度对企业质量体系进行检测和评价的重要手段。通过对质量成本数据进行统计、核算和分析,可以及时掌握产品质量和质量改进情况、工作人员的工作质量对经济效益的影响;同时,可以分清质量体系内部各单位应承担的质量责任和经济责任等,从而对质量体系工作的有效程度和适用程度进行监测。此外,通过质量成本指标体系、质量成本是否处于适宜区域及优化状态的分析,可以综合评价质量体系的有效性,促进质量体系不断完善和发展,推动企业质量管理工作不断深化。

项目知识检测

1. 什么是质量?质量包括哪些方面内容?产品质量包括哪几个方面?

2. 产品的质量是通过什么表现出来的?标准差 σ 的大小如何说明质量情况的?

3. 什么是工程能力指数?可以分成几个等级?分别表示什么加工水平?

4. 什么是直方图?主要用途是什么?如何作图?

5. 直方图的基本原理是什么？如何利用直方图来分析生产过程的质量状态？

6. 正常的直方图有哪三个条件？如何分析？

7. 何谓分层法？如何分层？

8. 质量管理有哪几项职能？

9. 全面质量管理有哪些基本观点？

10. 简述全面质量管理工作的 PDCA 循环及特点。

11. 如何实现质量成本的优化？

12. 某企业生产 J29tex 棉纱，要求重量偏差控制在 ±2.6% 以内（±0.755g/1000m），现取了 10 个纱样进行了试验，得到如下数据：

28.8　29.2　29.3　29.2　29.3　28.8　28.7　28.7　28.9　29.3，

28.8　29.2　29.0　28.9　28.7　28.6　28.9　29.2，28.9　28.7。

试求该工序的工程能力指数。

☞ 项目活动训练

案例分析《织机断头率数据的分析》

某纺织企业生产一种高支高密府绸，要求其断头率控制在 (3.5±0.5) 根/（台·h）内，在日常的质量数据检测中，得到一组布机断头率的数据如下［单位：根/（台·h）］：

3.0　3.1　3.7　3.5　3.6　3.3　3.7　3.6　3.4　3.2　3.3　3.5　3.1　3.0　3.4　3.6

3.6　3.5　3.6　3.6　3.0　3.1　3.7　3.5　3.4　3.3　3.7　3.6　3.4　3.2　3.2　3.5

3.1　3.0　3.7　3.6　3.6　3.5　3.6　3.5　3.5　3.6　3.3　3.6　3.4　3.2　3.3　3.5

请用直方图分析其质量是否正常。

项目七 生产运作财务分析

✽ 本项目知识点

1. 企业资金的筹措方式和特点。
2. 现值、终值、净现值和资金成本的含义及净现值在决策中的应用。
3. 流动资产、固定资产、无形资产、递延资产的含义及特点。
4. 固定资产折旧的含义及对税收的意义。
5. 企业运营状况的分析指标与分析。
6. 贡献分析法的应用原理与实务分析。

生产运作的核心在于实现投入产出转换过程中的增值,因此在生产运作过程中,能理解各类财务分析的方法与概念,会应用这些财务工具准确地评估生产运作中各类活动的结果,正确作出生产运作的各类决策,是非常有必要的。本项目旨在介绍一些与生产运作管理相关的财务知识和概念。

项目 7-1 企业资金

生产运作管理的核心在于实现投入产出过程中的增值,而转换过程中所增加的价值最终是由客户决定的,并不能超过转换过程的实际成本。因此在生产运作中需要理解各类财务的分析方法和概念,并运用这些财务工具准确地评估与生产运作相关的各类活动结果,尤其是资金投入方面的决策。

一、企业筹资渠道与方式

(一)筹资渠道

企业的资金来源,主要有以下几项。

(1)国家财政投入资金。这历来是我国企业中长期资金的主要来源,包括投入企业的固定基金、流动基金和专项拨款等。

(2)专业银行信贷资金。企业向专业银行通过基本建设投资贷款、流动资金贷款、贴现和各种专项贷款等形式取得资金。

(3)非银行金融机构资金。即信托投资公司、租赁公司、保险公司等也可为企业提供一定的资金。

（4）其他企业投入资金。即企业之间的资金联合和资金融通。

（5）企业职工和居民投入资金。即企业职工和部分城乡居民的个人收入的闲散资金、可转化为企业的资金来源。

（6）外商资金。即国外通过各种方式所提供的资金。

（7）企业自留资金。即企业留用利润建立的生产发展资金、新产品试制基金和设备基金等，可以转化为企业经营资金。

（二）筹资方式

企业在国内筹资的方式，除国家财政拨款、银行贷款、企业内部积累外，还有股票、债券、租赁、联营、商业信用等方式，即社会集资。

1. 股票 股票是股份公司为筹集自有资金而发行的有价证券，是持股人向公司入股的凭证。股票有三个基本特征。

（1）代表所有权。持有多少企业的股票，就拥有该公司多少份额的所有权。

（2）不可返还性。即不可以退股。

（3）可交易性。即股票可以通过买卖转让他人。

2. 债券 债券有国家发行的公债（国库券）、银行发行的债券（金融债券）和企业发行的债券（企业债券）等类别。企业债券是指企业为取得资金而发行的有价证券。它有三个特征。

（1）表示债权债务关系。持券者有按期获取利息和本金的权力。

（2）可返还性。

（3）可交易性。

3. 融资租赁 融资租赁又称金融租赁，它是由专门经营租赁业务的企业将专门购入的固定资产出租给承租企业使用，承租企业按合同规定付给出租企业租金的信用业务。承租企业的目的是以融资租赁的方式筹资购买固定资产，解决购买固定资产所需资金不足的困难。

4. 国内联营 国内联营主要指若干企业联合出资兴办合资经营企业。各个出资单位的资产应按标准评估，确定投资额，可折成股份。合资企业的盈利应按先分利后纳税的原则，根据出资各方投资额的比例分配，如亏损，投资各方所承担的损失以各自的投资额为限。

5. 商业信用 商业信用是指企业之间在商品交换中，采用延期付款或预收货款进行购销活动而形成的借贷关系，是一种信用行为，也是一种短期的筹资方式。商业信用形式主要有四种。

（1）应付账款。即赊购商品，是一种典型的商业信用形式。

（2）商业汇票。即企业之间在购销活动中延期付款所开的反映债权债务关系的票据。

（3）票据贴现。即持票人把未到期的商业票据转让给银行贴付一定的利息，以取得银行资金的一种借贷行为。银行贴现商业票据所付金额低于票面金额，其差为贴现息。贴现息与票面额的比率为贴现率。

（4）预付货款。即销货单位按照协议规定，在发出商品之前向购货单位预先收取部分或全部货款的信用行为。它等于向购物单位借一笔款，随后以商品归还。

二、资金的时间价值

在经济活动中,一定量的货币资金在不同的时间点上具有不同的价值。通常把货币在周转使用中由于时间因素形成的差额价值,称为资金的时间价值。

资金具有时间价值的特性,生产经营者向资本所有者借入货币进行生产经营活动,会带来利润,实现增值。经营者就应从资金增值额中分出一部分给资本所有者,作为借入货币的报酬,即支付利息。利息的大小通常用利率表示。经营者借入货币的利率应以资金利润率为界限,不能高于资金利润率,否则就会亏本。

可用利息理解资金的时间价值,用两种方法来解释利息的影响。其一是计算每一时点的现金流量未来值的累计数,即终值;其二是将其未来值按照利率折成现值。

(一)终值

资金在未来某一时间点的价值,或某一时间点的现金流量的未来值的累计数。

爱因斯坦曾将复利利息称为世界第八大奇迹。经过相当长一段时间,复利利息将会奇迹般的增长。如当孩子出生时,家长存入 10000 元作为退休生活保障金,60 岁后孩子可得到一笔保障金。若投资收益率为 13%,通货膨胀率为 5%,扣除通货膨胀损失,60 年后 10000 元的终值是:

$$V_n = P(1 + i)^n$$

式中:V_n——n 年后本金的终值;

n——以年计的复利期数;

P——本金的现值;

i——利率。

当初的 10000 元的最终值是 101.28 万元,也就是说是原来的 101 倍。

(二)年金终值

年金是指在一些特定年份中,每年能获得的固定收入额。通常年金是在期末发生,但在此期间不计利息。

例 1:连续 3 年存入 100 元的年金,应该是在第一年末存入 100 元(这 100 元在下两年将取得利息),在第二年末存入 100 元(这 100 元在下一年将取得利息),第三年末存入 100 元(这 100 元没有利息)。对于银行存款来说,若年金为 100 元,利率为 6%,期数为 3 年,试计算到期复利终值。

解:到期复利终值见表 7-1。

表 7-1　到期复利终值一览表

年	年末收入(元)		复利终值系数$(1+i)^n$		第三年末的价值(元)
1	100	×	$(1+0.06)^2$	=	112.36
2	100	×	$(1+0.06)^1$	=	106
3	100	×	$(1+0.06)^0$	=	100
合计					318.36

年金终值和一般计算公式为：

$$S_n = R[(1+i)^{n-1} + (1+i)^{n-2} \cdots + (1+i)^1 + 1]$$

式中：S_n——年金终值；

  R——年金值；

  i——利率；

  n——以年表示的期数。

利用该公式计算例1，可得：

$$S_n = R[(1+i)^{n-1} + (1+i)^{n-2} \cdots + (1+i)^1 + 1]$$
$$= 100 \times [(1+0.06)^2 + (1+0.06)^1 + 1]$$
$$= 318.36 \, 元$$

（三）现值

现值即将未来现金值按照利率折算成现值。用 NPV 表示，终值是用来确定奖金在未来某一时间点的价值，而现值的计算过程与终值正好相反，是用于确定未来收入的现在值。大部分投资决策都使用现值，因为影响未来的决策是现在作出的，将未来的报酬转化为决策时刻的现值会更好。现值计算公式如下：

$$p_n = \frac{v_n}{(1+i)^n}$$

式中：p_n——现值；

  V_n——n 年后的本金值；

  n——以年表示的期数。

例2：今年你过生日，你父亲想送你一件礼物，方案1：现在送你一部1000元的手机，或方案2：两年后送你价值1200元的礼物，你作出何种选择？

你必须权衡 2 年后 1200 元的价值与现在 1000 元的价值。年利率为 6%，通货膨胀率为 5%，将 1200 折现，比较其购买力的大小。通过终值公式，可求得现值。

$$p_n = \frac{v_n}{(1+i)^n} = \frac{1200}{(1+11\%)^2} = 974（元）$$

以上计算表明，在年利率为 6%，通货膨胀率为 5% 的情况下，2 年后的 1200 元，相当于现在的 974 元，所以你应该明智地选择现在的 1000 元手机。

（四）年金现值

年金现值是指在未来收到的、用现值表示的年金值（年金必须是在每年年末收到）。

例3：计算期数为三年，年金金额为 1000 元，利率为 10% 的年金现值。

解：可用现值公式，将每年的年金折现，然后再求和，见表 7-2。

（五）折现后的现金流量

折现后的现金流量指的是将未来形成的资金流量折现为现值的资金流量。它是一种简单的现值分析，包括一次性支付、年金及其他各种类型。

表7-2 年金现值一览表

年	年末收到的金额(元)		10%利率下的现值系数		现值(元)
1	1000	×	0.909	=	909
2	1000	×	0.806	=	806
3	1000	×	0.751	=	751
合计	3000		总现值		2486

三、净现值用于投资评估的方法

在企业的生产经营运作中资金是有时间价值的,而企业的生产经营往往是一个决策过程,有很多决策是有关投资方面的,其决策正确与否,可用资金的时间价值来作出分析判断。

(一)净现值法

净现值是一种常用的方法。这种方法通过计算资金流入量的现值超过投资额(即现金流出量)的差额,并以此作为基础来决策。其计算公式如下:

$$NPV = \sum_{i=1}^{n} \frac{R_i}{(1+i)^i} - C$$

式中:R_i——第i年的资金流入量;

C——投资额;

i——利率。

例4:宁波某纺织集团准备进行两个投资方案的选择,方案投资额分别为方案A20万元,方案B30万元。表7-3列出了未来两产品三年的现金流量。

表7-3 A、B产品未来三年的现金流量表　　单位:万元

年	A产品	B产品
1	10	15
2	10	15
3	10	15

解:为了要在A、B方案之间作出选择,就要看两者的净现值哪个品种大,假定资金成本率都为10%,A、B两方案净现值计算见表7-4。

表7-4 A、B两方案净现值计算表　　单位:万元

A方案	B方案
2.486(现值系数)×10=24.86	2.486(现值系数)×15=37.29
减去投资额=20	减去投资额=30
净现值=4.86	净现值=7.29

可见,方案B比方案A好,因为方案B的净现值比方案A多出2.43万元。

(二)投资回收期

投资回收期是指收回投资的时间(通常用年数或月数表示)。通过比较各方案投资回收期的长短,并以此为依据来进行方案评估的方法。该方法的基本原理是投资回收得越快或企业获得的收益越大越好。

例5:考虑两个投资方案,如每个投资方案投入资金都为100万元,第一方案是在今后的5年中每年回收25万元;第二方案是前三年每年回收35万元,后两每年回收15万元。

第一方案投资回收期为4年,第二方案可在第3年底就可收回投资。第二方案用这100万元进行投资的回收时间要比第一方案早一年。

但仅用回收期作为投资决策的依据的情况不多,经常和其他方法结合使用来揭示收回投资的全部时间。因为该方案忽略调整现金流的时间性,忽略了调整风险,回收截止期的时间总是主观的,不能保证公司的权益价值最大化。

(三)内部回报率

内部回报率是指现金流入量现值等于投资额时的折现率,也就是净值为0时的折现率。计算内部回报率没有直接的公式,一般采用反复计算法计算。

例6:如投资建一个纺纱工厂,投资金额是1000万元,以后三年中每年的现金流入量为500万元,求其内部回报率。

首先利用净现值公式 $NPV = \sum_{i=1}^{n} \frac{R_i}{(1+i)^i} - C$ 计算其净现值等于零时,三年的现值系数 $\frac{R_i}{(1+i)^i}$ 和:

$$NPV = \sum_{i=1}^{n} \frac{R_i}{(1+i)^i} - C = 0 \qquad \sum_{i=1}^{3} \frac{1}{(1+i)^i} = \frac{1000}{500} = 2.00$$

然后可以找出年数为3,总现值系数为2.00的折现率(即利率),通过反复计算得出折现率为22.3%。也就是说,如果折现率为22.3%,现金流入现值与投资金额基本相等,因此投资建一个纺纱厂的资金回报率为22.3%。可以将资本成本率与内部回报率作比较,以决定投资的净收益率。本例如果资本成本是10%,则该投资的净收益率为12.3%。

净现值与内部回报率法的步骤基本相同。它们的区别是净现值以收入超过投资的差额来比较投资方案;而内部回报率则是用内部回报率或净收益率进行比较。这个回报率之所以称为内部的,是因为只考虑了与该项目投资有关的预期产生的现金流量,而不取决于可选择项目获得的回报率。

四、净现值投资决策实务

(一)扩建决策实务

例7:宁波某家用纺织品公司,由于需求增加,准备增加新设备来增加产量,扩大市场份额。大提花织物的售价不因产量的增加而变化,平均销价在30元/m,并且可以在现有厂房中安装设备。增加设备的投资额为500万元,增加产量为40万米,工程分析见表7-5。

表7-5　年增长产量40万米估计成本　　　　　　　　　　单位:万元

寿命为10年的新设备购置成本	500
设备安装成本	20
寿命为10年的新设备购置成本	500
新设备生产运作成本	40
人工成本	200
原料成本	580
公共设备费用	20

设备使用年数总和法折旧,税率为20%,该公司的策略是报酬率低于20%,则不进行投资。那么该扩建计划是否可以实施?

解:首先计算投资成本,见表7-6。

表7-6　设备成本表　　　　　　　　　　单元:万元

购置成本	500
设备安装成本	20
总成本	520

然后,决定整个投资寿命期各年的现金流量:

$$年销售收入=平均销价×产量=30×40=1200(万元)$$

年生产成本包括公共设备费用,人工成本和直接成本,三者总额为800万元,则:

$$折旧和税前收入=年销售收入-年生产成本$$
$$=1200-800=400(万元)$$

再用年数总和法,将各项费用从400万元的收入中扣除。所谓年数总和法是指利用设备所需折旧年数除以设备折旧的年数总和所得的值(称为设备折旧系数),来进行设备折旧的一种方法。各年设备折旧费用见表7-7。

表7-7　各年设备折旧费用一览表

年	购置成本×设备折旧系数(万元)		折旧额(万元)
1	10÷55×500	=	90.91
2	9÷55×500	=	81.82
3	8÷55×500	=	72.73
4	7÷55×500	=	63.64
5	6÷55×500	=	54.55
6	5÷55×500	=	45.45
7	4÷55×500	=	36.36

续表

年	购置成本×设备折旧系数(万元)		折旧额(万元)
8	3÷55×500	=	27.27
9	2÷55×500	=	18.18
10	1÷55×500	=	9.09
累计折旧额		=	500

税率为 20%,计入年金流入量,因为每年的折旧和税前收入为 400 万元,计算第一年现金流入量的过程见表 7-8。

表 7-8　第一年现金流入量表　　　　　　　　　　　单位:万元

折旧和税前收入	400
减:折旧	90.91
税前收入	309.09
减:20%税额	61.818
净收入	247.272
净现金流量=净收入+折旧	338.182

依此类推,计算出每年现金流量,见表 7-9。

表 7-9　每年现金流入量表　　　　　　　　　　　单位:万元

年序	折旧和税前收入	折旧	税前收入	税额	净收入	净现金流量
1	400	90.91	309.09	61.82	247.27	338.18
2	400	81.82	318.18	63.64	254.54	336.36
3	400	72.73	328.27	65.66	262.61	335.34
4	400	63.64	337.36	67.48	269.88	333.52
5	400	54.55	345.45	69.10	276.35	330.90
6	400	45.45	354.55	70.92	283.63	329.08
7	400	36.36	363.64	72.72	290.92	327.28
8	400	27.27	372.73	74.54	298.19	325.46
9	400	18.18	381.82	76.36	305.46	323.64
10	400	9.09	390.91	79.80	311.11	320.20
总计	4000	500	3500	700	2800	3300

计算现金流量的现值。由于公司要求每年至少 20%的回报率,则将各年现金流量乘以 20%的现值系数即可。各年的现金流量现值见表 7-10。

表 7-10　各年的现金流量现值表

年	现值系数(20%)		现金流量(万元)		现值(万元)
1	0.833	×	338.18	=	281.70
2	0.694	×	336.36	=	233.43
3	0.579	×	335.34	=	194.16
4	0.482	×	333.52	=	160.76
5	0.402	×	330.90	=	133.02
6	0.335	×	329.08	=	110.24
7	0.279	×	327.28	=	91.31
8	0.233	×	325.46	=	75.83
9	0.194	×	323.64	=	62.79
10	0.162	×	320.20	=	51.87
现金流总现值(20%的折现率)				=	1395.11

现在观察净现值的正负情况。

现金流量总现值:1395.11(万元)

投资总成本:520(万元)

净现值=现金流量总现值-投资总成本=1395.11-520=875.11(万元)

当折现率为20%时,净现值为正,这说明投资报酬将超过20%,因此应实施该扩建计划。

(二)更新决策实务

例8:宁波某家用纺织品公司,原来有10台机械龙头的剑杆提花织机,已经使用了5年,当年购买的价格是50万元(5万元/台),折旧时间为10年,残值为0。若现在将该设备出售,可获30万元。若不购买新设备,以上旧机器一个月后要进行一次大修理,预计修理费用为5万元。

公司可以购入10台新的电子提花龙头的新剑杆织机,价格为100万元(10万元/台),该设备可使用5年,它可使人工成本减少25万元并提高质量,新设备按"直线法"在5年内计提折旧,残值为20万元(2万元/台)。

假定公司愿意在投资收益率超过资本成本20%的任何项目投资,税率为20%,问该家用纺织品公司应该投资新设备吗?

解:首先计算投资成本,见表7-11。

表 7-11　新设备的投资成本　　　　　　　　　　单位:万元

新设备的价格		100
减:旧设备的售价	30	
可避免的维修费	5	35
有效投资成本核算		65

然后计算新设备产生的现金流入量增量。

年节约成本=25(万元)

再求出投资总现值:年限为 5 年,每年现金流量(万元),见表 7-12。

表 7-12 每年现金流量一览表 单位:万元

折旧差异	
旧设备折旧额	(资产原值成本−残值)÷期望寿命=(50−0)÷10=5
新设备折旧额	(资产原值成本−残值)÷期望寿命=(100−20)÷5=16
折旧差异	11
年净现金流入量	
年人工节约成本	25
减:20%的税额	5
加折旧抵税	2.2
年净现金流入量	22.2

资金折现率即资本成本为 20%,查年金现值系数表得 2.99,则:

五年累计资金流入量现值=2.99×22.2=66.38(万元)

第 5 年年末把新设备以残值出售,查现值系数表得现值系数为 0.402,则其现值为:

设备残值现值=0.402×20=8.04(万元)

预计现金流入量的总现值为:

现金流入量的总现值=66.38+8.04=74.42(万元)

再看净现值是否为正值:流入量的总现值为 74.40 万元,设备投资额为 65 万元,则:

净现值=流入量的总现值−设备投资额=9.40(万元)

净现值为正数,说明该投资的报酬率高于资本成本率(20%),故维科精华人丰家用纺织品公司应购买新设备。

五、资金成本

(一)资金成本的概念与作用

1. 资金成本的概念 资金成本就是企业取得和使用资金而付出的代价,它包括资金占用费用和资金筹集费用。资金占用费用指股息、利息等。资金筹集费用指委托金融机构代理发行股票、债券等的注册费、代办费、手续费等。资金成本通常以资金成本率表示,其计算公式为:

$$K = \frac{D \times 100\%}{P(1-F)}$$

式中:K——资金成本率;

D——资金占用费;

P——筹集资金总额;

F——筹资费用率。

2. 资金成本的作用 资金的成本是企业日常生产经营中作为筹资投资和评价经营成果时的重要依据,其作用有如下几点。

(1)资金成本是筹资决策的重要依据。不同来源取得的资金,其成本是不同的。为了以最少的耗费取得企业所需的资金,就必须分析各种资金来源成本的高低,以便合理地进行配置。

（2）资金成本是投资决策的重要依据。任何投资项目,如果它的预期投资收益率高于资金成本率,则有利可图;反之,会亏本,投资方案就应放弃。

（3）资金成本是评价企业经营成果的依据。在实际生产经营中,资金成本率的高低是衡量企业投资收益率的最低标准。如果投资收益率低于资金成本率,就表示企业经营不利,应改善经营管理。

（二）各种资金来源的资金成本的计算

现就两种主要的来源,说明资金成本的计算方法。

1. 债券成本 企业发行长期债券时,通常事先规定出利息率,按利息率在税前利润中支付利息。这样企业实际上少缴一部分所得税。债券成本的计算公式为:

$$K_d = \frac{I(1-T) \times 100\%}{Q(1-F)}$$

式中:K_d——债券成本率;

I——债券总额每年利息;

T——所得税税率;

Q——债券发行总额;

F——发行债券的费用率。

2. 优先股成本 企业发行股票,除需要支付筹资费外,还要定期限支付股利。股利是在税后支付的。优先股成本的计算公式为:

$$K_p = \frac{D_p \times 100\%}{P_0(1-f)}$$

式中:K_P——优先股成本率;

D_P——优先股每年的股利;

P_0——发行优先股总额;

f——发行股票费用率。

例9:某公司发行700万优先股,发行费用率为3%,每年支付股利年率为12%,计算优先股成本率。

$$K_P = \frac{700 \times 12\%}{700 \times (1-3\%)} = 12.4\%$$

（三）综合资金成本

企业的资金来源不同,资金成本也不同。为了进行投资和筹资决策,就需要计算全部资金的综合资金成本,即加权平均的资金成本率。其计算公式为:

$$K_w = \sum W_i K_i$$

式中:K_w——加权平均资金成本率;

W_i——第i种资金来源占全部资金的比重;

K_i——第i种资金来源的资金成本率。

例 10：某企业共筹集资金 200 万元，其中长期债券 100 万元，优先股 60 万元，普通股 40 万元，其资金成本率分别为 8%、11%、12%。求筹资成本。

解：计算该企业加权平均的资金成本率。

$$K_{\mathrm{w}} = \sum W_i K_i = \frac{100}{200} \times 8\% + \frac{60}{200} \times 11\% + \frac{40}{200} \times 12\% = 9.7\%$$

筹资成本 = 200×9.7% = 19.4（万元）

项目 7-2 企业资产

企业资产包括流动资产、固定资产、无形资产、递延资产、其他资产和长期投资等。资产管理总的要求是对固定资产要充分使用好，妥善维护好，精心管理好，要"固定住"，不能流失掉。对流动资产，则不能让其停滞，停滞会导致资金成本增加，要让它合理巧妙地流动，尽量缩短周转天数，在流动中实现最大的增值。

企业资产形式及特点

（一）流动资产

流动资产是指可以在一年内或超过一年的一个营业周期内变现或运用的资产。流动资产主要由五个项目组成，即货币资金、应收款项、预付款项、存货、短期投资等。其组成如图 7-1 所示。

流动资产具有如下特点。

（1）流动资产流动性大，不断改变形态。从货币资金经储备资金、在产品资金、成品资金，再转化为货币资金。

（2）流动资产的价值一次消耗、转移或实现。完成一个生产经营周期，流动资产也就一次性地被消耗，价值也一次性地被转移。

（3）流动资产占用资金数量具有波动性。企业在筹资方式上，既要考虑流动资金来源的稳定性，又要考虑流动资金来源的机动性和灵活性，以保证流动资金的供需平衡。

（二）固定资产

固定资产是指使用期限超过一年，单位价值在国家有关规定标准以上，并且在使用过程中保持原有物质形态的资产，包括建筑物、机器设备、工具器具等。不属于生产经营主要设备的物品，单位价值在 2000 元以上，并且使用期限超过两年的也应作为固定资产。

1. 固定资产的特点 企业的固定资产是沿着固定资产的构建、价值转移与补偿、实物更新的顺序进行循环的，其特点如下。

（1）使用中的固定资产价值双重存在。使用中的固定资产价值，既存在实物形态，又存在货币形态。使用中的固定资产在全部使用年限内，随着价值的转移，实物形态上的价值逐渐减少，转化为货币准备金的积存价值逐年增加，直到固定资产报废时，垫支在固定资产上的资金才

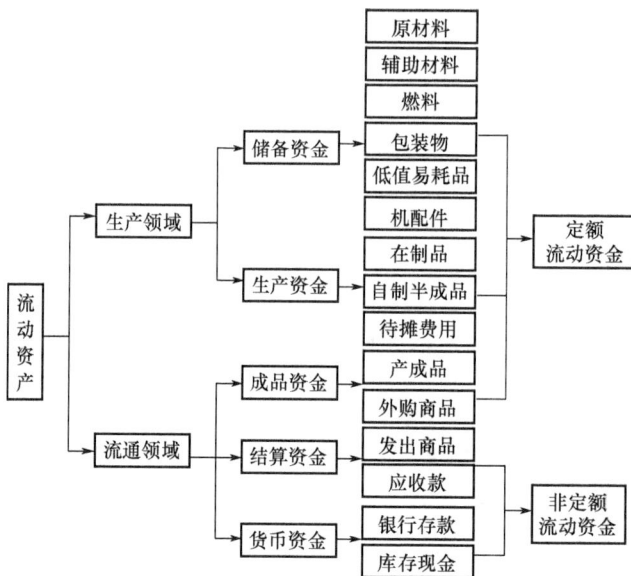

图 7-1 企业的流动资产构成示意图

实现价值的补偿,在实物形态上进行全部更新。这样,货币资金同固定资产再度统一起来,开始另一个周期的循环。

(2)固定资产投资的集中性和回收的分散性。企业构建固定资产需要一次性垫支全部资金,形成投资的集中性,由于其价值是通过产品的固定成本逐步转移至产品中,通过产品的销售逐步回收,所以固定资产的回收是分散性的。

2. 固定资产的折旧、报废

(1)固定资产的折旧与修理。

①固定资产折旧。固定资产在使用期限内不断发生损耗,它的价值以折旧费的形式逐渐转移到所生产的产品中,构成产品成本的一部分,从产品销售收入中得到补偿。固定资产因损耗而转移到产品中的那部分价值,叫固定资产折旧。折旧费是固定资产更新的资金来源。

由于折旧在任何时候都可能发生,因而设备实际价值与账面价值往往不反映资产的真实价值。同时,由于折旧率的大小对税金影响很大,企业可以在五种常用的折旧方法中作出选择,但应充分考虑所选方法对税金的影响,这比使资产账面价值尽量反映变现价值更为重要。

②固定资产修理。为了保证生产能力,就需要对固定资产进行维护修理。固定资产修理支出,计入有关费用。

(2)固定资产的经济寿命和报废。设备有物质寿命、技术寿命、经济寿命三种寿命状态。但设备在使用过程中,由于出现了一种效率更高、经济性更好的新型设备,那么就应考虑将原先购买的旧设备报废,而不考虑它是否到了使用寿命。由使用效率或经济性决定的设备寿命,称为经济寿命。

(3)固定资产折旧的计算方法。计算固定资产折旧额要根据固定资产的实耗情况,采用合理的计算方法。通常使用年限法。

采用年限法计算固定资产折旧额,是根据固定资产原始价值、清理费用、残余价值,按照其使用年限平均计算的。折旧额计算公式如下:

$$固定资产年折旧额 = \frac{原始价值+清理费用-残余价值}{估计使用寿命}$$

例11:一台机器原值10000美元,估计残值为0,使用寿命为10年,其年折旧额为1000美元,10年内提前完成折旧。如果10年后的残值为1000美元,则年折旧额为:

$$固定资产年折旧额 = \frac{10000-1000}{10} - 0 = 900(美元/年)$$

(三)无形资产

无形资产是指企业长期使用但没有物形态的资产,包括专利权、商标权、著作权、土地权、非专利技术商誉等。它有三个基本特征:一是没有实物形态;二是能在较长日期内使企业受益,但又具有很大程度的不确定性;三是表现为企业的一种特别权力,受社会保护。企业购置无形资产的支出是资本性支出,无形资产的价值应在整个受益期内进行摊销。无形资产的管理主要有三个环节。

(四)递延资产

递延资产是指企业发生的不能全部计入当年损益,应当在以后年度内分期摊销的各项费用,包括开办费、以经营租赁方式租入的固定资产改良支出等费用。开办费指企业在筹建或大型技术改造期间发生的费用,包括人员工资、办公费、培训费、差旅费、注册登记费以及不计入固定资产和无形资产的构建成本的汇兑损益、利息等支出。以经营租赁方式租入固定资产改良支出,在租赁有效期内分期摊销,计入制造费用或管理费用。

(五)其他资产

其他资产主要包括特准储备物资、银行冻结存款、查封物资、涉及诉讼中的财产等。企业对这一部分资产应严格根据有关部门规定和程序处理,不得随便挪用、转移、毁损和变卖。

项目 7-3 成本、费用与盈利

盈利是企业最大的追求,在生产经营的全过程中,必须精打细算控制成本和费用,使企业获得最大收益。

一、成本与费用

(一)成本

成本就是企业为获得所需要的各项资源而付出的代价。"成本,广义而言,指在交易过程中,为取得一项财物或服务所达成的协议价格的总和,而必须以现金或其他债券偿付的部分。"此即《企业会计准则介绍》一书对成本的定义,该书还指出:"在现金交易情况下,成本以所支付的现金数额来衡量;在信用交易情况下,成本以偿还债务时所必须支付的现金数额来衡量。"但是具体内涵的确定取决于是出于会计目的,还是决策目的。下文从决策的需要出发,探讨关键的几个基本成本概念。

1. 相关成本和非相关成本 相关成本是近些年来在管理经济学和管理会计中常用的概念。相关成本是指适宜于作决策用的成本。与它相对应的成本就是非相关成本。非相关成本是指不适宜作决策用的成本。

如去年买进 10t 钢材,价格为 500 元/t。由于涨价,现在的市价 1000 元/t。那么,如果利用这批钢材承包一项工程,在决策时应当用什么价格来计算成本?显然应当用市价(1000 元/t),不是用过去进货时的价格(500 元/t)。所以,用市价算出的成本是相关成本,用过去价格计算的成本是非相关成本。

例 12: 一机器从账面上看折旧已经提完,其残值为 0 元。但实际上这台机器还能使用,如果出售还可以卖 100 元。在决策时,应当选用什价格?显然应当按 100 元计算,而不应按 0 元计算。所以,100 元是这台机器的相关成本,0 元是这台机器的非相关成本。在管理决策中,正确区别相关成本和非相关成本是十分重要的。在作决策时,如果误把非相关成本当作相关成本作为决策的根据,就会导致错误的决策。

2. 机会成本和会计成本 机会成本这个概念是由资源的稀缺性引起的。资源的稀缺性决定了资源如果用于甲用途,就不能再用于乙用途。

例 13: 假设某企业有 10000 元资金,如用于甲产品的生产,就不能用于乙产品的生产,两者只能选择其一。

所以,资源的稀缺性决定了资源的用途要有所选择,即所谓资源配置优化的问题。资源配置优化是指要将有限的资源使用在最有价值的地方,或者说要将有限的资源使用在企业为此所付代价(即所作出的牺牲)最小的地方。

例 14: 假如 10000 元资金用于雪呢尔花式线的生产能获利 5000 元,用于结子纱的生产能获利 2000 元。这就是说,如果生产雪呢尔花式线,就要放弃生产结子纱可能带来的收入 2000 元,这 2000 元就是企业把资金用于生产雪呢尔花式线所需要作出的牺牲,即 2000 元为 10000 元资金用于生产雪呢尔花式线的机会成本,同样道理,5000 元是 10000 元资金用于生产结子纱的机会成本。所以,机会成本是指如果一项资源既能用于甲用途,又能用于其他用途(由于资源的稀缺性,如果用于甲用途,就必须放弃乙用途),那么资源用于甲用途的机会成本,就是资源用于次好的、被放弃的其他用途得到的净收入。它是一种损失。

例 15: 甲用自己的钱 300000 元办工厂(如果这笔钱借出去,每年可得利息 30000 元)。乙则从银行借钱 300000 元办同样的工厂,每年支付利息 30000 元。试求甲、乙的会计成本和机会成本。

解: 甲:会计成本 = 0 元,机会成本 = 30000 元;

乙:会计成本 = 30000 元,机会成本 = 30000 元。

就是说,如果从会计观点看,甲的会计成本低于乙,甲的效益似乎比乙好。但从经济观点看,两个方案的机会成本相等,两个方案是一样的。

3. 增量成本和沉没成本 增量成本指作出某一特定决策,而引起的全部成本的变化。

如决策前的成本为 C_1 ,决策后的成本为 C_2 ,那么增量成本 $\Delta C = C_2 - C_1$ 。这里强调的是"因作出某一特定决策而引起的"成本变化。与此相对应,如果有的成本不因决策而发生变化(如决策前已经支出的成本,或已经承诺支出的成本,决策对它没有影响,即与决策无关的成本),那么,这种成本就是沉没成本,决策时不予考虑。

例 16:某水电安装工程公司投标承包一条生产线,其工程预算见表 7-13。

表 7-13　工程预算表　　　　　　　　　　　　　　　单位:元

投标准备费用	20000
固定成本(不中标也要支出的费用,如折旧、管理人员工资等)	20000
变动成本(中标后为了完成合同需要增加的支出,如材料费、工人工资等)	50000
总成本	90000
利润(33%)	30000
报价	120000

安装工程公司报价 120000 元,可是投标后,发包方坚持只愿出 60000 元,而该安装公司目前能力有富裕。它应不应接受承包这项工程?

解:投标准备费用(20000 元)和固定成本(20000 元)是沉没成本,因为它们都是在投标前已经支出了的无论承包或不承包这项工程,都已无法收回,所以与决策无关,决策中不应考虑。如果接受承包这项工程,增量收入为 60000 元,增量成本为 50000 元(变动成本)。增量收入大于增量成本,所以应当接受这项承包工程,因为它可以带来 10000 元的利润。

例 17:某纺织企业生产 $(J18.4tex \times 2) \times (18.4tex \times 2)$ 504×236 根/10cm、160cm 线卡 400000m,单位变动成本为 6.50 元/m,总固定成本为 600000 元(单位固定成本为 1.50 元/m),单位全部成本为 8.00 元/m,单位价格为 10.00 元/m。现有人只愿以 9.50 元/m 的价格再订购 300000m,如企业生产能力有富余,该企业是否应接受这笔订货?

解:600000 元固定成本是沉没成本,因为它不受企业接受订货后产量增加的影响。增量成本为 1950000 元(6.5×300000),增量收入为 2850000 元(9.5×300000),增量收入大于增量成本 900000 元(2850000-1950000),说明可接受这笔订货,因为这笔订货可使企业增加利润 900000 元。

4. 边际成本　边际成本是指在一定产量水平上,产量增加一个单位,给总的成本带来的变化量。往往它与边际收入和边际贡献一起使用。一般用于确定最经济生产规模。边际贡献为正值时,表示增收大于增支,增产对于企业增加利润或减少亏损是有贡献的;反之则应减产。边际收入等于边际成本时的产量为利润最大化产量。其计算关系如下:

$$MC = \frac{\Delta TC}{\Delta Q}$$

式中:Q——产量;

　　TC——总成本;

　　MC——边际成本。

边际收入是指企业多售出单位产品得到的追加收入,是销售总收入的增量。

边际贡献是边际收入与边际成本之差,即

边际贡献=边际收入-边际成本

它们之间存在着如图7-2所示的关系。

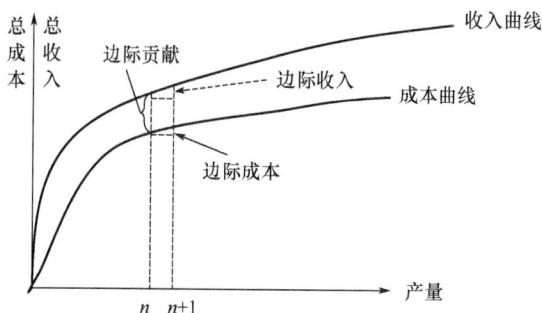

图7-2 边际成本、边际收入、边际贡献图

例18:某企业产量—总成本和边际成本之间的关系,见表7-14。

表7-14 某企业产品的产量—总成本和边际成本

产　量(Q)	总　成　本(TC)	边际成本(MC)
0	0	4
1	4	3
2	7	2
3	9	1
4	10	

解:从表中可以看出,当产量从2增加到3时,总成本从7加到9,边际成本就等于2,即$\frac{9-7}{3-2}$。所以,边际成本说明了在一定的产量水平上,单位产量的变化会对总成本产生的影响,这对于研究分析产量与成本之间的动态关系是十分重要的。

5. 固定成本　固定成本是指企业在固定投入要素上的支出,是不受产量变化影响的成本。固定成本通常包括房租、折旧费、财产税、保险金和高级管理人员薪资等。在一定的生产规模内,产品固定投入的量是不变的,不管企业是否生产、生产多少,固定成本都是必须支付的。

6. 可变成本　可变成本是指企业在可变投入要素上的支出,是随着产量的变化而变化的成本,如直接工人的工资、直接材料费用等,理发店多理一个顾客的头发,就需要多损耗一定数量的材料(洗发水、水、电、染发剂或烫发水等)和人工,多损耗的材料和人工所增加的成本可分摊到每个顾客上。通常,这些可变成本都与产出量成正比,即理两个顾客的头发的成本是理一个的成本的两倍。

7. 总成本　总成本是指企业生产一定数量的某种产品所发生的成本总额,是固定成本和可变成本之和。

8. 单位成本　单位成本是指单个产品的生产费用总和,是总成本除以产量所得之商。单位成本也可分为单位变动成本和单位固定成本。当企业的固定成本一定时,产量增加,每个产品分摊的固定成本就低,产品的单位成本就下降。这就是企业生产的规模效益。

总成本、固定成本、可变成本、单位成本与产量的关系如图 7-3 所示。

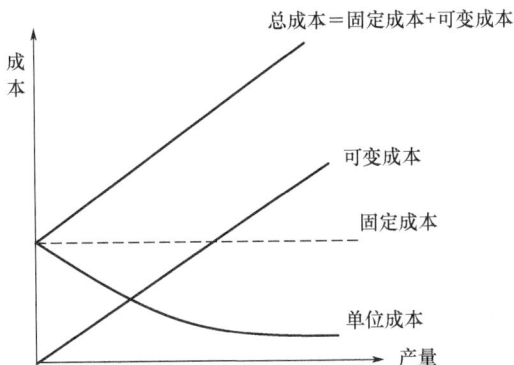

图 7-3　总成本、固定成本、可变成本、单位成本与产量的关系图

9. 资本成本　资本成本通常是用年利率计算的百分比来表示,而这个实际百分比的确定通常取决于财务状况。下面介绍三种不同的确定资本成本的方法。

(1)如果企业必须从外部借钱来支付所考虑的项目的费用,那么资本成本就是所借资金的利息。资本成本是企业筹资和投资决策的主要依据。

$$资本成本 = \frac{每年的用资费用}{筹资数额 - 筹资费用}$$

(2)如果企业现金充裕,那么这些资本成本就是所借资金由于没有投资在证券等短期投资所造成的利益损失。

(3)如果企业现金有限,只能投资几个备选方案中的一个,那么它的资本成本就是放弃其他方案的机会成本。

(二)费用

企业在生产经营过程中有各种劳动耗费,其货币表现形式是企业的生产经营费用。生产经营费用包括生产费用、管理费用、财务费用、销售费用等。成本是就一定的产品而言的,它是企业在一定时期内,为生产一定产品而发生的生产费用,即产品成本。从生产经营费用中扣除生产费用后余下的部分,即管理费用、财务费用、销售费用,构成期间费用。

成本和费用综合地反映了企业经营的状况,节约各种费用支出,降低成本,可以增加利润。所以,加强成本、费用管理,控制生产经营的耗费,可以提高经营管理水平和经济效益。

(三)成本和费用的分类

1. 按照经济性质分类　这种分类,可以反映企业在一定时期内各种费用的发生情况,为计算工业净产值提供资料。纺织企业成本、费用一般可分为外购材料、外购辅料、外购燃料、外购动力、工资、提取的职工福利费、折旧费、利息支出、税金、与生产经营有关的其他支出等十类。

2. 按照经济用途分类 这种分类,有利于考核费用定额或计划的执行情况,分析费用支出是否合理,加强成本、费用管理责任,避免虚盈实亏。结合行业的实际情况,棉、毛纺织业一般设置九大成本、费用项目,见表7-15。

表7-15 棉、毛纺织行业的成本、费用项目

项 目	细 目
原料及主要材料	棉、毛、丝、麻纤维和化纤等
辅助材料	包装物、浆料、染化料、成品辅料
燃料和动力	工艺用燃料、工艺用动力
生产工人工资	
提取的职工福利费	
产品厂外加工费	
制造费用	工资、提取的职工福利费、折旧费、修理费、办公费、水电费、差旅费、取暖费、租赁费、机物料消耗、保险费、运输费、低值易耗品摊销、设计图纸费、试验检验费、劳动保护费、产品盘亏和损耗、季节性停工和修理损失及其他
管理费用	公司经费、工会经费、职工教育经费、劳动保护费、待业保险费、董事会经费、咨询费、审计费、诉讼费、排污费、税金、土地或海域使用费、土地损失补偿、技术开发费、技术转让费、无形资产摊销、业务招待费及其他
财务费用	利息支出(减利息收入)、汇兑损失(减汇兑收入)、支付给金融结构的手续费、筹集资金发生的其他费用
销售费用	运输费、装卸费、办公费、保险费、委托代销手续费、广告费、展览费、销售服务费、销售部门人员工资、职工福利费、差旅费、办公费、折旧费、修理费、物料消耗、低值易耗品摊销及其他

3. 按照是否应计入产品成本及计入的方式分类 这种分类,有利于明确费用的归属对象,正确及时计算产品成本、费用。纺织企业成本、费用可以分为直接费用、间接费用和期间费用。直接费用是指根据原始凭证可直接记入某一成本的费用,如直接材料费、直接人工费等。间接费用是指几个成本计算对象共同发生的费用,它需要采取一定的分配方法分别计入各成本对象。期间费用是指企业行政管理、经营部门为组织生产经营活动而发生的费用(如工会经费、劳保费、职工教育经费等),它不计入产品成本,而直接计入当期损益。

(四)成本和费用的控制

成本和费用控制是指在企业生产经营过程中,按照成本和费用的计划,对构成产品成本和期间费用的一切耗费进行严格计算、调节和监督,使产品实际成本被限制在预定的计划范围内。

1. 产品生产成本的控制 产品生产成本的控制可以采用标准成本控制法。标准成本是在一定条件下制订的直接材料、直接工资和制造费用的控制标准。这种方法的特点是把事前计划、事中控制和事后分析考核结合起来,主要工作有以下几项。

(1)标准成本的制订。

① 直接材料标准成本的制订,其计算公式为:

$$直接材料标准成本 = 用量标准 \times 价格标准$$

用量标准即材料消耗定额。价格标准由财务部门和采购部门共同制订,内容包括发票价格、运费、检验费、正常损耗费等组成的材料完全成本,同时结合考虑市场物价趋势等情况而定。

② 直接工资标准成本的制订,其计算公式为:

$$直接工资标准成本 = 工时标准 \times 工资率标准$$

③ 制造费用标准成本的制订,其计算公式为:

$$制造费用标准成本 = 工时标准 \times 制造费用分摊率标准$$

$$制造费用分摊率标准 = \frac{制造费用预算}{生产量标准}$$

(2)标准成本的执行。

① 直接材料占产品成本的比重较大,是成本控制的重点。这项成本标准的执行主要是控制材料的消耗量,即要严格实行限额发料,及时对生产中材料耗用情况进行核算,把实际与标准进行对比,发现偏差,及时纠正,回料要回收利用。

② 直接工资成本标准的执行。这项成本标准的执行主要有三项内容:一是控制人员数量,严格执行定员标准;二是控制工时消耗,严格执行劳动定额,并要鼓励职工降低工时消耗,提高劳动生产率;三是控制工资水平,严格执行企业工资、福利费用等方面的规定。

③ 制造费用标准的执行。制造费用应按项目分别控制,对固定费用按固定费用预算控制,对变动费用按变动费用预算控制。

(3)成本差异分析和考核。首先通过核算发现直接材料、直接工资和制造费用的实际与成本标准的差异情况,然后分析原因,消除差异,考核各部门成本指标的执行情况。

2. 成本与产量的关系 在企业的生产中,为了进行效益决策,一般首先要掌握成本与产量之间的关系。在实际生产中存在三种类型的成本产量关系,用成本函数反映产品的成本 C 与产量 Q 之间的关系。用公式表示为:

$$C = f(Q)$$

企业产品的成本函数取决于产品的生产函数和投入要素的价格。生产函数表明投入与产出之间的技术关系,这种技术关系与产品价格的结合,就决定了产品的成本曲线。

具体来说,假如在整个时期投入要素的价格不变、生产函数属于规模收益不变,即产量的变化与投入量的变化成正比,则它的成本函数,即总成本与产量也成正比,关系如图7-4所示。

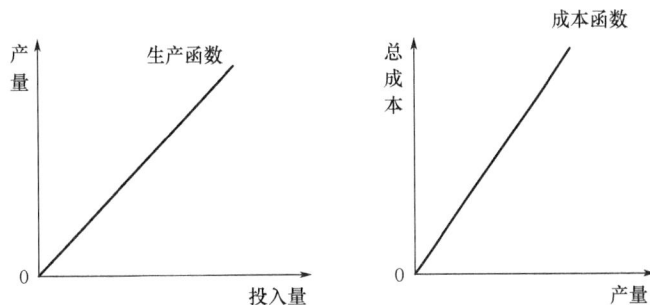

图7-4 产量与成本关系

3. 期间费用的控制 期间费用的控制主要是搞好预算管理,建立各项费用的管理制度,按制度审核控制费用支出。对管理费用的控制方法,主要是事先做出预算,然后按预算控制支出。这就要编制管理费用预算表,根据项目分部门确定费用限额,然后由各个部门负责审批和控制支出。

二、利润

(一)利润

利润是企业在一定时期内生产经营活动所取得的净收益。其计算公式为:

$$利润总额=销售利润+投资净收益+营业外收入-营业外支出$$

销售利润是利润总额的主要组成部分,是工业企业提供产品或劳务等活动所取得的净收益。销售利润是产品销售利润加上其他销售利润扣除管理费用、财务费用后的净额。

$$销售利润=产品销售利润+其他销售利润-管理费用-财务费用$$

投资净收益是指工业企业对外投资所取得的投资收益与发生的投资损失之间的净额。

营业外收支净额是指工业企业营业外收入扣减营业外支出的净额。

(二)利润预测与计划(量本利分析)

1. 利润预测 利润预测是在销售预测的基础上,根据历史的利润资料及其他资料,对企业未来一定时期内利润的实现及其变化趋势做的预测,它是编制利润计划的前提。预测利润的常用方法为量本利分析法(又称盈亏分析法),主要是对成本、业务量(生产量或销售量)、利润三者之间的变化关系进行分析。其中成本分为变动成本(又称变动费用)和固定成本(又称固定费用)。量本利分析的计算公式为:

$$利润=销售收入-变动成本总额-固定成本总额$$

该公式可分写为如下两个计算公式:

$$利润=销售单价×销售量-单位变动成本×销售量-固定成本总额$$

$$销售量=\frac{固定成本总额+利润总额}{销售单价-单位变动成本}$$

利润为零时的销售量,即为保本点销售量,也就是不亏不赚时的销售量,其计算公式为:

$$保本点的销量=\frac{固定成本总额}{销售单价-单位变动成本}$$

例19:某企业生产精梳纯棉背心产品,单位变动成本为11元,固定成本总额为20000元,销售单价为15元/件,求保本点销售量和销售额。

$$保本点销售量=\frac{固定成本总额}{销售单价-单位变动成本}=\frac{20000}{15-11}=5000(件)$$

$$保本点销售额=销售单价×保本点销售量=5000×15=75000(元)$$

假设目标利润为10000元,则销售量为:

$$销售量=\frac{固定成本总额+利润总额}{销售单价-单位变动成本}=\frac{20000+10000}{15-11}=7500(件)$$

如果目标销售量为8000件,则利润水平为:

利润=销售收入-变动成本总额-固定成本总额=8000×(15-11)-20000=12000(元)

2. 利润计划 利润计划是在利润预测基础上编制而成的,具体反映企业的经营目标。在编制利润计划时,先分别编出产品销售利润计划、其他销售利润计划、投资净收入计划、营业外净收益计划,然后汇总编制出企业利润计划。表7-16是纺织企业的利润计划。

表7-16 星光纺织厂利润计划(2012年) 单位:万元

项目顺序号	项 目	计 划
1	产品销售净收入	10000
2	减:产品销售成本	7000
3	产品销售费用	500
4	产品税金及附加	700
5	产品销售利润(5=1-2-3-4)	1800
6	其他销售收入	2000
7	减:其他销售税金及附加	1300
8	其他销售利润(8=6-7)	700
9	减:管理费用	200
10	财务费用	100
11	营业利润(11=5+8-9-10)	2200
12	投资收益	3000
13	减:投资损失	600
14	投资净收益(14=12-13)	2400
15	营业外收入	600
16	减:营业外支出	700
17	利润总额(17=11+14+15-16)	4500

注 括号内数字为项目顺序号。

(三)利润控制

利润是一项综合性指标,要实现利润计划必须实行利润控制。主要包括以下内容。

(1)根据市场的需求变动,及时调整生产经营计划,开发新产品,增加产量,扩大产品销售,增加销售收入。

(2)挖掘潜力,节约消耗,压缩各项费用开支,降低产品成本,提高利润水平。

(3)企业根据自身经济状况,选择最佳投资方案,增加投资收益,减少投资损失。

(4)充分利用各类资产,严格控制营业外支出,尽量减少各类损失。

(四)税收的影响

税率及使用税率的方法偶尔也会变化。税收直接影响到企业利润,折旧费用也直接影响着应纳税的收入,从而影响利润。在开始的几年里,加速提取折旧为投资提供了一个额外的资金来源。

项目7-4　经济效果分析

经济效果分析有两个内容,一是采用一定的方法,对企业在一定时期内的财务状况和经营效果进行分析比较,并得出结论,为企业后续决策和外界相关部门提供财务分析。财务分析对企业生产经营有重要的意义。二是成本利润的贡献分析法。

财务分析有两种方法,一是趋势分析法,就是根据连续几期的财务报表,比较各个项目前后的变化情况,并判断企业财务和经营上的变化趋势;二是比率分析法,根据同一期财务报表各个项目之间的互相关系,求出它们的比率,从而对企业的财务和经营状况作出判断。下面用比率分析法,主要对偿还能力、营运能力、获利能力进行分析。

一、财务经营状况分析

(一)偿还能力分析

偿还能力的分析,主要分为短期偿还能力分析和长期偿还能力分析。

1. 短期偿还能力分析　评价企业短期偿还能力的财务比率主要有流动比率和速动比率。

(1)流动比率。是流动资产与流动负债的比率,计算公式为:

$$流动比率 = \frac{流动资产}{流动负债} \times 100\%$$

流动资产包括现金、有价证券、应收账款和存货等。流动资产负债主要包括应付账款、短期借款、短期应付票据、一年内即将到期的长期负债、应交税金和其他应付款等。这个比率越高,说明企业偿还能力越强,但是过高的流动比率可能是企业滞留在流动资产上的资金过多,未能有效地利用资金。根据经验,流动比率一般以2:1为宜。

(2)速动比率。流动资产扣除存货后的资产称为速动资产。速动资产与流动负债的比率称为速动比率,其计算公式为:

$$速动比率 = \frac{速动资产}{流动负债} \times 100\%$$

由于流动比率只能说明企业流动资产总额与流动负债总额之间的关系,并没有说明其变现能力。如果流动比率较高,而流动资产的流动性很低,则企业偿还能力仍不强,这是因为流动资产总额中存货要通过市场销售之后,才能变为现金,一旦发生产品滞销,存货变现就困难。所以速动比率更能够反映短期偿还能力,根据经验,速动比率一般以1:1为合适。

2. 长期偿还能力分析评价　企业长期偿还能力的财务比率主要有负债比率和负债对股东权益比率。

(1)负债比率。是企业负债总额与资产总额的比率,也称资产负债或举债经营比率。其计算公式为:

$$负债比率 = \frac{负债总额}{资产总额} \times 100\%$$

这一比率反映债权的保障程度,这个比率越高,说明企业偿还债务的能力越差;反之,偿还能力越强。但并非这个比率越低越好,太低了说明企业的经营者比较保守,因为企业可以利用举债经营取得更多的利益。

(2)负债对股东权益比率。这是比较债权人所提供资金与股东所提供资金的对比关系。其计算公式为:

$$负债对股东权益比率 = \frac{总负债}{股东权益总额} \times 100\%$$

这个比率越低,说明企业的长期财务状况越好,财务风险也就越小。

(二)营运能力分析

营运能力分析,主要是衡量企业在资产管理方面的效率。一般用流动资产周转率、固定资产周转率、总资产周转率、应收账款周转率、存货周转率来评价。

1. 流动资产周转率 流动资产周转率反映流动资产的流动速度和利用效果。它有两种形式,即流动资产周转次数和流动资产周转天数,其计算公式分别为:

$$流动资产周转次数 = \frac{流动资产周转额}{流动资产平均占用额}$$

$$流动资产周转天数 = \frac{流动资产平均占用额 \times 计算期天数}{流动资产周转额}$$

企业的流动资产周转额一般是指产品销售收入。流动资产周转次数越多,其周转速度越快,流动资产利用效率越高。

2. 固定资产周转率 固定资产周转率也称作固定资产利用率,是企业销售额与固定资产净额的比率,其计算公式为:

$$固定资产周转率 = \frac{销售额}{固定资产净额} \times 100\%$$

这个比率主要衡量企业对厂房、设备等固定资产的利用水平。比率高,说明固定资产利用效率高,固定资产管理水平高;反之,利用效率低。

3. 总资产周转率 总资产周转率也称作总资产利用率,是企业销售额与资产总额的比率,其计算公式为:

$$总资产周转率 = \frac{销售总额}{总资产额} \times 100\%$$

这个比率可以衡量企业全部资产的使用效率,如果比率低,说明企业利用其资产进行经营的效率差,会影响企业的获利能力。企业应采取措施提高销售额或处理闲置资产,以提高总资产的利用率。

4. 应收账款周转率 应收账款周转率是指销售收入净额与应收账款平均余额的比率。其计算公式为:

$$应收账款周转率 = \frac{销售收入净额}{应收账款平均余额} \times 100\%$$

这个比率反映应收账款的流动速度,可用其估计应收账款变现的速度和管理效率,比率越高越好。

5. 存货周转率　存货周转率是指销售成本与平均存货的比率。其计算公式为：

$$存货周转率=\frac{销售成本}{平均存货}\times100\%$$

这个比率反映企业购入存货、投入生产、销售收回等环节管理状况的好坏。这个比率越高越好,说明存货周转速度快,流动性好。

(三)获利能力分析

企业的获利能力主要用资金利润率、销售利税率、成本费用利润率来评价。

1. 资金利润率　资金利润率是企业所实现的利润总额与资本金总额的比率,其计算公式为：

$$资金利润率=\frac{利润总额}{资本金总额}\times100\%$$

这个比率表明投资者投入企业资本金的获利能力,比率高说明企业运用资金获利的能力强,通过与同行业平均水平相比较,可以反映企业的生产经营状况。

2. 销售利税率　销售利税率是企业利税总额与销售净额的比率。它可以衡量企业销售收入的收益水平,其计算公式为：

$$销售利税率=\frac{利税总额}{销售净额}\times100\%$$

利税总额是指企业税前利润总额。这一比率说明企业利润占销售收入的比率,比率高,表明企业通过销售赚取利润的能力强。

3. 成本费用利润率　成本费用利润率是企业利润总额与成本费用总额的比率。其计算公式为：

$$成本费用利润率=\frac{利润总额}{成本费用总额}\times100\%$$

这个比率高,说明企业投入小,获取利润高,反映企业总体经营管理水平高。

4. 总资产报酬率　总资产报酬率是指企业一定时期内获得的报酬总额与资产平均总额的比率。其计算公式为：

$$总资产报酬率=\frac{利润总额+利息支出}{平均资产总额}\times100\%$$

这个比率可以衡量企业运用所有经济资源效率的高低。比例越高越好。

5. 资本保值增值率　资本保值增值率是指所有者期末的权益总额与所有者期初的权益总额的比率。其计算公式为：

$$资本保值增值率=\frac{所有者期末的权益总额}{所有者期初的权益总额}\times100\%$$

这个比率大于1,表明资本增值;这个比率小于1,表明资本贬值。

二、贡献分析法及其应用

(一)贡献分析法

1. 贡献分析法的概念　贡献分析法是增量分析法在成本利润分析中的应用。贡献是指一个方案能够为企业增加的利润多少。通过对贡献的计算和比较,来判断一个方案是否可以被接受的方法,称为贡献分析法。贡献即增量利润,它等于由决策引起的增量收入减去由决策引起的增量成本。

$$贡献(增量利润)=增量收入-增量成本$$

2. 贡献应用的原理　贡献分析法在生产经营中的应用原理:在正常运营的企业中,即使企业不生产,设备、厂房、管理人员工资等固定成本也仍然要支出,所以属于沉没成本,在决策时不应加以考虑。因此,贡献分析法决策的准则应是贡献(增量利润),而不是利润。

在一项决策中,如果贡献大于零,说明这一决策能使利润增加,因而是可以接受的。如果有两个以上的方案,它们的贡献都是正值,则贡献大的方案就是较优的方案。贡献分析法主要用于短期决策。

$$单位产品贡献=价格-单位变动成本=单位固定成本+利税$$

贡献等于固定成本与利税之和,即企业得到的贡献首先用来补偿固定成本的支出,剩下的才是企业利润。

在产量决策中,常常使用单位产品贡献这个概念,即增加一个单位产量能给企业带来利润的多少。如果产品价格不变,增加单位产量的增量收入就等于价格,增加单位产量的增量成本就等于单位变动成本。

例 20:某纺织厂的棉布变动成本为 12 元/m,总固定成本 200000 元,原价为 15 元/m。现有人愿按 13 元/m 的价格订货 150000m。不接受这笔订货,企业就无活可干。企业应否承接此订货?

解:如果接受订货,则接受订货后的利润为:

$$利润=销售收入-(总变动成本+总固定成本)$$
$$=13×150000-(12×150000+200000)$$
$$=-50000(元)$$

接受订货后的贡献:

$$贡献=单位产品贡献×产量$$
$$=(13-12)×150000=150000(元)$$

如果根据有无利润来决策,由于企业接受订货后要亏损 50000 元,就不应接受订货,但这是错误的。因为在计算中,把固定成本考虑进去了,而固定成本在此例中是沉没成本。

此处,应当按有无贡献来作决策,贡献不是利润,而是指利润的变化。如不接受订货,企业仍然要支出固定成本,即企业利润为-200000 元。接受订货后企业的利润为-50000 元。两者比较,企业若接受订货可以减少亏损 150000 元,这就是利润的变化量,即贡献,有贡献就应接受订货。

贡献是短期决策的根据,但这并不表示利润不重要,利润是长期决策的根据。如果问要不要在这家企业投资,要不要新建一家企业,就属于长期决策。上例中如果企业预计亏损 150000元,则不能在此投资。另外,在亏损的情况下,接受订货,即使有贡献,也只能是暂时的。企业如果长期亏损得不到扭转,最终会破产。

（二）贡献分析实务

1. 是否接受订货　如果企业面临一笔订货，其价格低于单位产品的全部成本，对这种订货，企业要不要接受？乍一看，价格低于全部成本，肯定会增加企业的亏损，其实不一定。在一定条件下，即使所接受的订货的价格低于全部成本，也能增加企业的利润，这些条件包括以下几项。

（1）企业有剩余的生产能力。

（2）新的订货不会影响企业的正常销售。

（3）虽然订货价格低于产品的全部成本（包括固定成本在内），但高于产品的单位变动成本。

例21：某纺织企业生产两种棉布，一直通过自己的销售网进行销售。最近有一家大服装厂愿意以 8 元/m 的价格购买 59tex×59tex 291×173 根/10cm　160cm 纱卡 20000m。某纺织企业现在每年生产 59tex×59tex 291×173 根/10cm 160cm 纱卡 160000m，如果 59tex×59tex 291×173 根/10cm 160cm 纱卡再多生产 20000m，就要减少生产品质更高的（J18.5tex×2）×（J18.5tex×2）504×236 根/10cm　160cm 线卡 5000m。两种棉布生产费用见表 7-17。

表 7-17　某纺织企业两种棉布生产费用　　　　　　　　　　　　　单位:元

品种 项目	（J18.5tex×2）×（J18.5tex×2）、 504×236 根/cm、160 线卡	59tex×59tex、291×173 根/cm、 160 纱卡
材料费	1.87	1.65
直接人工费	3.02	2.32
变动间接费用	1.11	1.03
固定间接费用	6.00	5.00
利润	2.40	2.00
销售价格	14.40	12.00

某纺织企业很想接受服装厂的这笔订货，但又不太愿意按 8 元/m 的单价出售（因为在正常情况下 59tex×59tex 291×173 根/10cm　160cm 纱卡的销售价为 12 元/m）。可是，服装厂则坚持只能按 8 元/m 的单价购买。某纺织企业要不要接受这笔订货？

解：如果接受 20000m 59tex×59tex 291×173 根/10cm　160cm 纱卡的订货：

贡献 = 20000×[8-（1.65+2.32+1.03）]-5000×[14.40-（1.87+3.02+1.11）] = 18000（元）

尽管其订货价格低于销售价，但有贡献就应接受这笔订货，因为它能为企业增加利润18000 元。

2. 是自制还是外购

例22：某家用纺织品公司生产一种家纺用品，需要一批棉/丝交织提花织物 5 万米，浙东轻纺市场上有该产品，售价为 32 元/m；若自制，公司会计部门在技术评估的基础上列出了下列成本清单：

固定成本将增加 10 万元，人工成本将增加 30 万元，制造费用将增加 15 万元，用于制造该产品的原料成本为 100 万元。

根据以上评估信息,公司是应该自制还是外购该产品?

解:首先确定自制的总成本,见表 7-18。

表 7-18 产品自制总成本　　　　　　　　　　　　　　　　单位:万元

固定成本	10
人工成本	35
原料成本	100
制造成本	20
自制总成本	165

由上表可知:

自制单位成本 = 1650000÷50000 = 33(元/m)

单位自制成本(33 元/m)比外购(32 元/m)要高 1 元,故该公司应该外购该产品。

企业经常面临着这样的选择,在作这种决策时,关键是选择好合适的成本(相关成本)。如果使用了不应该使用的成本,漏掉了应该使用的成本,就会导致决策的错误。

例 23:假定某电气公司制造 NO.9 零件 20000 个,其成本数据见表 7-19。

表 7-19 某电气公司某产品成本　　　　　　　　　　　　　　单位:元

成本费用	NO.9 零件 20000 个	单位成本
直接材料费	20000	1
直接人工费	80000	4
变动间接费用	40000	2
固定间接费用	80000	4
合计	220000	11

如果外购,每个零件的价格为 10 元,可以节省固定间接费 20000 元(因为如果不制造这种零件,班长可以调做其他工作,而节省班长工资 20000 元)。同时,闲置的设备可以出租,现金收入 35000 元。该电气公司应自制还是外购这种零件?

解:分别计算自制和外购的增量成本,然后进行比较。需要注意的是在计算自制的增量成本时,不应包括固定间接费用 80000 元,因为它是沉没成本,但要把两笔机会成本包括进去(如果外购可以节省的固定间接费用 20000 元;如果外购,闲置设备可能产生的租金收入 35000元)。

外购的增量成本 = 10×20000 = 200000(元)

自制的增量成本 = 20000+80000+40000+20000+35000 = 195000(元)

外购增量成本(200000)大于自制增量成本(195000 元),所以,尽管初看起来自制的单位成本 11 元大于外购成本 10 元,但还是应当自制,因为自制的成本较低。

3. 发展何种新产品 当企业打算利用剩余的生产能力增加生产新产品,而又有多个品种新产品可进行选择生产时,应选择贡献大的产品,而不应选择利润产品。

例 24:某企业原来只生产产品 A,现有 B、C 两种新产品可以选择,但因剩余生产能力有限,只允许将其中之一投入生产,公司每月总固定成本为 50000 元,并不因上新产品而需要增加固定成本,新、老产品的有关数据见表 7-20。

表 7-20　某企业新老产品有关数据

项目	A 产品	B 产品	C 产品
产销数量(件/月)	20000	10000	50000
单价(元)	5	10	3
单位变动成本(元)	2	5.4	2

该企业应增加哪种新产品?

产品 B 的总贡献 = (10−5.4)×10000 = 46000(元)

产品 C 的总贡献 = (3−2)×50000 = 50000(元)

产品 C 的贡献大于产品 B 的贡献,即发展产品 C 比发展产品 B 可多得利润 4000 元。

这个决策的正确性,可通过比较两种方案(一个是生产产品 A 和 B,另一个是生产产品 A 和 C)的利润而验证。

生产产品 A 和 B 的总利润 = (5×20000+10×10000) − (2×20000 ＋ 5.4×10000) − 50000
= 56000(元)

生产产品 A 和 C 的总利润 = (5×20000+3×50000) − (2×20000+2×50000) − 50000
= 60000(元)

生产新产品 C 比生产新产品 B 可多得利润 4000 元,这个答案和前面计算贡献的答案相同,但不如贡献法简捷。

4. 有限资源如何最优使用 企业的资源是指企业生产产品时所使用的原材料、设备、熟练劳动力等。有时企业所需的某种资源的来源可能受到限制,数量有限,成为生产中的"瓶颈"。

如果这家企业是生产多种产品的,就有一个如何把有限资源分配给各种产品才能使企业获利最多的问题。这里需要指出的是,有限资源应当优先用于何种产品以及使用的先后顺序,不是根据每种产品单位利润的多少,也不是根据每种产品单位贡献的大小,而是应当根据单位有限资源能提供的贡献大小来决定。

例 25:大陆纺纱公司已经试验成功,可以用英国兰精公司生产的 Modal 和棉混纺出 M/C 40/60 23.6tex、M/C 25/75 14.8tex 和 M/C 20/80 11.8tex 三种纱。由于奥地利兰精公司的 Modal 产量有限,而市场需求很大,所以对客户实行限量供应,对大陆纺纱公司的供应量限定为每月 30000kg。大陆纺纱公司生产这三种纱的成本和利润的数据见表 7-21。

假定 M/C 40/60 23.6tex 的最大销售量为 50000kg,M/C 25/75 14.8tex 的最大销售量为 70000kg,M/C 20/80 11.8tex 为 80000kg,大陆纺纱公司最优的产品方案应如何确定?

解: 先算出每种产品的单位利润、单位贡献和单位原料贡献(本例中原料来源有限,是生产中的"瓶颈")。

表7-21 三种纱线单位利润、单位贡献和单位原料贡献一览表　　单位:元

项目		M/C 40/60 23.6tex	M/C 25/75 14.8tex	M/C 20/80 11.8tex
单位产量 Modal 消耗(kg)		0.4	0.25	0.2
单位成本	原料	32	20	16
	人工	2.5	3.0	4.0
间接费用(其中50%为变动费用,50%为固定费用)		3.0	4.0	5.0
合计		37.5	27.0	25.0
销售价格		46.0	32.0	32.0
利润		8.5	5.0	7.0
单位产品利润		8.5	5.0	7.0
单位产品贡献(=单位固定成本+单位利润)		10.0 (1.5+8.5)	7.0 (2.0+5.0)	9.5 (2.5+7.0)
单位 Modal 原料贡献(=单位产品贡献÷原料消费定额)		25	28	47.5

从以上数据中看到,单位产品利润最高的产品是 M/C 40/60 23.6tex,单位产品贡献最多的产品也是 M/C 40/60 23.6tex。但由于原料是薄弱环节,能使企业获利最多的产品,是单位原料所能提供贡献最大的产品。M/C 20/80 11.8tex,其单位原料贡献为42.5元/kg;次多的是 M/C 25/75 14.8tex,单位原料贡献为28元/kg;获利最小的是 M/C 40/60 23.6tex,25元/kg。这可验证如下:

如把所有原料分别用于各种产品,可分别算得总贡献如下:

总贡献=单位产品贡献×产量

用于 M/C 40/60 23.6tex:总贡献=10.0×30000/0.4=750000(元)

用于 M/C 25/75 14.8tex:总贡献=7.0×30000/0.25=840000(元)

用于 M/C 20/80 11.8tex:总贡献=9.5×30000/0.20=1425000(元)

产品 M/C 20/80 11.8tex 贡献最大,为1425000元,是企业获利最多的产品;M/C 25/75 14.8tex 贡献次多,为900000元,是企业获利次多的产品;M/C 40/60 23.6tex 贡献最小,为750000元,是获利最小的产品。原料分配就应按此先后顺序进行。

由于 M/C 40/60 23.6tex 的最大销售量为50000单位,它需要使用原料20000kg(0.4×50000);M/C 25/75 14.8tex 最大销售量为70000单位,需用原料17500(0.25×70000)kg;M/C 20/80 11.8tex 最大销售量为80000单位,需用原料16000(0.2×80000)kg。根据这种情况,企业的30000kg原料,应把16000kg优先用于生产 M/C 20/80 11.8tex,剩下1400kg用于生产 M/C 25/75 14.8tex,不生产 M/C 40/60 23.6tex 产品。

需要说明的是,上述产品方案是完全从盈利角度考虑的。在实际决策时,可能还要兼顾企业形象、企业风险、营销战略等非利润因素。

项目知识检测

1. 何谓终值、现值和净现值? 净现值用于哪些决策? 如何决策?
2. 固定资产、流动资产、无形资产各有何特点? 企业对资产有什么要求?
3. 何谓固定资产、流动资产、无形资产、递延资产? 有何特点?
4. 什么是资金成本? 债券和股票成本有什么不同? 何谓商业信誉? 商业信誉有哪些表现形式?
5. 何谓贡献? 在企业的决策中,净现值分析法和贡献分析法的应用有什么不同?
6. 固定资产折旧有何特点? 阐述其对税收的影响。
7. 订货价格低于单位产品的全部成本,企业接受这种订货的三个必要条件是什么?
8. 企业运营状况有哪些分析指标? 如何分析?
9. 小张大学毕业工作半年,正好 20 岁,他在银行存入了 10000 元作为退休生活保障金,60 岁后可得到一笔保障金。若投资收益率为 13%,通货膨胀率为 3%,扣除通货膨胀损失,40 年后 10000 元的终值是多少?
10. 某企业生产男式针织卫衣,单位变动成本为 30 元,固定成本总额为 200000 元,销售单价为 50 元/件,保本点销售量和销售额是多少,如本年可销售 100000 件,预计利润有多少?
11. 某企业只生产一种棉布,单价为 15 元/m,单位变动成本为 8 元/m,销售量 50000m,问边际贡献和单位边际贡献分别为多少?

项目活动训练

训练一　产品投资的决策

某纺织集团准备进行三个新产品的投资,由于设备和资金问题,只能投产其中一个,三个产品的投资额分别为:A 产品投资 50 万元,B 产品投资 80 万元,C 产品投资 100 万元。表7-22 为未来三个产品三年的现金流入量。该企业应该投资哪个产品?

表 7-22　A、B、C 三个产品未来三年的现金流量表　　　　　　单位:万元

年	A 产品	B 产品	C 产品
1	30	40	45
2	30	40	45
3	30	40	45

训练二　贷款建厂决策

某人准备投资建一个纺织厂,投资金额是 5000 万元,以后 10 年中每年的现金流入量为 650

万元,内部回报率是多少? 如银行 10 年期的贷款利率为 10%,其没有资金投资,是否可以贷款建厂?

训练三 新增设备决策

某家用纺织品公司,因需求增加,准备增加新的设备,扩大市场份额,产品的售价不因产量的增加而变化,平均销价为 30 元/m,可以在现有厂房中安装设备。设备的投资额为 700 万元,增长产量 60 万米/年,工程分析见表 7-23。

表 7-23 年增长产量 60 万米估计成本　　　　　　　　　　　　单位:万元

寿命为 10 年的新设备购置成本	700
设备安装成本	30
设备残值	40
新设备生产运作成本	40
人工成本	250
原料成本	800
公共设备费用	30

设备使用年数总和法折旧,税率为 20%,该公司的策略是报酬率低于 20%,则不进行投资。那么该扩建计划是否可以实施?

项目八　纺织成本核算

✽ 本项目知识点。

1. 纺织产品成本的概念及构成。
2. 纺织成本核算的方法及适用的场合。
3. 纺织定额成本的制订方法。
4. 纺织成本核算的应用。

纺织行业是一个竞争性非常强的行业,企业要沿着提高自身竞争力的方向发展,而提高竞争力必须走技术创新和降低成本之路,随着中国加入世界贸易组织(WTO),全球纺织经济一体化进程加快,价格趋同将成为一种必然。在这种趋势下,价格竞争就是成本竞争,谁能领先利用低于社会平均成本的产品占领市场,谁就能在激烈的市场竞争中立于不败之地。

进行纺织成本的核算,就是要把纺织产品生产过程所发生的各项耗费进行汇集、归纳和分配,最终形成制造成本。

纺织行业生产的产品种类繁多,生产的工序长、数据多、内容复杂,不同的生产品种有着不同的生产工艺和投入(不同的生产成本和制造费用),而且同一品种,生产成本和制造费用随着企业的生产管理技术水平的不同而不同。本项目介绍纺织成本的构成和纺织成本定额的计算。

项目 8-1　纺织产品成本

一、产品成本的概念

成本,广义而言,指企业在交易过程中,为取得一项财物或服务所达成的协议价格的总和,而必须以现金或其他债券偿付的部分。由上述定义可知,成本是指企业为取得一项财物或服务的支出总和,减少现有资产或增加现有负债。

费用是企业在特定会计期间内,因取得或制造产品、接受服务或从事与业务有关的其他活动的各项支出,其结果减少现有资产或增加现有负债。

产品成本是由产品生产过程和流通过程中耗费的物质资料和支付的劳动报酬所构成的。

$$商品价格=产品成本+流通费用+利润+税金$$

二、产品成本的构成

生产过程中发生的各项耗费,构成产品成本的分别为直接费用和间接费用;不构成产品成

本的为期间费用,直接计入当期损益。成本和费用的构成如下:

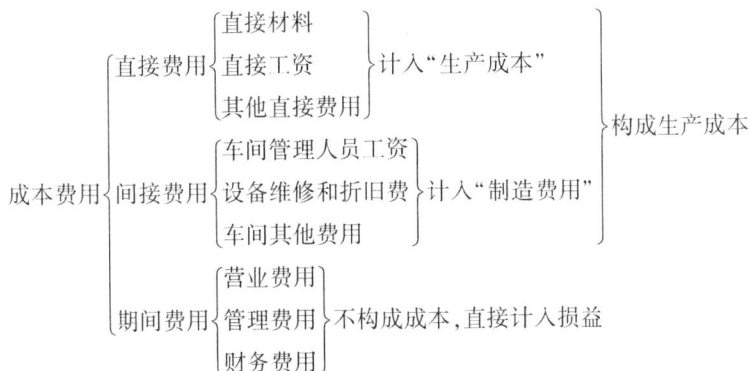

$$
成本费用
\begin{cases}
直接费用
\begin{cases}
直接材料 \\
直接工资 \\
其他直接费用
\end{cases}
计入"生产成本" \\[2mm]
间接费用
\begin{cases}
车间管理人员工资 \\
设备维修和折旧费 \\
车间其他费用
\end{cases}
计入"制造费用" \\[2mm]
期间费用
\begin{cases}
营业费用 \\
管理费用 \\
财务费用
\end{cases}
不构成成本,直接计入损益
\end{cases}
\left.\begin{array}{c}\\\\\end{array}\right\}构成生产成本
$$

三、纺织产品生产成本的构成

(1)纺织直接材料。是指构成产品实体的原料和主要材料及有助于产品形成的辅助材料、包装物等的实际消耗。包括纱、线原料(纤维原料),包装料,浆料,燃料,工艺用动力。

(2)直接工资。是指直接从事产品生产的工人,根据规定的工资标准、工时、产量记录等资料计算的工资及按规定提取的福利费、补贴等。包括生产工人工资及职工福利费、劳动保护费。

四、纺织产品生产制造费用的构成

制造费用是指生产车间为组织生产所发生的费用及设备维修费、折旧等间接费用。

(1)与设备运转有关的费用。包括消耗材料、折旧费、修理费和水电气费。

(2)与人员多少有关的费用。包括管理人员工资及职工福利费、办公费和差旅费。

五、成本的计算方法

成本的计算方法主要有品种法、分批法和分步法。

(1)品种法。以产品的品种为计算对象来汇集生产费用、计算产品成本的一种方法。

(2)分步法。以产品生产步骤为计算对象的一种成本计算方法。

例1:某棉纺厂多年来生产全棉 28tex、18.4tex、J11.8tex 纱,近三年生产成本的相关数据见表 8-1~表 8-3,分别计算直接材料消耗、直接工资及福利、制造费用和产品成本汇总。其中工业用电单价为 0.5 元/kW·h(0.5 元/度)。

表 8-1　配棉、棉价及包装情况一览表

产品	28tex	18.4tex	J11.8tex
配棉等级及价格	平均等级 3 级,长度 27mm,12000 元/t	平均等级 2.5 级,长度 28mm,12500 元/t	长绒棉和细绒棉各占 50%,配棉等级 1 级,长度 32mm,20000 元/t
包装材料价格	800 元/t,用 40kg	8000 元/t,用 40kg	10000 元/t,用 40kg
净用棉量 kg/t	1048	1066	1333

表 8-2 工艺流程动力情况一览表

产品	28tex	18.4tex	J11.8tex
工艺流程	清、梳、二并、粗、细、电清、包装	清、梳、二并、粗、细、电清、包装	清、梳、头并、精梳、二并、粗、细、电清、包装
吨纱动力（电/煤）	2232kW·h/300元	2882kW·h/466元	3786kW·h/510元

表 8-3 用工情况一览表

产品	28tex	18.4tex	J11.8tex
用工情况	23.70 工/t,50 元/工	32.30 工/t,50 元/工	64.60 工/t,50 元/工

与设备运转有关的制造费用为 1 元,工艺用电成本分摊制造费用 1.20 元;与人员多少有关的制造费用为 1 元,生产工人工资分摊制造费用 0.30 元。

解:计算直接材料消耗,并进行汇总见表 8-4。

表 8-4 棉纱直接材料消耗汇总表

材料名称		原棉			包装			动力及燃料		金额合计
产品	产量 kg	数量 kg	单价（元/t）	金额（元）	数量 kg	单价（元/t）	金额（元）	数量 电(kW·h)/煤（元）	金额（元）	（元）
28tex	1000	1048	12000	12576	40	8000	320	2232/300	1416	14312
18.4tex	1000	1066	12500	13325	40	8000	320	2882/466	1901	15546
J11.8tex	1000	1333	20000	26660	40	10000	400	3786/510	2403	29463
合计	3000	3447		52561	120		1040	8900/1276	5720	59321

由表 8-5~表 8-7 可知,不同的产品有不同的成本;产品经过不同的工序、采取不同的工艺、采用不同的设备,成本也不同。特别是纺织企业,原料品种多、价格差异大,生产工序长、产品品种多等给成本计算带来一定的难度和烦琐。

纺织企业以订单生产为主,各种品种、规格、用料都不相同,面对各不相同的订单,企业若没有生产过相关产品的经验和生产统计资料,只能依赖于纺织定额成本,才能向外报价。

表 8-5 棉纱直接工资及福利费汇总表

产品	产量 kg	耗用工时（工/t）	工资金额（50 元/工）	福利费工资×27%	合计
28tex	1000	1×23.70=23.70	1185	319.95	1504.95
18.4tex	1000	1×32.30=32.30	1615	436.05	2051.05
J11.8tex	1000	1×64.60=64.60	3230	872.10	4102.1
合计	1900	120.60	6030	1628.10	7658.1

表8-6　棉纱制造费用汇总表

产品	产量 kg	与设备运转有关费用(消耗材料、折旧修理费等)(元)	与人员多少有关的费用(管理人员工资及福利费、办公、差旅费)	合计
28tex	500	1416×1.20＝1699.2	1185×0.3＝355.5	2054.7
18.4tex	800	1901×1.20＝2281.2	1615×0.3＝484.5	2765.7
J11.8tex	600	2403×1.20＝2883.6	3230×0.3＝969	3852.6
合计	1900	6864	1809	8673

表8-7　产品成本汇总表

产品	产量 kg	成本项目			制造成本①	单位成本②(元/t)
		直接材料	直接人工	制造费用		
28tex	1000	14312	1504.95	2054.7	17871.65	17871.65
18.4tex	1000	15546	2051.05	2765.7	20362.75	20362.75
J11.8tex	1000	29463	4102.1	3579.6	37144.7	37144.7
合计	3000	59321	7658.1	8418	75379.1	75379.1

①制造成本＝直接材料+直接人工+制造费用。

②单位成本＝制造成本/产量。

项目8-2　纺织单位定额成本的制订

一、纺织产品单位定额成本的相关概念

(一)定额成本

定额是指生产单位产品所耗用各种直接材料、费用或间接费用的规定数。

纺织定额成本是指按照我国目前纺织行业平均水平制订出的单位产品耗用的成本。是我国纺织企业产品的参照成本,或纺织产品社会成本。各个纺织企业由于生产技术和管理水平不一样,其实际成本与定额成本的水平是有差异的。

定额成本的制订有许多项目是大量数据统计的结果,是我国纺织生产的平均水平。目前我国制订纱的定额成本是以全棉29tex为假定产品,其他纱都是以它为标准进行折算。布的定额成本是以假定产品29tex×29tex、236×236根/cm、91.5cm为标准,其他布都以它为标准进行折算。

纺织产品定额成本＝生产成本+制造费用

(二)纺织定额成本的作用

(1)为纺织企业产品成本的计算建立了一个统一的基础。有效遏制了企业成本计算中脱离实际各行其是的混乱现象,提高企业成本核算的质量。

(2)为企业提供了一个衡量和考查产品成本水平的统一标尺。企业可以用这个标尺开展同行业专区之间,企业之间以及企业内部不同时期间的成本水平对比分析工作。了解企业现实成本水平,准确揭示企业内部漏弊,找出管理中的弱点。

（3）为企业加强成本的预测和预控开辟了一条途径。企业可利用此方法计算内部控制的目标成本，落实目标成本责任制。

（4）应用于企业新产品核价和经济效益预测。

二、纺织原料定额成本的制订

成本就是企业为获得所需要的各项资源而付出的代价。纺织原料成本就是纺 1t 纱要购买原料的花费，织 100m 布要购买纱线的花费。纺织原料的定额成本就是按照我国目前纺织行业平均水平制订出的单位产品耗用的原料成本。计算定额成本有三个关键的因素，一是生产单位产品的原料耗用量，二是原料的单价，三是产品的生产加工过程和方法。

（一）纱原料定额成本的制订

1. 定额用量的确定　为纺织企业产品成本的计算建立了一个统一的基础，中国纺织总会在 20 世纪 90 年代，按照我国纺织行业平均水平，根据工艺技术对各种不同用途的纱线的不同质量要求，在配棉分档的基础上，综合平衡后，规定的统扯用原料量见表 8-8。

表 8-8　各类纱线用原料定额一览表

纱线状态	原料用量定额
纯棉纱	1064.77kg/吨
纯化纤、长丝纱	1020kg/吨
纯棉精梳纱	1324.50kg/吨
棉化纤混纺纱	精梳棉 1348.71kg/吨,普梳棉 1114.07kg/吨
长丝包芯纱	长丝 1020kg/吨，棉同棉混纺纱定额
短丝包芯纱	长丝和短纤的定额与混纺纱相同

2. 原棉、化纤、回花、再用棉、下脚废料的计价　纱线在生产过程中有一定量的回花、再用棉和下脚废料产生，而回花、再用棉和下脚废料是有利用价值的，如回花可以再投入使用，再用棉可用来生产副牌纱，下脚废料也是黏胶厂较好的纤维原料。也就是说在计算原料单价时，要减去纱线生产过程中产生的附属产品价值。原棉、化纤、回花、再用棉、下脚废料的计价见表 8-9。

表 8-9　原棉、化纤、回花、再用棉、下脚废料的计价方法一览表

项目	计价方法
细绒原棉	以 327 锯齿棉为标准，价格以现行价格计算，计价单位是"元/t"，原则上一个等级差价 500 元/t,1mm 为一个长度级差，每一个长度级差差价为 250 元/t,具体要视市场行情而定
长绒棉	根据纤维的外观色泽特征、轧工、成熟度综合评定为五个级，其中三级为标准级，长度从 33～37mm 分为 3 个长度级差,2mm 为计算单位，用组中值计算，长度长于 33mm 的 4～5 级长绒棉，长度一律按 33mm 计，其价格按市场现行价格计算
化纤	按现行价计
回花	本号纱线回用的回花，按该号纱线混棉单价计算;本号纱线不回用的回花，按该号纱线的混棉单价的 70% 计算

续表

项目	计价方法
再用棉	斩刀花、抄针花、精梳落棉的计价,纯棉按号对标准棉327(锯齿棉)折扣率计价,化纤纯纺对该化纤采购价折扣率计价,化纤与化纤混纺按干重混纺比率分别乘以采购价折扣率计算,化纤与棉混纺按干重混纺比乘以各自的折扣率
下脚废料	统一规定不分纯棉或化纤,以8000~9000元/t
原料的包装废料	统一规定按原料耗用量0.016元/kg扣减

3. 原料单位产品定额成本的制订 在进行纱线原料单位产品定额成本的计算时,由于纱线用途不一样,所以要分几步来计算,以普梳棉纱为例,由清花到细纱的生产工序基本相同,所以第一步算到细纱为止的单位产品原料定额成本,计算如下。

(1)各类纤维细纱纯纺止原料定额成本。各类纤维细纱纯纺止原料定额成本(元/t)=细纱止各类原料耗用定额(kg/t)×各类原料单价(元/kg)-细纱止生产回花、再用棉、下脚废料定额(kg/t)×各该类回花、再用棉、下脚废料单价(元/kg)-细纱止各该类净原料耗用定额(kg/t)×扣减包装废料单价0.016(元/kg)

(2)各类纤维混纺细纱止原料定额成本。

各类纤维混纺细纱止原料定额成本(元/t)= $\sum$ [各类纤维混纺细纱止原料定额成本(元/t)×各类原料的混纺比]

(3)长丝包芯纱的原料定额成本。

长丝包芯细纱纯纺止原料定额成本(元/t)=[长丝细纱止原料定额(元/t)×长丝单价(元/kg)-下脚及废料300(元/t)]×长丝混纺比+短纤维原料定额成本(元/t)×短纤维混纺比

(4)各类纤维纯纺或混纺纱、线各形态止定额成本。

各形态止原料定额成本(元/t)=细纱止的原料定额成本×(1+各形态止的原料定额折合率)×烧毛原料折合率

各种纱线的原料定额计算的第二步是,在算出细纱止的单位产品原料定额成本的基础上再进行计算,计算的方法用细纱止原料定额成本乘以1加原料折合率,公式如下:

各形态止的原料定额成本=细纱止原料定额成本×各形态止原料折合率

$$原料折合率=\frac{1000+各种形态止单耗}{1000}×100\%$$

纱由细纱生产出来后,要变成各种用途的纱线,都要经过络筒,而且生产工序越长,其损耗越大,生产工艺不同,其损耗也不同。后工序增加的原料定额,主要是增加加工工序的回丝、飞花、疵品烧毛的毛羽损耗等造成。经自动络筒后各形态止和烧毛定额单耗见表8-10。

表8-10 经自动络筒后各形态止和烧毛定额单耗一览表

纱线状态	单耗(kg/t)	纱线状态	单耗(kg/t)
筒子纱	2.66	单纱烧毛	48.06
绞线	2.93	双股线烧毛	28.80

纱线状态	单耗(kg/t)	纱线状态	单耗(kg/t)
自用线	5.41	三股线烧毛	21.91
筒子线	6.78	四股线烧毛	15.04
绞 线	7.06		

例2:某棉纺厂接到一个客户订单,J9.7tex针织用纱,用于高档男式T恤的生产,质量水平要求达到2007乌斯特公报25%水平,且在自动络筒机上生产。工厂选择平均配棉等级1级的细绒棉,长度31mm,若平均价格14000元/t(单价14元/kg),到细纱止的原料定耗用定额见细纱止单位产品原料定额成本表(纯棉)(表8-11)。斩刀花、抄针花、精梳落棉计价见表8-12,请计算其到自动络筒止原棉定额成本。回花、再用棉、下脚废料的产生和使用情况在表8-13中有所反映。

解:第一步,算出细纱止原棉定额成本。

细纱止原棉定额成本(元/t)=细纱止原棉耗用定额(kg/t)×原棉单价(元/kg)-细纱止生产回花、再用棉、下脚废料定额(kg/t)×各该类回花、再用棉、下脚废料单价(元/kg)-细纱止净原料耗用定额(kg/t)×扣减包装废料单价0.016(元/kg)

细纱止原棉定额成本=1362.27×14+1362.27×14×5.07%-5.07%×1362.27×14-1.32%×
1362.2750×14×60%-17.74%×1362.27×14×60%-4.26%×
1362.27×0.55-1362.27×0.016
=19071.78+1087.09-1087.09-151.05-2030-31.92-21.80
=16837.01(元/吨)

第二步,算出自动络筒止的原棉定额成本

首先计算原料折合率

$$原料折合率=\frac{(1000+各种形态止单耗)×100\%}{1000}$$

$$=100\%×(1+0.00266)=100.266\%$$

自动络筒止原料定额成本=细纱止的原料定额成本×各形态止的原料定额折合率
=16837.01×100.266%=16881.80(元/吨)

按照此方法,对市场上一些常见纱线,在规定工艺条件下,结合目前原料的市场价格进行计算,并汇总成下列原料定额成本表、回花、再用棉、下脚废料计价等五个表格见表8-11~表8-15。

表8-11 细纱止单位产品原料定额成本表(纯棉)

配棉类别	主要品种	回用回花再用棉规定	细纱止用棉量定额(kg/t)	配棉成分		细纱止单位原料成本(元/t)
				平均品级/长度(mm)	单价(元/t)	
特细特	7.4~11.8tex精梳纱、精梳全线府绸、精梳全线卡其、高档薄织物、针织品、绣花线、特种用纱	回花本号回用	1362.27	1.5/32	13750	18731.2

配棉类别	主要品种	回用回花再用棉规定	细纱止用棉量定额（kg/t）	配棉成分		细纱止单位原料成本（元/t）
				平均品级/长度（mm）	单价（元/t）	
细特	12~20.3tex 精梳纱、精梳府绸、精梳全线卡其、高密度织物、提花织物、高档汗衫等	回花本号回用	1348.71	1.5/31	13500	18207.6
中特	20.3~31tex 纬纱、平布、毛巾、斜纹、哔叽、华达呢、直贡、半线织物、色织布、鞋布等	回花全部回用，混用其他号抄斩1.25%	1064.77	3/27	11750	12510.2
粗特	32.8~59tex 平布、斜纹、哔叽、华达呢、直贡、印花布等	回花全部回用，混用其他号抄斩4.72%	1053.93	3.2/26	11400	12014.9

表 8-12　斩刀花、抄针花、精梳落棉计价率表

（对标准棉 327 采购价、化纤采购价的折扣率）

原料别	公制号数（tex）	斩刀花（%）	抄针花（%）	混合（%）
纯棉	10 及以上	22.5	28.8	23.31
纯棉	38~35	36.0	40.5	37.35
纯棉	34~22	45.0	49.5	46.35
纯棉	21~16	49.5	54.0	50.85
纯棉	15~13	54.0	58.5	55.35
纯棉	12~8	58.5	63.0	59.85
纯棉	精梳落棉 10 及以上	60	60	45.0
纯棉	与化纤混纺（纯棉部分）		50.0	50.0
化纤	各类化纤（对采购价折扣率）		50.0	50.0

表 8-13　纯棉精梳原料定额成本计算

序号	单位用量及成本计算　项目	7.3~9.7tex 精梳纱、精梳全线府绸、精梳全线卡其、高档薄织物、针织品、绣花线、特种用纱等			
		定额数量		定额成本（元）	
1		制成率	数量	单价	单位成本
2	和用：原棉	94.93	1362.27	13.75	18732.58
3	本号回花	5.07	72.72	13.75	992.75
4	混用棉小计	100	1434.99	13.75	19731.11
5	减：生产回花	5.07	72.72	13.75	992.75
6	生产斩抄	1.32	18.91	59.85%×8.2294	155.62
7	生产精落	17.74	254.53	45.0%×6.1875	1574.9
8	生产下脚	4.26	61.09	0.55	33.60
9	减：包装废料			0.016	21.8
10	清花到细纱原料成本	69.69	1000		16946.58

注　定额配棉平均品级为 1.5，定额配棉平均长度为 32mm。

表 8-14　纯化纤普梳原料定额成本计算

序号	单位用量及成本计算 / 项目	黏胶(人造棉)			
		定额数量		定额成本(元)	
1		制成率	数量	单价	单位成本
2	和用:化纤原料	94.00	1020.00	12.00	12240.00
3	本号回花	5.50	59.68	12.00	716.16
4	本号斩抄	0.5	5.43	6.00	32.58
5	混用棉小计	100	1085.11	11.97	12988.74
6	减:生产回花	5.50	59.68	12.00	716.16
7	生产斩抄	0.5	5.43	50%×6.00	32.58
8	生产下脚	1.60	17.36	0.55	9.55
9	减:包装废料			0.016	16.32
10	清到细纱原料成本	92.16	1000		12214.13

表 8-15　涤棉精梳混纺原料定额成本计算

序号	单位用量及成本计算 / 项目	7.3~9.7tex 精梳纱、精梳全线府绸、精梳全线卡其、高档薄织物、针织品、绣花线、特种用纱等			
		定额数量		定额成本(元)	
1		制成率	数量	单价	单位成本
2	和用:涤棉原料	95.44	1348.71	13.00	17533.23
3	本号回花	4.56	64.46	13.00	837.98
4	混用棉小计	100	1413.17	13.00	18371.21
5	减:生产回花(混并前)	4.56	64.46	13.00	837.98
	生产回花(混并后)	2.03	28.65	6.50(50%)	186.23
6	生产斩抄	1.32	18.62	6.50(50%)	121.03
7	生产精落	15.20	214.87	5.85(45%)	1256.99
8	生产下脚	4.26	61.16	0.55	33.64
9	减:包装废料			0.016	21.58
10	清花到细纱原料成本	70.76	1000		15913.76

注　定额配棉平均品级为1.5,定额配棉平均长度为30mm。

(二)本色坯布原料定额成本的制订

本色坯布原料定额成本的高低主要取决于三个因素,即本色坯布经纬纱耗用量、经纬纱的纱线价格及布的生产加工过程和工艺方法。经纬纱耗用量由坯布所用的纱线线密度、经纬密度、坯布的幅宽根据公式计算出来,制造过程中的工艺不同,也影响纱线的损耗量;经纬纱线价格由纱线定额成本和市场行情决定。本色坯布原料定额成本的制订的第一步是计算出坯布经纬纱用纱量,其计算公式如下。

1. 本色坯布原料定额成本计算

坯布原料定额成本＝所用纱线的定额成本(元/kg)×定额用纱量(kg/百米)±辅助纱成本(元/kg)−回丝下脚废料价值

2. 产品定额用纱量计算　用纱量是织造生产中的一个重要的技术指标,是制订成本的主要依据,是反映一个企业技术管理水平的重要标志。用纱量定额以生产百米织物所耗用的经纱千克数来表示。用纱量的计算分经纱用量的计算与纬纱用量的计算。

定额用纱(线)量的计算(包括包芯织物的用纱量):

(1)经(线)用量(kg/百米)。

$$经(线)用量 = \frac{线密度×总经根数×100×(1+自然缩率及放码损失率)}{1000×1000×(1-经纱缩率)×(1+经纱伸长率)×(1-经纱回丝率)}$$

$$= 线密度×\frac{总经根数}{1-经纱缩率}×常数$$

$$= \frac{总经根数}{1-经纱缩率}×各特经纱(线)用纱量系数$$

(2)纬纱(线)用量(kg/百米)。

$$纬纱(线)用量 = \frac{特数×纬密×100×筘幅×(1+自然缩率及码放损失率)}{1000×100×10(1-纬纱回丝率)×(1+纬纱伸长率)×(1-蒸缩率)}$$

$$= \frac{纬密}{10}×\frac{幅宽}{1-纬纱缩率}×\frac{1+自然缩率及码放损失率}{1000×(1-纬纱回丝率)(1+纬纱伸长率)(1-纬纱蒸缩率)×待数}$$

$$= \frac{纬密}{10}×筘幅×各特纱线用纱量系数$$

$$= \frac{纬密}{10}×筘幅×常数×线密度$$

用纱量的计算方法,计算起来非常烦琐,而且记忆困难,特别是一些销售人员,对专业技术不是很精通,对计算用纱量时各数据的选择也不恰当,因此,很难在较短的时间内报价。经过纺织技术人员和管理人员的努力,在长期的生产实践中,以常规产品为代表,总结出了计算用纱量的有关数据,把它代入上式中,能较准确地计算出用纱量计算公式中的常数。计算用纱量的有关数据见表8-16。

表8-16　计算用纱量有关数据表

项　　　目	数　　　据
经纱伸长率	单纱1%,股线0.1%,直接纬无伸长率
回丝率	未经自动络筒:经纱0.4%,纬纱1%
	经自动络筒:经纱1.05%,纬纱1.65%
自然缩率及码放损失率	1.456%
纬纱蒸缩率	涤/棉纱1.5%,纯棉纱0%(不需要蒸纱)

在经纱用纱量的计算中有两点要特别注意,一是"经密×幅宽"计算所得的总经根数,要求"总经根数除以地组织每筘穿入经纱根数"的结果为整数,如不是整数,应增加或减少总经根数,直至结果为整数止;二是经纬纱用纱量计算结果保留四位小数,第五位四舍五入。

根据计算用纱量的有关数据和计算注意事项,可以计算出用纱量常数和系数。计算公式如下,使用纱量的计算更为简单和快捷。

各特经纬纱(线)用纱量系数 = 各特经纬纱(线)特数×经纱(线)常数

$$经纱(线)常数 = \frac{1+自然缩率及码放损失率}{10000×(1+经纱伸长率)×(1-经纱回丝率)}$$

$$纯棉经纱常数 = \frac{1+1.456\%}{10000×(1+1\%)×(1-0.4\%)} = \frac{1.01456}{10059.6} = 0.000100855$$

$$纯棉经线常数 = \frac{1+1.456\%}{10000×(1+0.1\%)×(1-0.4\%)} = \frac{1.01456}{9969.96} = 0.000101762$$

$$纯棉纬纱(线)常数 = \frac{1+自然缩率及码放损失率}{10000×(1-纬纱回丝率)×(1+纬纱伸长率)}$$

$$纯棉纬纱(线)常数 = \frac{1+1.456\%}{10000×(1-1\%)×(1+0\%)} = \frac{1.01456}{9900} = 0.000102481$$

各种化纤纯、混纺织物,由于生产难度较纯棉织物大,故其同规格织物的用纱量比纯棉织物要大,而且用纱量增加的比率与化纤的使用量有关。在生产中,将黏胶、富强纤维、莫代尔、天丝等再生纤维素纤维视同原棉,把涤纶、腈纶、维纶、丙纶、氯纶、锦纶等各种化纤纯、混纺织物依据化纤含量分为四档,用纱量系数增加率规定见表8-17和表8-18。

表8-17 各种化纤经纱用纱量系数增加率及用纱量系数一览表

化纤含量	档次	增加率	化纤纯混纺常数
100%	化一档	2.31%	0.000100855×1.0231 = 0.000103185
>55%	化二档	1.8%	0.000100855×1.018 = 0.000102670
45%~55%	化三档	1.62%	0.000100855×1.0162 = 0.000102489
<45%	化四档	1.47%	0.000100855×1.0147 = 0.000102338

表8-18 各种化纤纬纱用纱量系数增加率及用纱量系数一览表

化纤含量	档次	增加率	化纤纯混纺常数
100%	化一档	2.31%	0.000102481×1.0231 = 0.000104848
>55%	化二档	1.8%	0.000102481×1.018 = 0.000104326
45%~55%	化三档	1.62%	0.000102481×1.0162 = 0.000104141
<45%	化四档	1.47%	0.000102481×1.0147 = 0.000103987

经纱缩率随织物组织、织物紧度和经纬纱号数的变化而变化,下面列出几种常见的有代表性的产品织缩率,见表8-19,仅供参考。

表 8-19　常见织物缩率一览表

织物名称	经/纬纱线密度(tex)	经/纬纱密度(根/10cm)	经纱织缩率(%)
粗平布	58/58	181/141	11.2
中平布	29/29	236/236	8.0
细平布	18/18	244/236	5.4
纱府绸	J14.5/J14.5	523.5/285	11.0
纱斜纹($\frac{2}{1}$)	29/29	325.5/188.5	3.5
纱哗叽	28/28	335/248	6.0
全线华达	16×2/16×2	435/225	10.0
纱卡	32/32	409/236	11.0
全线卡	10×2/10×2	610/315	12.0
直贡	28/28	354/232	4.0
横贡	14.5/14.5	390/551	4.8
麻纱	18/18	275.5/314.5	2.0

例 3：29tex×29tex 236/236(根/10cm)91.5cm 市布,筘号用 110 号(公制),经纱织缩率为 8.5%(不包括自然缩率),总经根数为 2172 根,则经纱用纱量为多少?

解：经纱用量：

$$T=\frac{总经根数}{1-经纱缩率}×各特经纱(线)用沙量系数=\frac{2172}{1-8.5\%}×0.002925=6.94328(kg/百米)$$

$$筘幅=\frac{2172-24×\left(1-\frac{2}{4}\right)}{2×110}×10=98.27(cm)$$

纬纱用量：$W=\frac{纬密}{10}×筘幅×常数×线密度=\frac{236}{10}×98.2×0.002972=6.88767(kg/百米)$

总用纱量：$Q=6.94328+6.88767=13.8310(kg/百米)$

3. 特殊织物用纱量计算规定　在纺织企业的日常生产中,生产特殊织物的订单比较多,纱线种类变化较大,对织物用纱的影响较大。所以对一些特殊织物用纱量的计算,以前纺织工业联合会统一作出了如下规定。

(1)凡要货单位有特殊要求的织物,按用纱量实际计算。

(2)长丝织物,先把长丝的规格换算为公制号数,用化一档用纱量系数来计算用纱量。

(3)凡地组织采用两种或两种以上线密度、捻度、捻向、不同混纺比织造的产品,一律采用最大线密度的纱来计算用纱量。

(4)边组织采用与地组织不同的线密度时,边组织另按其线密度来计算用纱量。

(5)新型织机毛边织物另计入辅助纱根数。

三、包装材料定额的制订

任何纺织品生产好后都需要经过包装,才能进行销售,所以包装材料也是生产成本的一个组成部分,内销纱布的包装成本基本上由表 8-20 中项目构成,但包装要求不同,包装的各项用量和质量就不一样,也就会产生不同的包装成本,一般企业根据实际包装情况而计算包装成本。计算公式如下:

纱线包装定额成本 = $\sum$ 每包纱所用各种包装材料数量×单价/[1000/每包重量 kg]

坯布包装定额成本 = $\sum$ 每包纱所用各种包装材料数量×单价/[100/每包坯布长度 m]

对于外销包装,随外销地和运输方式的不同,有很大的差异,但一般比内销成本要高得多,故根据实际情况计入成本。

内销纱线和棉布的包装项目见表 8-20 和表 8-21。

表 8-20 内销筒子纱线每袋包装项目及成本(按袋 25kg/袋)一览表

包装材料名称	单位	每袋用量	单价(元)	每袋成本(元)
塑料编织袋	个	1	2.50	2.50
塑料腰袋	千克	0.112	6.00	0.67
塑料卡子	只	3	0.02	0.06
缝包线绳	根	1	0.02	0.02
宝塔纸管	只	16	0.20	3.20
小塑料袋	个	16	0.05	0.80
工号纸	张	16	0.002	0.03
商标纸	张	16	0.01	0.16
其他材料及损耗	5%			0.37
合计				7.81

表 8-21 内销坯布包装项目及成本一览表

包装材料名称	单位	每个包用量	单价(元)	每包成本(元)
包皮布及加工费	套	1	7.96	7.96
塑料绳	千克	0.35	7.50	2.63
商标纸张	张	10	0.01	0.10
缝包线绳	根	2	0.02	0.04
其他材料及损耗	5%			0.54
合计				11.27

四、上浆定额成本的计算

浆料成分是根据产品质量要求来确定的,质量不一样,浆料和各种助剂的用法和用量也不一样,且浆料的可替代性较大,分品种制订单位浆料成本定额比较困难,因此,只能按照织物的上浆用各种浆料的价格和上浆率作为依据,采取具体品种具体计算的方法,来确定浆料成本。浆料成本的计算一般分四步进行,第一步计算出定额调浆(干浆)单价,第二步计算各种上浆定额成本,第三步计算上蜡定额成本,第四步计算上浆定额成本。有的品种不需要上蜡,则可省略第三步和第四步。上浆定额成本计算公式如下。

(一)定额调浆(干浆)单价的计算

某调浆成分的定额调浆(干浆)单价(元/kg)= $\sum$ [该调浆成分耗用各种浆料数量定额干重(kg)×各种浆料单价]/该调浆成分耗用各种浆料总数量

(二)各品种上浆定额成本

上浆定额成本(元/百米)= 定额用经纱量(kg/百米)×该产品的上浆率×所用调浆成分的定额调浆单价(元/kg)

(三)产品上蜡定额成本

某产品上蜡的成本(元/百米)= 该产品定额用纱量(kg/百米)×该产品上蜡率×纺织乳蜡的单价(元/kg)

(四)产品上浆定额成本

产品浆料定额成本=[产品上浆定额成本(元/百米)+产品上蜡定额成本(元/百米)]×(1+损耗率)

说明:调浆成分上浆率、上蜡率、损耗率等以准备工艺设计为计算依据。

五、燃料定额成本的制订

在纺织品生产过程中,由于生产条件(如恒温、恒湿环境的创造,浆纱的上浆和烘干等)的需要,需要使用大量的热能和蒸汽,所以需要消耗大量燃料,也需要计入生产成本。

由于各企业用的燃料形式不同,生产条件要求和管理水平也有较大的差异。按照我国目前纺织行业平均水平制订的单位产品耗用的燃料成本如下:随着燃料价格的增长,额定燃料成本增加,可根据实际使用数量来计算。但是由于原料使用场合的不可分性,原中国纺织工业联合会规定,对纺织燃料的定额成本的制订是根据企业生产所有的品种统扯分配的,并以如下形式表示。

(1)棉纱××元/t。

(2)棉布先计算经纱(线)每千克用燃料定额成本为(××元/kg);再计算出棉布每百米燃料定额成本(××元/百米)。

六、动力定额成本的制订

动力成本是纺织产品成本的主要组成部分之一,随着企业间技术装备先进化和自动化程度的差异和管理水平差异,动力成本存在着很大的差异;也随着产品本身生产的复杂程度而有所差异;我国由于各地区工业发展情况和电力价格的差异较大,都造成动力成本差异很大。特别是这几年,纺织行业采取提高自动化程度,以降低工人劳动强度,解决招工难问题,推进产品转型升级,降低用工成本,所以,纺织用电定额成本不断增加,一般企业动力成本的制订,是以企业连续3年生产统计的平均水平作为动力定额成本。

(一)标准品用电单耗定额的规定

1. 29tex 纯棉经纱吨纱耗电定额 各工序用电单耗定额见表8-22。

表8-22 29tex 纯棉经纱吨纱耗电定额一览表

工序	用电单耗定额(kW·h/t)	工序	用电单耗定额(kW·h/t)
前纺	420	纱线并筒	55
前纺(清钢联)	703	自动络筒	260
精梳	175	纱线烧毛	100
细纱	850	纱线摇成	20
捻线	360		

但是有两点必须要注意,一是烧毛纱线,除计算烧毛用电单耗外,另加用电扯高率,单纱4%,股线2%;二是加工工序遇股线后,按并后线密度计算。

2. 29/29 236/236 根/10cm 91.5cm 本色平布百米耗电定额 各工序用电单耗定额见表8-23。

表8-23 29/29 236/236 根/10cm 91.5cm 本色平布百米耗电定额一览表

工序	用电单耗定额(kW·h/百米)
准备	1.40
织造	11.60
整理	0.22
合计	13.22

3. 辅助用电占工艺用电的比例规定 辅助用电占工艺用电的比例规定见表8-24。

表8-24 辅助用电占工艺用电的比例规定

部门	生产车间		合计
	空调	照明、辅助及其他用电	
纺部	15%	14%	29%
织部	16%	16%	32%

(二)分品种用电定额单耗的计算

1. 纱(线)产品用电单耗

某特纱(线)单耗(kW·h/t)= $\sum$ [该品种经过纺纱各工序用电折合率×各工序折标准品单耗(kW·h/t)]

　　由于纱线用电折合率的计算和细纱的捻度、纱线用途、纱线所用纤维种类及纱线各种纤维的混纺比都有关系,计算过程复杂,一般根据大多数企业的工艺水平和设备状况,算出大类棉纱折合系数、规定捻系数及各工序常见产品折合系数分别见表8-25~表8-30。可以通过查表来计算纱线产品的用电单耗。

表 8-25　大类棉纱折合系数、规定捻系数一览表

项　目	纯棉经纱	纯棉纬纱	起绒纱	副牌纱	化纤及化纤混纺纱
大类棉纱折合系数	1	0.95	0.85	1.05	0.85
规定捻系数	420~460	400~440	320~370	390~430	320~370

表 8-26　各工序纱线工艺动力计算表(供参考)

	工序 项目	前　纺			精梳	经纱	纬纱	纱　筒		并　捻	
		环锭纺	气流纺	清钢联				自动络筒	普通络筒	并筒	捻线
工艺用动力单耗计算 (kW·h/t)	标准品 29tex	420	366	703	175	850	722.5	260	55	55	360
	13tex 折合率	1.2379			1.3243	2.3434	2.1559		2.1385	1.0693	2.0316
	各工序 单耗	520.67			231.75	1991.89	1557.64		117.62	58.81	371.38
	各形态 止单耗					2744.31	2310.06		2861.93	3593.31	3534.50

表 8-27　前纺精梳工序用电折合率(纯绵)

工序 号数(tex)	前　纺	精　梳
25.4 及以上	1.0000	1.0000
25.3~22.7	1.0462	1.0235
22.6~20	1.1176	1.0979
19.9~16.7	1.1874	1.1208
16.6~14.2	1.2397	1.3243
11.9~9.5	1.4953	1.3625
9.4~7.4	1.6953	1.4258
7.3~6	2.1350	1.6950
5.9 及以下	2.4263	1.9284

表 8-28　细纱纯棉各规格纱折合率

线密度 (tex)	1.5(27.8/Tt)	0.5(1+Tt/27.8)	捻系数/350	锭速/16000	钢领系数		折合率		
					直径(mm)	系数	经纱	针织起绒	直接纬纱
	(1)	(2)	(3)	(4)	(5)	(6)	(1)×(2)×(3)×(4)×(6)=(7)	0.98×(7)=(8)	(9)
96	0.1558	2.2266		0.6616			0.2376	0.2328	0.1901
58	0.3318	1.5432	0.9859	0.7826	35	1.05	0.4148	0.4065	0.3318
36	0.6786	1.1475		0.9433			0.7604	0.7452	0.6083
27.8	1.0000	1.0000	1.0000	1.0000	42	1.00	1.0000	0.9800	0.8500
13	3.1272	0.7338	1.0141	1.0600	38	0.95	2.3434	2.2965	2.0856
9.7	4.8512	0.6745		1.0200			3.2159	3.1516	2.8622

表 8-29　捻线纯棉各规格纱(经纬转捻)折合率

线密度 (tex)	普通棉线或麻棉混纺线			精梳棉线		
	经线	直接纬线	间接纬线	经线	直接纬线	间接纬线
	(1)	(1)×0.81=(2)	(1)×0.9=(3)	(1)×0.95=(4)	(1)×0.77=(5)	(1)×0.86=(6)
96×2	0.2896	0.2346	0.2606	0.2751	0.2230	0.2491
58×2	0.4793	0.3882	0.4314	0.4553	0.3691	0.4122
36×2	0.7722	0.6255	0.6950	0.7336	0.5946	0.6641
27.8×2	1.0000	0.8100	0.9000	0.9500	0.7700	0.8600
13×2	2.1385	1.7322	1.9247	2.0316	1.6466	1.7976
9.7×2	2.8660	2.3216	2.5794	2.7227	2.2068	2.4648

表 8-30　筒、并、线筒纯棉各规格纱(经纬转捻)折合率

线密度 (tex)	单筒	双股线			
		并纱	并纱、线筒	单筒、并纱	单筒、并纱、线筒
	(1)	(1)×0.5=(2)	(1)=(3)	(1)×1.5=(4)	(1)×2=(5)
96	0.2896	0.1448	0.2896	0.4344	0.5792
58	0.4793	0.2397	0.4793	0.7190	0.9586
36	0.7722	0.3861	0.7722	1.1583	1.5444
27.8	1.0000	0.5000	1.0000	1.5000	2.0000
13	2.1385	1.0693	2.1385	3.2078	4.2770
9.7	2.8660	1.4330	2.8660	4.2990	5.7320

　　上述几个表说明了在纱线产品用电定额成本上的几个问题如下。

　　(1)生产单位产品的电耗量和纱线特数有关,当纱线其他参数一定时,纱线特数越高,耗电

量越少。

（2）单位产品的电耗量与纱线捻度有关，当纱线其他参数一定时，捻度越大，单产越低，耗电量越高。

（3）单位产品的电耗量与生产纱线设备的工艺车速有关，当纱线其他参数一定时，速度越高，产量越高，耗电量越低。

（4）若生产设备型号相同，产品生产工序流程越长，耗电量越高。

（5）表8-30中纱线的转捻折合率，转是指纺纱设备的转速。

2. 本色棉布用电单耗

本色棉布单耗（kW·h/100m）＝准备工序用电折合率×百米布耗电量+织布工序用电折合率×百米布耗电量+整理用电折合率×百米布耗电量

在棉布的生产过程中，由于品种、设备、织物规格和生产工序千差万别，而生产动力消耗又与织物组织规格、纱线线密度、织物幅宽、设备的先进程度、生产工序的多少紧密相关，所以在计算用电折合系数时，采用了幅宽系数、织物组织系数、织机差异系数等，具体见表8-31~表8-34。

（1）准备工序用电折合率。

① 有梭织机。经纱（线）经过普通络筒、整经、浆纱或经过新型整经浆纱设备加工的产品的用电折合率按下式计算。

$$有梭织机准备用电折合率 = \frac{0.4 \times 总经根数}{2292} + \frac{0.6 \times 总经根数}{2292} \times \frac{经纱线密度 \times 股数}{29} \times$$
$$浆纱机幅宽系数$$

② 无梭织机。使用的经纱（线）经过自动络筒、整经、浆纱或经过新型整经浆纱设备加工的产品的用电折合率按下式计算。

$$新型织机准备用电折合率 = \frac{0.8 \times 总经根数}{2292} +$$
$$\frac{0.2 \times 总经根数 \times 经纱线密度 \times 股数 \times 浆纱机幅宽系数 \times 1.5}{2292 \times 29} +$$
$$\frac{2 \times 纬密 \times 幅宽}{236 \times 96.5}$$

式中的浆纱机幅宽系数当机宽在1800mm以上时取1.1，在1800mm以下时取1。幅宽用厘米代入。

（2）织造工序用电折合率的计算。

① 有梭织机用电折合率的计算。计算公式如下。

$$织布用电折合率 = \frac{纬密}{236} \times \left(0.94 + \frac{0.06 \times 总经根数 经纱线密度 \times 股数 \times 织机幅宽系数 \times 织机速度系数 \times 织机紧密度系数}{2292 \times 29} \right)$$

② 无梭织机用电折合率的计算。计算公式如下。

$$织布用电折合率=\frac{纬密}{236}\times$$

$$\left(0.94+\frac{\begin{array}{c}0.06\times 总经根数\times 经纱线密度\times 股数\times 织机幅宽系数\times 织机速度系数\times\\织机紧密度系数\times 剑杆喷气片梭系数\times 机型差异系数\end{array}}{2292\times 29}\right)$$

$$各机型速度系数=\frac{织机实际车速}{织机规定上限车速}$$

$$织物紧密度系数=\frac{经密\times 纬密\times 经纱线密度\times 纬纱线密度}{2\times 织物组织系数\times 236\times 236\times 29\times 29}$$

$$织物组织系数=\frac{完全组织内经向经纬交织点数\times 完全组织内纬向经纬交织点数}{完全组织内经纱根数\times 完全组织内纬纱根数}$$

$$喷气系数（喷气织机用气量耗电）=2.3+\frac{0.6\times 纬密\times 布幅}{236\times 160}$$

表 8-31　常见织物组织系数表

织物组织	织物组织系数	织物组织	织物组织系数
平纹	1	卡其	0.5
斜纹	0.667	五枚缎	0.4

表 8-32　剑杆织机用电折合系数表

机幅（cm）	190	280	330	380
用电系数	2.6	2.8	3.0	3.0
机型差异系数	1	1.1	1.2	1.2

表 8-33　织物紧密度系数表

织物相对紧密度	织物紧密度系数	织物相对紧密度	织物紧密度系数
1.599 以上	1.07	0.70~1.299	1.00
1.50~1.599	1.06	0.50~0.699	0.98
1.40~1.499	1.04	0.50 以下	0.96
1.30~1.399	1.02		

表 8-34　各种织机的筘幅系数

机型 织机筘幅（cm）	1511 型	1515 型	喷气或剑杆
112	1.0000	—	—
142	1.1361	1.2634	—
190	1.3173	1.4951	1.174
280	—	2.1945	1.694

织机筘幅(cm)　　　机型	1511 型	1515 型	喷气或剑杆
330	—	2.4218	1.983
380	—	2.6490	2.272
390	—	2.6945	2.330

（3）整理用电折合率的计算。布幅在 250cm 以下各品种用电折合率为 1，布幅在 250cm 以上各品种用电折合率为 2。

（三）产品用电成本定额

1. 产品用电定额　产品用电定额是指生产单位产品所需耗用的电量标准。其计算公式如下：

$$产品用电定额 = 产品工艺用电单耗 + 辅助用电单耗$$

2. 产品用电成本定额　产品用电成本定额是指生产单位产品所耗用电量所需支付的现金金额。其计算公式如下：

$$产品用电成本定额 = 产品用电定额 \times 电力单价$$

3. 产品工艺用电　产品工艺用电是指生产单位产品，各工序设备必须耗用的电量，由于设备在生产过程中都有皮带或齿轮打滑和发热等现象，所以要除以功力因素。其计算公式如下：

$$产品工艺用电 = \frac{产品各工序动力总和}{功力因素}$$

七、生产用工定额成本的制订

生产用工成本是纺织产品成本除原料成本、用电外又一大成本，能直接反映企业的综合管理水平和设备的自动化程度。和用电成本一样，随着企业管理水平、设备自动化程度、产品品种不同而差异很大。在实际中，企业以同品种连续三年的用工平均水平作为用工定额，乘以现行工资水平计算用工成本。

八、制造费用单位定额成本的制订

制造费用定额成本的制订方法是以企业工人工资和工艺用电成本为依据进行分摊。具体的方法是将制造费用按发生的性质分为甲、乙两类。甲类费用按工艺动力用电成本比例分摊，乙类费用按生产工人工资成本比例分摊。

（一）制造费用类型

1. 甲类　是与设备运转有关的费用。如消耗费、折旧费、修理费、水电气（管理人员）费等。

2. 乙类　是与人员多少有关的费用。如生产工人工资及福利费、劳动保护费、办公费、差旅费等。

(二)制造费用分配标准及计算方法

每一元工艺用电成本分摊甲类制造费用一定额度来计算,每一元生产工人工资分摊乙类制造费用一定额度来计算,甲类制造费用具体分摊额度的大小,要视企业设备价格、配件和机物料价格,以及设备保养维修程度来确定,设备价格越高,配件费用和维修费用越贵;维修程度越精细,维修费用越高,那么分摊的甲类制造费就越高。

乙类制造费主要是反映管理和辅助人员占生产工人的比例大小,管理和辅助人员占辅助人员比例越高,分摊的制造费用就越高。

九、纺织成本核算实务

例4:某厂接了一个生产 29/29 236/236 根/10cm 91.5cm 市布 20 万米的订单,请报出生产成本价。具体生产资料如下。

(1)该品种用了四个不同批次的 327 锯齿棉(其市场价格为 11500 元/t),本支回花回用,生产中产生斩抄 2.5%(按原棉的 45% 计价),产生下脚 4.0%(按原棉的 45% 计价)。

(2)筘号用 110 号(公制),经纱经缩率为 8.5%(不包括自然缩率),总经根数为 2172 根。

(3)清花—前纺—梳棉—头并—二并—粗纱—细纱—络筒—整经—浆纱—穿筘—织造—整理—打包—入库。采用直接纬纱。

(4)细纱止的原料定额为 1064.77kg/t,自动络筒定额为 2.66kg/t。

(5)纯棉经纱常数 = 0.000100855,纯棉纬纱常数 = 0.000102481。

(6)包装为 800m 一包,成本为 8 元/包。

(7)产品的浆料定额成本为 20 元/百米。

(8)棉纱的燃料定额成本为 150 元/t,棉布燃料定额成本为 30 元/百米。

(9)棉纱的用电单耗为 2408kW·h/t,辅助用电为 29%;棉布用电单耗为 13.22kW·h/百米,辅助用电为 32%(按 0.50 元/kW·h)。

(10)络筒止的用工为 20 工/吨,棉布入库止用工为 100 工/万米(按 50 元/工计)。

(11)纺部络筒止一元工艺用电成本分摊甲、乙两类制造费用 1.60 元,织部棉布入库止一元工艺用电成本分摊甲、乙两类制造费用 2.40 元。

解:第一步计算棉纱生产成本价

① 细纱止产品原料定额成本。

细纱止产品原料定额成本 = 1064.77×11.5 - 1064.77×2.5%×11.5×0.45 - 1064.77×
$$4.0\%×11.5×0.23$$
$$= 12244.855 - 137.75 - 112.65$$
$$= 11994.46(元/t)$$

② 络筒止原料定额成本。

络筒止原料定额成本 = (1 + 2.66/1000)×11994.46 = 12026.37(元/t)

③ 络筒止包装原料定额成本。

络筒止包装原料定额成本 = (1000/25)×4 = 160(元/t)

④ 棉纱的燃料定额成本。

$$棉纱的燃料定额成本 = 150(元/t)$$

⑤ 棉纱用电定额成本。棉纱的用电单耗为 2408kW·h/t,辅助用电为 29%(按 0.50 元/kW·h),计算公式如下。

$$棉纱用电定额成本 = (1+29\%)×2408×0.50 = 1553.16(元/t)$$

⑥ 络筒止用工定额成本。络筒止的用工为 20 工/t(按 50 元/工计),计算公式如下。

$$络筒止用工定额成本 = 20×50 = 1000(元/t)$$

⑦ 棉纱制造费用定额成本。纺部络筒止一元工艺用电成本分摊甲类制造费用 1.20 元,一元用工成本分摊乙类制造费用 0.4 元。

棉纱制造费用定额成本 = 1553.16×1.20+1000×0.4 = 2263.79(元/t)

棉纱生产定额成本价 = 络筒止产品原料定额成本+络筒止包装原料定额成本+棉纱的燃料定额成本+棉纱用电定额成本+络筒止用工定额成本+棉纱制造费用定额成本

= 12026.36+160+150+1553.16+1000+2263.79 = 17153.31(元/t)

通过计算得出该棉纱的生产成本价为 17153.31 元/t。若为自用纱,要减去包装成本,即:

自用纱成本价 = 17153.31－160 = 16993.31(元/t)

第二步计算棉布生产成本价

① 坯布原料定额成本

坯布原料定额成本 = 自用纱线的定额成本(元/kg)×定额用纱量(kg/百米)±辅助纱成本(元/kg)－回丝地脚价值

a. 经纱用纱量计算(纯棉经纱用纱量系数 = 0.000100855)。

经纱(线)用量(kg/百米) = 线密度×[总经根数/(1-经纱缩率)]×常数

= 29×[2172/(1-8.5%)]×0.000100855 = 6.943(kg/百米)

b. 纬纱用纱量计算(纯棉纬纱用纱量系数 = 0.000102481)。

纬纱(线)用量(千克/百米) = 线密度×[纬密(根/10cm)/10]×箱幅(cm)×常数

= 29×(236/10)×98.2×0.000102481 = 6.888(kg/百米)

c. 总用纱量 = 6.943+6.888 = 13.831(kg/百米)

d. 坯布原料定额成本 = (16993.32/1000)×13.831 = 235.03(元/百米)

② 包装原料定额成本。包装规格为 800 米一包,成本为 8 元/包,则包装原料定额成本计算如下。

$$包装原料定额成本 = (8/800)×100 = 1(元/百米)$$

③ 浆料定额成本。

$$浆料定额成本 = 20(元/百米)$$

④ 燃料定额成本。

$$燃料定额成本 = 30(元/百米)$$

⑤ 动力定额成本。棉布用电单耗为 13.22kW·h/百米,辅助用电为 32%(按 0.50 元/

kW·h),计算如下。

$$动力定额成本 = 13.22×(1+32\%)×0.5 = 8.7252(元/百米)$$

⑥ 用工定额成本。棉布入库止用工为 100 工/万米(按 50 元/工计),则用工定额成本计算如下。

$$用工定额成本 = 100×50/100 = 50(元/百米)$$

⑦ 制造费用定额成本。织部棉布入库止一元工艺用电成本分摊甲类造费用 2.20 元,分摊乙类制造费用 0.20 元。

$$制造费用定额成本 = 13.22×2.20+50×0.2 = 39.084(元/百米)$$

坯布生产成本价(生产定额成本) = 坯布原料定额成本+坯布包装原料定额成本+坯布燃料定额成本+坯布用电定额成本+坯布用工定额成本+坯布制造费用定额成本

$$= 235.03+1+20+30+8.73+50+39.08 = 383.84(元/百米)$$

通过以上计算得到该产品的生产成本价为 3.84 元/m,而商品的交易价格在 5 元/m 左右。

☞ 项目知识检测

1. 纺织成本由哪些构成? 纺织原料成本包括哪些内容?

2. 纱线的成本包括哪几项? 它们之间有什么关系?

3. 织物成本包括哪几项? 它们之间有什么关系?

4. 纺织产品的用电成本与产品的哪些参数有关系? 有何关系?

5. 在计算织物用纱量时,应注意哪些问题?

6. 何谓纺织制造费用? 它由哪些构成?

7. 某厂接了一个 28.1tex×28.1tex、425×228 根/cm、$160\frac{3}{1}$ 纱卡订单,设计筘幅为 170cm,经纱织缩率为 8.5%,总经根数为 14672 根,28.1tex 棉纱的价格为 25000 元/t,纯棉经纱常数 = 0.000100855,纯棉纬纱常数 = 0.000102481,请计算其原料定额成本价。

☞ 项目活动训练

训练一 纺织生产成本核算

1. 实训目的

(1)了解纺织企业成本的构成。

(2)掌握纺织产品成本的具体计算方法。

(3)了解产品成本和价格上的差别。

(4)建立产品成本和供求关系共同决定价格的基本思想。

2. 实训初始设定 某纺织公司生产常规产品 J14.7tex×J14.7tex 524×287 根/10cm 280cm 线卡府绸和新产品 28.1tex×28.1tex 335×251 根/10cm 280cm 线卡色纺强捻皱条两种产品相关费用见表 8-35。

表 8-35　两种产品相关费用　　　　　　　　　　单位:元

常规产品 A		新产品 B	
J14.7tex 单价(元/t)	40000	色纺强捻 28.1tex 单价(元/t)	35000
用工	3 工/百米	用工	2 工/百米
用电	90kW·h/百米	用电	50kW·h/t
制造费用	2.30 元	制造费用	1.6 元

3. 实训步骤　调查两个产品的市场售价,计算两个产品的生产成本,比较两个产品的利润。

4. 计算说明

(1) A、B 产品的原料成本。

(2)用电用工分析核算。

(3)制造费用分析核算。

(4)用工成本分析核算。

(5)产品的开发成本分析核算。

(6)产品质量成本分析核算。

(7)产品总成本分析核算。

(8)总成本分析核算。

(9)利润分析,说明两个产品的利润差异。

参考文献

[1]马士华,等．生产运作管理[M].北京:科学出版社,2008.

[2]陈荣秋．生产计划与控制[M].武汉:华中科技大学出版社,1996.

[3]谷有利,等．企业基层管理实务(纺织篇)[M].济南:山东大学出版社,2006.

[4]徐哲一,等．生产管理10堂课[M].广州:广东经济出版社,2004.

[5]吴健．生产运作管理[M].广州:广东经济出版社,2007.

[6]李国庆．企业生产管理[M].北京:清华大学出版社,2007.

[7]林光．企业生产运作管理[M].北京:清华大学出版社,2006.

[8]林友孚．现代生产管理[M].武汉:武汉大学出版社,1997.

[9]庄心光．棉纺织计算[M].北京:中国纺织出版社,2007.

[10]王关义等．现代企业管理[M].北京:清华大学出版社,2007.

[11]林子务．纺织企业现代管理[M].北京:中国纺织出版社,2001.

[12]孙明贵．现代纺织企业管理[M].北京:中国纺织出版社,2008.